LES RENAISSANCES

DE

DON JUAN.

HISTOIRE MORALE

DU THÉATRE MODERNE

PAR

DÉSIRÉ LAVERDANT

TOME PREMIER

PARIS

COLLECTION HETZEL

J. HETZEL, LIBRAIRE-ÉDITEUR

18, RUE JACOB

LES RENAISSANCES

DE

DON JUAN

I

DU MÊME AUTEUR :

DON JUAN CONVERTI. Drame en sept actes.

1 vol. in-18.

LE PAPE ET L'EMPEREUR, drame. Dans ce tableau du duel de l'Église et de l'Empire au moyen âge, l'auteur résume symboliquement toute l'histoire de la papauté et le combat persistant de saint Pierre contre César.

1 vol. in-18, chez Vrayet de Surcy, rue de Sèvres, 19.

THÉOCRATIE ET DIABOLOCRATIE. Polémique. L'auteur passe en revue les principes modernes et les questions du jour : liberté, égalité, fraternité, légitimité, suffrage universel, droit divin, temporel ecclésiastique, théocratie, hiérarchie; il s'efforce de faire cesser les confusions qui divisent les hommes de bonne volonté, et appelle les gens d'esprit, mieux éclairés, à rendre à César ce qui est de César et à Dieu ce qui est de Dieu.

1 vol. in-8°, chez Douniol, rue de Tournon, 29.

PARIS. — J. CLAYE, IMPRIMEUR, RUE SAINT-BENOIT, 7.

LES RENAISSANCES

DE

DON JUAN

HISTOIRE MORALE
DU THÉATRE MODERNE

PAR

DÉSIRÉ LAVERDANT

« Chaque homme porte en soi Faust
et don Juan. »

KAHLERT

TOME PREMIER

PARIS

COLLECTION HETZEL

J. HETZEL, LIBRAIRE-ÉDITEUR
18, RUE JACOB, 18

DON JUAN CONVERTI

ÉTUDE CRITIQUE.

La littérature est l'expression de la société.
BONALD.

La littérature est le monde écrit.
VINET.

I.

LES TROIS RENAISSANCES :
DON JUAN DAMNÉ, DON JUAN DÉIFIÉ, DON JUAN CONVERTI.

« Oui, don Juan, le voilà ce nom que tout répète,
Ce nom mystérieux que tout l'univers prend,
Dont chacun veut parler et que nul ne comprend ;
Si vaste et si puissant, qu'il n'est pas de poëte
Qui ne l'ait soulevé dans son cœur ou sa tête,
Et pour l'avoir tenté ne soit resté plus grand. »

NAMOUNA . A. de MUSSET

« Don Juan traîne après lui l'Espagne, la France, l'Allemagne, l'Italie, l'Angleterre (et la Russie et la Suède et l'Amérique), le monde moderne tout entier ; la satire, l'élégie, le drame, le sermon, le caprice, se groupent autour de lui[1]. »

Poésie et critique jusque-là sont d'accord : aucune figure n'intéresse plus le monde de la pensée que don Juan.

Mais de quelle nature est cette universelle et irrésistible séduction : diabolique ou divine? — Ici les juges se partagent en deux groupes, au souffle de deux esprits contraires.

Les uns, sous l'inspiration de Tirso de Molina, crient du fond de leur stalle :

« Non, pour un parterre français, ce damné n'est pas assez châtié... Nous voudrions que cet homme eût peur, que sa peur fût visible... Cette Statue et ce don Juan sont deux marbres qui se regardent. On ne comprend pas que Louis XIV ait trouvé que ce don Juan sorte de ce drame assez châtié... Don Juan n'est *que damné*, humainement parlant ; et pour qu'il fût vraiment châtié, il eût fallu le déshonorer. » Dans le même esprit, le plus doux des grands poëtes conclut que don Juan « c'est Méphistophélès » ou le démon incarné. Si bien que le don Juan de Hans Werner finit par en convenir : « La création a bien compris que si je ne me donnais pas à Satan, c'est que j'étais Satan lui-même. »

« Tu es ivre, don Juan, » répond la Statue. En effet.

Mais il est une autre ivresse où don Juan, sous l'impulsion de Byron et d'Alfred de Musset, tombant à ge-

1. Alfred de Musset. Philarète Chasles.

noux devant lui-même, va jusqu'à s'écrier, gravement enthousiaste :

« Don Juan, dona Anna et le Père éternel, quelle trinité voulez-vous plus auguste que celle-là ? »

Voilà, sous le couvert des organes les plus accrédités de la libre pensée littéraire, deux sentiments contraires. Par ce double jugement de la raison moderne s'expriment et se résument deux philosophies littéraires diversement égarées, également désespérantes.

Le fanatisme religieux et social, désespérant de la miséricorde de Dieu, sacrifie pêle-mêle bon et mauvais larron, au risque de sacrifier l'Homme-Dieu[1] ;

Le libéralisme déréglé, désespérant de l'incarnation du vrai Dieu, s'en va diviniser don Juan tel quel, ce qui équivaut à diviniser Jupiter en ses métamorphoses, aigle, lion, coq, étalon, taureau, bouc !

Ces deux littératures sont l'expression de deux mondes sociaux.

Michelet, si érudit, mais si passionné, n'a découvert, après tout le monde, qu'une seule Renaissance, et il en baise les doigts de rose de ses deux lèvres voluptueuses, plus tendrement même qu'Arsène Houssaye du bout de sa lèvre enjouée. De bon compte, il y a trois Renaissances fort distinctes en elles-mêmes, bien qu'entremêlées.

L'HÉLÈNE antique, renaissant au XVIe siècle, avait devant elle la JUDITH, la virago prise à la lettre, à la lettre qui tue.

Voilà deux Renaissances : l'une judaïque, où tout s'in-

1. Saint Matthieu, XII, 7.

spire de la vieille loi et se corrompt sous le vieux levain; l'autre païenne, où tout est « renouvelé du grec, » pour une pire corruption[1].

Et maintenant, demandez au chantre du *Roi Voltaire* qui vient de s'essayer avec tant de bonheur à l'oraison funèbre des saints, demandez à l'ancien directeur du Théâtre-Français, au rédacteur en chef de l'*Artiste*, à l'inspecteur des beaux-arts, si la renaissance de l'art, depuis les drames de Horswitha et les *Mystères* jusqu'au *Polyeucte*, et de saint Grégoire à Palestrina, et de Giotto à Raphaël, est païenne ou judaïque!

Qui peut se laisser ensorceler à ce point de croire que le franciscain Roger Bacon, le docteur admirable, le protégé de Clément IV, et les dominicains Albert le Grand et saint Thomas d'Aquin, qui font renaître les sciences naturelles et la philosophie d'Aristote, et le chanoine Copernic, qui dédie son livre à Paul III, et son pieux disciple Galilée, furent des juifs ou des païens?

A qui ferez-vous accroire que Christophe Colomb est un païen, lui qui appareille « au nom de la très-sainte Trinité; » ou un juif, lui qui confie à la *Santa Maria* le soin de le débarquer à *San Salvador*?

Donc, indépendamment des deux restaurations hellénique et judaïque, l'humanité a eu sa Renaissance chrétienne, et elle n'a point cessé de renaître en NOTRE-DAME, la VIERGE-MÈRE, à la parole de l'Homme-Dieu.

Il y a dix-huit cents ans que l'Esprit du Dieu des

1. Cor. I, 6-8.

chrétiens renouvelle la face de la terre, comme avait prédit le roi-prophète; et chaque siècle, s'élevant dans la lumière, a pu dire à son monde de libres penseurs indécis ce qu'écrit de Saint-Malo à la *Revue des Deux Mondes* le critique le moins en odeur de sainteté : « Qui est plus vivant que Jésus[1] ? »

Le doux Raphaël, que Michelet rabaisse pour exalter le dur Michel-Ange, a résumé dans un éternel chef-d'œuvre ce grand œuvre de la Renaissance éternelle. « La seule vue de la *Transfiguration*, dit Schiller, enflamme d'immortalité l'artiste qui la regarde [2]. »

Regardez donc, et voyez :

Sur le Thabor, resplendissant de lumière, le Fils de l'Homme transfiguré, accompagné d'Élie et de Moïse qui l'entretiennent de sa croix, son unique armure, attire à lui ses trois élus que sa splendeur réveille; l'un d'eux, celui que Jésus aimait, que le génie de Raphaël glorifie, que l'esprit de Renan dédaigne, ouvrant plus que les autres ses yeux à la lumière parfaite et salutaire. Sur la terre, dans ce bas monde, parmi les hommes, génération du Christ incrédule et pervertie, le Possédé, un lunatique, privé de la Parole divine, rugit, écume, âme convulsive et en lambeaux, que va guérir d'un regard et d'un mot le Fils de Dieu, à la grande consolation des femmes, du sexe dévot et dévoué[3].

1. David, psaume CIII. Renan, épître, 15 octobre 1863.

2. *Don Carlos*.

3. Lisez saint Luc, IX, et regardez une photographie de la *Transfiguration*.

Sous l'inspiration de ce troisième esprit, l'Esprit rénovateur, je m'aventure à présenter aux libres penseurs du XIXe siècle, après le *Don Juan damné* et le *Don Juan déifié*, un *Don Juan converti.*

Les chrétiens judaïsants ont fait de don Juan un maudit, un diable, et ils l'ont envoyé au diable. Par réaction, don Juan s'est divinisé, et les poëtes hellénisants lui ont fait son apothéose.

Les chrétiens évangéliques et évangélisateurs considèrent les choses humaines d'un regard mieux éclairé, plus serein, plus consolant.

Il y a, au fond et à la surface de ce grand homme animalisé, don Juan, Dieu et Satan, l'ami et l'ennemi se disputant une âme !

Créature d'élite, faute d'avoir pu, su ou voulu se laisser posséder par Dieu, don Juan, ne se possédant plus lui-même, devient le possédé de la Bête : lion de Castille, étalon andalous, coq de basse-cour, satyre, fourbe serpent, enleveur et séducteur venimeux des filles d'Ève !

Mais à quelque degré qu'il se soit subverti, jusqu'à dégrader et traîner son cœur et ses reins aux allures de l'animalité, *quadrupedum et repentium more,* l'homme à qui Dieu donna le : *os sublime*, a dit le poëte païen, et dont la destinée est d'être à la ressemblance de son Dieu et de se regarder avec lui face à face, *facie ad faciem,* dit l'inspiré chrétien, l'homme, fût-il don Juan, et don Juan à l'heure suprême où il crie : « Non ! non ! », peut encore être vaincu par le ciel, dépossédé de Satan, ranimé, relevé, en un mot *converti*, c'est-à-dire avec l'Esprit intérieur qui toujours le porte et le soutient, retourné vers le Soleil des intelligences, qui l'éclaire à sa venue au monde et ne cesse, l'œil sur lui fixé, de l'attirer par son amour dans ses splendeurs.

Le drame qui va suivre est le fruit de longues recherches et méditations sur l'art de transfigurer don Juan. J'ai lu et analysé, depuis cinq ans, à très-peu près tout ce qui a été écrit sur sa légende, ses actes et son caractère, et dans toutes les langues : poëmes, sermons, élégies, satires, odes, caprices et drames[1].

J'ai fait « civilité de ma visite, » comme dit notre don Juan, à tous les Commandeurs, depuis le *Convive de pierre* du XIVe siècle jusqu'au *Convive d'amour* évoqué, en notre XIXe siècle, par Hans Werner. J'ai invité à souper toute Statue : « Spectre, fantôme ou diable, j'ai voulu voir ce que c'était ; j'ai éprouvé si c'est un corps ou un esprit, » un envoyé de l'enfer ou du ciel, non point avec l'épée chevaleresque de don Juan, mais avec le glaive scrutateur de la pensée et de la parole : *gladio de ore*[2]. Et je puis dire, avec notre aimable poëte créole Théodore de Banville :

« A mon vaste festin, de leur pays venus,
Soupent tous les don Juans et toutes les Vénus :

1. Un seul drame a échappé à mes perquisitions, et je serai reconnaissant à qui me mettra sur sa trace : *The libertine destroyed*, by Shadwell, London, 1676; œuvre importée en Amérique.

2. Ephes. VI, 17; Hebr. IV, 12; Apoc. I, 16; XIX, 15.

D'abord, tous les don Juans des pièces espagnoles,
Avec leurs airs de rois et leurs amours frivoles ;

Et puis tous ces don Juans sans nulle profondeur
Qui tuaient pour la forme un petit Commandeur ;

Et puis, après ceux-là, le don Juan de Molière,
Avec sa théorie atroce et singulière ;

Le don Juan de Mozart et celui de Byron,
Tous deux songeant encore à leur décaméron ;

Et celui qui trouva, chez notre Henri Blaze,
L'amour qui sauve, après la volupté qui blase ;

Et ce don Juan, pareil au poëte persan,
Que Musset déguisa sous le nom de Hassan. »

Les esprits qui ont soulevé dans leur cœur, leur tête ou leurs entrailles le nom de don Juan, peuvent être distribués en trois camps que nous nommerons *évangélique, mozarabique, hellénique.*

L'armée mozarabique a pour créateur et généralissime le moine espagnol Gabriel Tellez (Tirso de Molina), lequel, sous sa flamme infernale et sous le sceptre de pierre de la Statue aux pas terrifiants, emporte contre le libertin sacrilége tout son état-major de dramatistes, plus que lui-même armés de la foudre : Giliberti, Cigognini, de Villiers, Rosimont, Dorimon, Zamora, Goldoni, da Ponte, et les marionnettes judaïsées de la vieille Allemagne.

L'armée contraire, poussant à l'apothéose, a, pour l'entraîner, à l'avant-garde, lord Byron ; son chef d'état-major est Alfred de Musset, que soutient et fortifie la jeune Allemagne.

Entre les deux s'avance l'armée de mes préférences et de qui j'attends la victoire : armée composée d'éléments encore bien mêlés, mais où, parmi les vieux ferments, frémit l'esprit de vie et de résurrection ; armée au grand complet, où l'on fait enfin avancer les femmes et les pauvres, la douceur et l'humilité, ces deux bras qu'il faut jeter au cou de don Juan pour le réduire, comme au cou du Dieu juste pour lui faire humble et douce violence. Ici Molière commande l'aile droite, Mozart l'aile gauche, le côté du cœur, et Gœthe vient en réserve. A la suite de ces mélodieux et puissants esprits s'empressent et se groupent Hoffmann, Zorilla, George Sand, Mérimée, Blaze de Bury, Alexandre Dumas, Mallefille, et, au-dessus de tous, le vénérable poëte penseur qui, le premier, a su bien ranger en bataille pour la victoire une armée angélique, Manzoni.

Chacune de ces vaillantes armées a pour s'alimenter le corps précieux de son intendance, la critique ; et la liste est longue des bons ou beaux esprits qui ont voulu parler de don Juan et qui l'ont plus ou moins compris.

Conti, Rochemont, Saint-Évremond, Voltaire, La Harpe. Pérès de Montalvan, Auger, Geoffroy, Beyle-Stendhal, Kahlert, Rosenkrantz, Scheible, Magnin, Philarète Chasles, Rolle, Bazin, Saint-Marc Girardin, Théophile Gautier, Taschereau, Jules Janin, Louandre, de Puibusque, Castil-Blaze, Génin, Roqueplan, Eugène Maron, de Belloy, L. Ulbach, de Lauzières, Venet, Heinrich, Tiengou, Saint-Valry,

Fleury[1] de Biéville, de Saint-Victor, Taine, Fiorentino, B. Jouvin, Éd. Fournier, Weiss, Alph. Royer, Louis Moland, Mahalin, Sarcey de Suttières : pas un de ces écrivains auxquels je n'aie emprunté une idée. J'avais classé les critiques, à la suite des poëtes, en trois groupes contraires : mozarabes, hellénisants et chrétiens; mais le critique excellent et l'ami sûr auquel je dois d'avoir singulièrement amélioré et ce prélude et mon drame[2] me fait observer que cette distribution rigoureuse serait injuste. De fait, on n'est pas hérétique et damnable, prédestinatien farouche ou pélasgien relâché, pour avoir dit un mot ou trop vif ou trop leste sur don Juan ; et j'espère qu'en faisant le tour de notre homme et en l'examinant sous toutes ses faces nous arriverons tous à nous entendre sur cette créature puissante, sur sa déchéance certaine et sur sa conversion possible.

Avant de prendre rang parmi les soldats de Molière, Mozart, Gœthe et Manzoni, pour nous attaquer aux Mozarabes pessimistes et aux Hellènes optimistes, mettons-nous d'abord en face du sujet, voyons ce qu'est don Juan, et résumons la légende dramatique dans ceux de ses éléments qui intéressent la question morale et philosophique, sociale et religieuse.

1. Je n'ai pas vu que Cuvillier-Fleury ait pris aucune part à ce grand combat, non plus que Villemain, ni Sainte-Beuve : surprenante et regrettable abstention.

2. M. Romain Cornut. S'il me fallait nommer toutes les personnes qui ont travaillé avec moi à mon livre, j'aurais à dérouler un catalogue presque aussi long que celui de Sganarelle, et beaucoup plus pur. Que tous ces cœurs amis soient remerciés ici, ceux surtout qui m'ont fait mieux comprendre dona Anna !

II.

LA LÉGENDE ET LE DRAME.

Il ne paraît pas qu'avant le drame de Tirso de Molina aucune histoire écrite de notre héros eût été connue. Les apologistes anglais du *Don Juan* de lord Byron et les docteurs Kahlert et Scheible, savants scrutateurs des types comparés de *Faust* et *don Juan*, ont pris à Séville des informations sur la vieille légende orale.

Il a existé en Andalousie une famille illustre du nom de Tenorio, et Castil-Blaze, dans son *Molière musicien*, livre riche de faits et toujours amusant, conte qu'en 1850 le dernier don Juan Tenõrio vint à Paris chercher des notes historiques sur sa race. Les armes de la famille sont de lion barré d'azur et d'argent sur champ d'or.

Un amiral Tenorio s'illustra contre les Maures, et mourut, comme Nelson, blessé aux deux jambes, à genoux, brandissant d'une main son épée, et de l'autre son étendard. Sa femme avait nom Elvira; sa sœur,

Theresa, esprit vif et railleur, fut dépossédée d'une châtellenie pour quelque verte raillerie contre le roi. La vigueur de l'âme et l'esprit de moquerie se retrouvent ainsi dans la vieille souche des Tenorio.

Le dernier fils de l'amiral, don Juan, était, vers 1350, le favori de Pierre le Cruel, le compagnon de ses débauches, l'aide de ses brutalités, la créature de ce monstre olympien. C'est probablement à ce personnage que remonte la légende.

On raconte qu'ayant tué le gouverneur de Séville, à l'issue d'une escalade amoureuse, ce don Juan fut, par la famille vindicative du mort, attiré dans le couvent des Franciscains, assassiné et enterré au pied de la statue de sa victime. Les moines, soit par crédulité, soit par crainte de scandale et pour tirer de l'aventure une leçon morale, auraient répandu le bruit que don Juan avait été, par miracle, abîmé en punition de ses crimes sacriléges.

Il existe à Séville un reste de vieille statue, que le peuple nomme l'*Hôte de pierre*.

Tel est le germe de *Don Juan*. Nous allons, tout en respirant au passage la fleur qu'a fait, sur la légende sèche, épanouir le génie des poëtes, chercher à recueillir l'étrange fruit qu'en a tiré la philosophie de l'Europe dite chrétienne.

Le don Juan de Gabriel Tellez, c'est par excellence le *Burlador*, le séducteur, le joyeux trompeur, le suborneur, qui se joue de ses victimes, brave, renverse et disperse tout ce qui lui est obstacle, et semble ne pouvoir être arrêté, dans sa vie d'amoureux coquin, dans ses ébats capricieux et ses mugissants ravages, que par une force surnaturelle.

Il n'est pas seulement coq polygame et batailleur, et nourrisson d'Amalthée; pas seulement enleveur d'Europe, trompeur de Danaé : il est cygne, il est serpent! rampant, souple, subtil, alerte, voluptueux; sollicitant chez les grandes dames les appétits bas, et caressant chez les petites filles les vanités folles; lui-même cherchant son plaisir dans les caprices de la sensualité et les vaines dominations de l'orgueil; toujours léger, insouciant d'autrui, imprévoyant pour lui-même, railleur sagace et insolent, cruel à qui le gêne, se pavanant sous sa gloire scandaleuse. « Tout Séville m'appelle le séducteur, et dit que mon plus grand plaisir est d'attraper une femme et de lui ravir l'honneur : vive Dieu! et sus aux joyeuses aventures! »

L'élan est si bien donné à sa fougue brutale, qu'à la fin il ne prend même plus le temps de séduire ou de suborner : il suit les voies nocturnes de Jupiter chez Alcmène, quitte à jouer de l'épée, si Amphitryon n'est pas content. Non pas que ce procédé de ténébreuse audace soit un calcul profond, ignoble; mais chez don Juan l'occasion fait le larron, et il la saisit, en bondissant, comme il peut, d'une main douce ou brutale.

Dona Isabelle, dans le palais du roi de Naples, attend un homme, la nuit, chez elle : don Juan se faufile à la place du duc Ottavio.

« Laisse-moi, dit un peu tard l'aventureuse Psyché, aller chercher de la lumière, pour voir le bien que j'ai possédé.

— Dieu garde ! je soufflerais dessus.

— O ciel ! qui donc es-tu ?

— Eh bien ! un homme ! qu'importe le nom ? »

De la fille des ducs don Juan, pour varier, descend à la fille des pêcheurs. Thisbea se flatte d'être la seule fille heureuse du monde, parce qu'elle n'aime point. Fière d'avoir échappé au serpent de l'amour, elle s'amuse, la coquette, à maltraiter son amoureux, le plus parfait des hommes. « Hé! dit-elle, c'est la condition de l'amour de dédaigner qui mérite d'être aimé, et d'aimer qui nous déchire. »

Juste à point, don Juan vient à faire naufrage sous ses yeux. « Au secours ! » crie le Catalinon espagnol, qui n'est pas plus vaillant que notre Sganarelle français. Thisbea, pauvre âme, s'éprend du naufragé qui se démène dans la mer, presque hors de vue. « L'un des hommes va au secours de l'autre qui se noie : ah ! c'est brave et généreux... Il le prend sur ses épaules ; il gagne la plage en nageant. Personne ne lui viendra-t-il en aide ? Au secours ! Tirseo ! Anfrito ! Alfredo !... Ah ! par miracle, ils prennent terre. Le faible est sauvé ; le brave nageur tombe épuisé. »

Jusqu'ici c'est fort honnête et d'un bon cœur : mais bientôt apparaît la fille d'Ève avec toutes ses faiblesses, et cette « Océanide de basse plage » se déroule en fille de Vénus, non pas pour poser en Anadyomène devant

Ingres et Amaury-Duval, mais pour se tordre, sous les mains de Baudry et de Cabanel, en Vénus *vulgivaga*.

La charmante Tarragonaise, la première *Haydée* du poëme de don Juan, recueille le beau noyé, le réchauffe, l'admire; et le drôle, ouvrant l'œil, s'étonne d'être passé de l'enfer au ciel, compare le regard qui le contemple et le blesse au soleil, et tout aussitôt s'offre en mariage.

Plega a Dios que no mintais!

C'est le mot de désir soucieux que va répéter incessamment la pauvrette enamourée. « Plaise à Dieu que tu ne mentes pas! car les hommes sont tous des menteurs.

— Les autres, oui : mais, en moi, tu tombes sur le seul homme fidèle.

— Si tu manques à ta parole, songe qu'il y a un Dieu, et qu'il y a une mort.

— Bon! j'ai du temps devant moi...

— Hélas! murmure Thisbea aux bras du séducteur, j'ai bien peur d'être par toi-même punie de mon amour... »

Mais elle se laisse entraîner, défiante toujours, incessamment fascinée; et les pêcheurs n'ont pas fini de chanter :

« La pêcheresse en mer s'en va,
Semant son amorce et sa trame.
Si bien qu'au filet se trouva
Prise, au lieu de poisson, une âme; »

que Thisbea revient en pleurs, Ariane abandonnée, courant éperdue, folle. « Au feu! au feu! Amour! faiblesse! qui me consumez l'âme! A l'eau! à l'eau! »

Une chaumière et ce cœur facile ne sauraient fixer don

Juan plus d'un jour : il lui faut les grands coups sur les sommets du monde. Il court à Séville, le chef-lieu de l'ardente Andalousie, où les Arabes ont laissé le pur sang de leurs étalons et le rêve idéal de leurs houris. Là, il est bruit, parmi les galantins, d'une merveille, de la plus grande beauté qu'aient vue des yeux de roi, d'un être où la nature créatrice s'est surpassée, de l'astre de la Castille, dona Anna d'Ulloa ! et don Juan entend dire au marquis de la Mota, son émule en séduction, que poursuivre dona Anna c'est être en quête de l'impossible. L'impossible ! c'est le jeu de don Juan. L'occasion lui saute aux yeux ; son rival, assez dangereux, semble avancé dans ses affaires ; le temps presse ; don Juan, toujours l'œil fixé sur Jupiter et songeant d'Alcmène, renouvelle l'assaut nocturne qui lui a si bien réussi à Naples, au milieu d'un imbroglio d'intrigues et de déguisements dont il s'égaye. « J'adore les jeux compliqués ; jusqu'à la duègne attrapée ! ô amusement ! » Étrange cri d'une âme qui s'élance au plus grand des crimes !

Mais, cette fois, don Juan trouve devant lui une âme moins prompte aux bas entraînements, plus énergique dans la résistance ; et, au lieu d'Amphitryon dupé et reconnaissant, voici que dans la nuit apparaît, obstante à don Juan, la grave figure du Commandeur.

« Qui est là devant moi ?

— Le mur tombé de la tour de mon honneur, où habitait ma vie, par toi renversée, traître !

— Laisse-moi passer.

— Par la pointe de cette épée !

— Tu veux donc mourir ?

— Qu'importe !

— Je ne peux pas manquer de te tuer.

— C'est toi qui vas mourir, traître !

— Tiens ! voilà comme je meurs.

— Ah ! tu m'as tué.

— C'est toi qui t'es tué toi-même.

— A quoi bon vivre ?

— Allons-nous-en !

— Tu as glacé mon sang, et tu enflammes ma haine. Je suis mort, mais le but sera atteint. Ma vengeance te saisira, toi qui n'es qu'un traître et un lâche ! »

Tout le *Don Juan* espagnol est déjà dans cette scène. Mais le poëte livre encore à son héros une victime, avant le dénoûment prodigieux où nous verrons, avec le dernier trait du caractère, se résumer la leçon du poëme.

Aminta, la paysanne, plus belle que le soleil d'avril, célèbre fort innocemment son mariage, quand arrive don Juan, qui, passant par là, s'arrête pour se divertir. Dès le premier coup d'œil, le marié a pressenti son sort.

« Un gentilhomme à mes noces ? mauvais présage !... Galant et gentilhomme, cela n'est bon qu'à troubler nos joies... Cela ne doit point se passer ainsi entre chrétiens. Il faut que le diable l'ait envoyé à mon mariage !

— Chantons, crie le gros de la noce.

— Chantez, dit Catalinon : les mariés pleureront !... Encore une, blessée et poussée à mal : cela fait quatre ! »

Quatre : nous sommes loin du catalogue de Sganarelle :

mille et tre! Mais ces quatre résument l'échelle sociale : Grande dame des cours, fille de grave gentilhommerie, artisane, paysanne, tout y a passé, englouti par ce « requin des femmes, » comme dit Catalinon. Le tableau des désordres est achevé : le poëte va compléter les avertissements et frapper le coup vengeur.

Les avis n'ont pas manqué à don Juan; mais, outre que ces avis sont mal donnés (nous le ferons voir), toute parole, d'ailleurs, qui contrarie en lui la passion fougueuse passe par une oreille et sort par l'autre.

La Thisbea lui a dit : « Il y a un Dieu! — Vive Dieu! » s'écrie don Juan; et ce cri de foi des prophètes et des saints est devenu sur sa lèvre un blasphème insouciant. Vive Dieu! mouvons-nous donc dans le dieu de la vie joyeuse!

« Il y a une mort! lui répètent plusieurs voix. Vous payerez vos fredaines par votre mort... Derrière la mort, il y a l'enfer...

— Oh! j'ai du temps devant moi... »

Lui-même, en se jouant, jette une lueur sur sa fin prodigieuse : « Si je manque à ma foi jurée, dit-il à Aminta, que Dieu me donne la mort par la main d'un mort! Par la main d'un vivant, Dieu m'en préserve! »

Des vivants, au reste, il n'a peur ni souci. Contre les individus, son épée lui suffit. Contre les autorités, il a l'appui ou l'indulgence du roi. N'est-il pas le fils du grand chambellan don Diego, que toute l'Espagne honore, et lui-même gentilhomme de la Chambre? « C'est ma créature, » avoue le roi. Toutes les faveurs royales sont pour lui. « Que crains-tu? dit don Juan à son valet : mon père n'est-il pas le ministre de la justice et le bras droit du roi? » Si le scandale est trop éclatant, le mauvais sujet a, de plus, pour le tirer des mauvais pas, son oncle, don Pedro, fort bien en cour, un type de diplomate, qui livre sans vergogne les innocents aux serres royales pour mieux en faire glisser son coquin de neveu. Don Juan se meut donc assez à l'aise sous le sceptre de fer qui toujours frappe à l'aveugle et de travers, indulgent de son essence à tout ce qui n'est pas lèse-majesté royale, et dont les niais comme Ottavio subissent seuls l'atteinte. Quand la rigueur du roi, dans ses jours les plus durs, envoie promener don Juan en exil, il en est quitte pour s'amuser à caracoler chez les paysannes, en attendant qu'il remonte aux belles de la cour.

Là où la justice naturelle est boiteuse et impuissante, le poëte, pour la suppléer, va faire avancer la justice surnaturelle.

Don Juan, lui, compte sur l'impunité, sa vie durant, sans jamais regarder au delà. MM. Génin et Castil-Blaze[1] nous ont dit que le don Juan espagnol n'a que les semblants de l'incrédulité; et M. Alphonse Royer[2] répète que « le don Juan de Tirso, à la différence de celui de Molière, est espagnol et catholique. » Espagnol de la Renaissance, oui; catholique, entendons-nous : catholique de naissance, et catholique *in extremis*, oui;

1. *Lexique comparé de la langue de Molière. Molière musicien.*
2. Préface de la traduction récente.

mais entre le biberon et le souper final nous ne voyons en lui percer aucun souffle de vie chrétienne, pas même un souvenir de sa foi native. Faute d'avoir jamais l'œil fixé sur la Légende dorée de l'Église, et pour ne s'inspirer au contraire qu'à la légende bronzée de l'Olympe, le héros andalous n'a pas, à l'endroit de ses équipées érotiques, la conscience plus émue qu'Hercule, Thésée, Jason, Orion, Pirithoüs, Énée, Mars, Bacchus, Apollon, et autres chevaliers issus de la cuisse galante de Jupiter.

Cependant, comme il garde encore quelque chose d'humain, « brave et généreux, » a dit la Thisbea, il ne songerait probablement point à insulter jusque dans sa tombe le vieillard par lui tué, si la dernière parole du mourant, au lieu d'être une plainte, n'avait été un cri de haine, si le mort ne portait encore sur ses lèvres de pierre cet appel orgueilleux et menaçant : « Ici le plus loyal des chevaliers attend que Dieu le venge d'un traître. »

Il est de l'essence du caractère de don Juan de s'irriter contre la menace et de s'en rire. « Eh bien ! dit-il, en caressant d'une main sacrilége la barbe de la Statue, ta vengeance, elle tarde bien !... Il paraît que tu consens à me donner du temps... Allons, réveille-toi, vengeur endormi ! Si tu comptes sur la mort pour t'aider, c'est me faire beau jeu !... » Et il l'invite à venir souper dans son palais, et le convie à un nouveau duel, si le cœur lui en dit, « quoique l'on doive mal combattre avec une épée de pierre. »

La Statue ne répond rien : nous n'avons pas ici le

signe de tête de Molière, ni la voix fantastique de Mozart; mais elle vient!...

Don Juan l'accueille d'abord avec une tranquille audace.

« Qui va là?

— Moi!

— Qui, toi?

— Le gentilhomme que tu as invité à souper.

— Voici la table, assieds-toi... Prends place, Catalinon. As-tu peur d'un mort? Sotte poltronnerie!... (*A la Statue.*) Veux-tu entendre chanter? »

Le chœur, par une inspiration effrayante, chante les propres paroles par lesquelles don Juan se moquait de la mort et des menaces de ses victimes :

« Si Dieu ne doit frapper le galant infidèle
Qu'au jour où de la tombe il atteindra le bord,
C'est me donner beau jeu, ma belle,
Et j'attendrai gaîment la mort. »

Tandis que Catalinon, épouvanté, fait remarquer cette coïncidence à son maître, lui, s'exaltant par bravade, s'amuse à passer tout haut en revue ses crimes voluptueux. Mais, lorsque son valet prononce le nom de dona Anna :

« Tais-toi! Il y a ici un homme qui a souffert à cause d'elle et qui parle de la venger. »

Don Juan s'est arrêté tout à coup, sous une impression nouvelle. Il fait sortir tout le monde, et, dès qu'il est seul avec le mort, un grand changement s'opère dans son attitude. Le souvenir des voluptés s'efface ; la moquerie et la vaniteuse bravade tombent : reste seul debout l'orgueil, dans un esprit frappé, grave, anxieux, où le sentiment du surnaturel se réveille enfin.

« La porte est fermée ; j'attends. Parle : que veux-tu de moi, ombre, fantôme ou vision ? Es-tu une âme en peine ? Puis-je quelque chose pour ton soulagement ? Je donne ma parole de faire ce que tu m'ordonneras. Jouis-tu de la vue de Dieu ? ou n'es-tu qu'un damné ? Parle : j'attends avec angoisse.

— Es-tu homme à me tenir parole en gentilhomme ?

— Je suis homme d'honneur, et tiens parole, étant gentilhomme.

— Donne-moi donc cette main sans crainte.

— Craindre ? Tu serais l'enfer même, voici ma main !

— Sur cette parole et sur cette main, je t'attends à souper demain, à dix heures. Viendras-tu ?

— N'est-ce que cela ? Demain, je suis ton hôte.

— Tiens-moi parole, comme je t'ai tenu parole !

— Je te la tiendrai : je suis un Tenorio !

— Moi, un Ulloa !

— J'irai sans faute.

— Je le crois. Adieu !

— Attends que je t'éclaire.

— Ne m'éclaire pas : je suis en état de grâce. »

Frappé dans le tête-à-tête, don Juan, dans la solitude, voit un instant sa force abattue. Il vient de confesser Dieu : voici qu'il l'invoque instinctivement.

« Que Dieu m'assiste !... La sueur baigne mon corps ;

la glace gagne mon cœur. Il m'a serré la main d'une telle force, que j'ai cru sentir l'étau brûlant de l'enfer. Son haleine était froide comme un souffle venu de l'abîme!... Mais chimères que tout cela! effet honteux de la peur!... Suis-je homme, ne craignant aucun vivant, quel qu'il soit, à trembler devant un mort? J'irai demain où je suis convié, et mon courage fera frémir d'admiration Séville épouvantée. »

Don Juan, à l'heure même où il est attendu chez le roi pour épouser Isabelle, laisse tout pour ne songer qu'à sa parole et à son aventure.

« Habillez-vous, monsieur, il est tard : on vous attend.

— Qu'ils attendent! Nous avons bien autre chose à faire.

— Quoi donc ?

— Souper avec le mort.

— Sottise des sottises!

— N'ai-je pas donné ma parole ?

— Et quand vous y manqueriez?... Avec un mort!

— Un mort n'aura pas le droit de me proclamer infâme! »

Don Juan entre dans l'église; la Statue marche vers lui.

« Je suis le mort : ne t'effraye pas. Je doutais de ta venue, sachant que tu es trompeur avec tout le monde.

— Tu sauras qu'en face de personne je ne suis lâche. Dis vite ce que tu veux de moi.

— Te faire place à mon souper. Dresse toi-même la table; soulève cette tombe.

— Je soulèverai, si tu veux, les piliers de l'église.

— Tu es vaillant!

— Il y a une force et un cœur au fond de cette chair!

Tengo brio
Y corazon en las carnes.

— Assieds-toi, et mange.

— Quels sont ces mets? demande le tremblant Catalinon.

— Des scorpions, des vipères; dans ce ragoût, des ongles. C'est notre nourriture. Ne manges-tu pas, don Juan?

— Je mangerai, fût-ce tous les serpents mâles et femelles que l'enfer peut vomir.

— Bois : vinaigre et fiel, c'est le vin qu'expriment nos pressoirs. Je veux aussi te régaler de nos concerts.»

Le chœur invisible :

« Qui fuit de Dieu le châtiment
Payera sa dette au dénoûment,
Qui remet à demain pour avoir sa quittance
N'a pas une heure à soi pour faire pénitence. »

Don Juan impatient :

« J'ai soupé. Fais enlever la table.

— Donne-moi ta main. N'aie pas peur. Ta main!

— Qu'oses-tu dire? Moi, avoir peur?... Ah! je me sens brûler. De quel feu tu m'embrases!

— Ce n'est rien auprès de celui qui t'attend. Don Juan, les mystères de Dieu sont insondables, et c'est pourquoi il veut que tu payes tes crimes entre les mains d'un mort. Telle est la justice de Dieu : tel on fait, tel on paye.

— Ce feu me dévore. Lâche-moi, ou je te tue avec ce poignard... Vains efforts ! mes coups se perdent dans l'air... Je n'ai point déshonoré ta fille : elle a déjoué ma ruse.

— Il n'importe ! l'intention suffit.

— Laisse-moi appeler qui me confesse et m'absolve.

— Il n'y a pas lieu ; tu y penses trop tard !

— Quel feu me consume ! Je suis mort !

— Telle est la justice de Dieu : comme on a fait, on paye. »

Telle est, dans ses éléments, l'œuvre de Tirso de Molina, le plus original des poëtes espagnols, l'émule de Lope et de Calderon !

III.

L'ESPRIT DU DRAME MOZARABIQUE.

Tirso n'est pas seulement l'un des plus grands poëtes de l'Espagne : il est, entre tous, dit un de ses apologistes, « celui qui a le mieux connu et scruté le cœur humain. » Gabriel Tellez (c'est son vrai nom) était religieux, théologien fort considéré et prieur de l'ordre de la Merci. Tous ces titres recommandent son œuvre à nos méditations.

Cette œuvre, je l'ai traduite (à coups de dictionnaire, en attendant la version d'Alphonse Royer) ; je l'ai méditée longuement, analysée, comparée à tous les poëmes cycliques qui sont sortis de la matrice espagnole : or, plus j'ai pénétré dans ses profondeurs, plus je me suis pénétré moi-même de son essence, et plus j'en ai compris et j'en admire la conception grandiose au double point de vue dramatique et philosophique. Au point de vue de l'art, notre *Don Juan* français égale à peine le *Burlador de Sevilla*, et le *Don Giovanni* allemand seul l'a dépassé.

Mais si je tiens en grande estime le génie de Tellez, la force de sa pensée, aussi m'est-il impossible de ne point déplorer l'usage qu'il en a fait. Nous verrons comment et pourquoi Molière et Mozart, sans échapper à l'impulsion du fanatique Castillan, ont cependant rempli le sujet d'un souffle de moralité plus humaine et plus haute.

S'il est vrai, comme dit l'un de nos critiques les plus autorisés, que « toute œuvre sincère est morale, » assurément le *Burlador* est le plus moral des drames. Mais il y a lieu de douter que Tirso de Molina eût admis à son profit ce principe d'esthétique en vertu duquel tout étant bien dans le Grand Tout, tout monstre vrai et bien dépeint a sa place parmi les vertus du Panthéon olympien.

Il y a moralité et moralité, selon les philosophies.

Autre est la morale de Socrate, qui disait :

« L'iniquité, si elle est pratiquée contre l'ennemi, devient vertu. »

Autre est la morale de Moïse, qui a dit : « Œil pour œil, dent pour dent, vie pour vie ! »

Et autre la morale de Jésus, qui dit : « Ne résistez pas à la violence ; aimez vos ennemis. »

Gabriel Tellez n'était ni panthéiste, ni polythéiste, ni même éclectique vague et confus. Il avait une philosophie religieuse positive, et assurément il a voulu l'exprimer dans son drame.

Le *Burlador de Sevilla* est un drame religieux.

Voltaire l'avait compris, ce luminaire du rationalisme moderne, qui éclaire toujours nettement les choses à leur surface, quitte à les obscurcir parfois dans leur fond. Ce prodigieux esprit, regardant face à face la Statue, n'a su trouver à dire, sur un tel tableau des mœurs et de l'esprit des nations, que ce mot de haute philosophie : « Cette espèce de merveilleux dont le théâtre espagnol a infecté l'Europe plaît au *peuple* beaucoup plus qu'aux *honnêtes gens*... Les *Autos sacramentales*, ajoute-t-il, ont déshonoré l'Espagne, comme les *Mystères* ont flétri la France... Ces pièces barbares ne s'éloignent pas beaucoup de celles d'Eschyle, dans lesquelles la religion des Grecs était jouée comme la religion chrétienne le fut en France et en Espagne[1]. »

Ce que l'esprit léger et moqueur du XVIIIe siècle a entrevu, l'érudition de notre siècle le considère d'un œil ferme et bienveillant. « Comme le *Prométhée* d'Eschyle, comme un grand nombre de *Mystères*, comme quelques-unes de nos pièces modernes, le *Festin de pierre* est un *auto sacramentale*[2]. »

Sur le caractère essentiellement religieux du drame de Tellez, libres penseurs et chrétiens sont tous d'accord.

Mais de quelle religion, de quel esprit est l'œuvre du moine espagnol ? Voilà sur quoi il nous reste à nous accorder pour notre commune édification.

Voltaire a tout confondu. Il avait lu Eschyle ; mais

1. Sommaire des pièces de Molière. Dissertation sur l'*Héraclius*. Lettre à l'Académie. Ici, pour mieux défendre son *Irène*, Voltaire, avec La Harpe, traite Calderon de barbare et Shakspeare de sauvage,

2. Victor Fournel, *des Origines du drame en France. Correspondant*, février 1862.

avait-il ouvert l'œil sur les drames sacrés des Espagnols, et avait-il jamais eu l'esprit sérieusement initié aux *Mystères* catholiques? Voltaire, à la lueur de la charité, plus patient dans son étude, moins téméraire dans son jugement, eût aisément saisi les différences essentielles que voici :

Le *Prométhée*, c'est la poétique protestation de la nature contre les faux dieux sacrificateurs;

La *Passion* dramatisée, c'est le vagissement de l'art divin à la glorification du vrai Dieu miséricordieux et sauveur;

Quant au *Convivado de piedra*, alimenté à la lettre mortelle des cantiques de Débora et de Judith, et, pis que cela, à la source de l'orgueil et de la colère païenne, cet *auto sacramentale* ne glorifie rien qu'une Divinité sans miséricorde et une société sans entrailles.

Saint-Évremond disait finement de tout le théâtre espagnol : « Il y reste je ne sais quel goût d'Afrique. »

Mahomet avait émietté la pierre du Sinaï sur le désert aride d'Ismaël; et les Maures vinrent d'Afrique, sur le sol de la chrétienne Espagne, semer leur mauvais grain, mélange de la semence mozaïque rigide et des sables desséchés de l'Arabie. De là, cet esprit *moz-arabique* dont se sont fortement imprégnés la politique et le théâtre des Espagnols.

Chrétiens judaïsants, ils ne voient plus Dieu que dans le brouillard du mont terrible, comme une pâle lampe au milieu des fumées de la fournaise, et la voix d'en haut, mêlée aux sons de la trompette, les épouvante et les terrifie. Pires que Juifs, les Mozarabes font perdre au majestueux et sombre système théocratique d'Israël sa logique unité et sa puissance; ils en altèrent la pure fécondité par l'amalgame des idées musulmanes et païennes.

C'est pourquoi dans le drame de Tirso de Molina « drame si actif et si turbulent[1], » au-dessus des vents d'Afrique qui brûlent les entrailles et parmi les fumées sombres, reluisent les éruptions de la fournaise. Mais sur la face du Convive de pierre où voyez-vous doucement resplendir la nuée lumineuse et le visage brillant comme le soleil, paré de son vêtement blanc comme la neige? Où sentez-vous, soufflant à l'oreille et retentissant au cœur de don Juan, ce concert sonore du ciel et cet esprit véhément, force de l'âme divine, qui pénétre l'âme humaine pour la confirmer et la transfigurer[2]?

Le séducteur est peint de main de maître par le poëte castillan; et le criminel est frappé terriblement, comme d'une main d'inquisiteur royal. La justice rigoureuse est satisfaite. L'orage des vengeances humaines et prodigieuses, lentement amassé sur le coupable, éclate finalement dans l'ouragan fantastique, au tremblement de la terre effrayée!

Mais, s'il vous plaît, où donc, dans tout cela, le souffle de la miséricorde?

1. Philarète Chasles.

2. Comparer le Sinaï au Thabor, et la Pentecôte des juifs à celle des chrétiens. Exode, XIX, XX, et Actes, II.

De qui et de quoi voyons-nous don Juan entouré, circonvenu? Qui cherche à le convertir? Si ce n'est par amour pour lui, au moins par pitié pour les victimes que l'étalon brutal écrase et souille au galop de sa fougue maudite... Comment s'y prend-on pour le contenir, le détourner, le ramener? Voyons ce que l'Espagne dévote, fécondée par ses rois très-catholiques, a su faire avancer contre le libertin d'évangélisateurs et de bons apôtres.

Passons en revue sommaire les âmes desquelles peut venir une influence sur l'âme de don Juan, dans toutes les sphères des relations humaines : amitié, amour, famille, société civile, hiérarchie du royaume de Dieu.

Le héros du drame de Tellez n'a que deux amis, deux compagnons : le marquis de la Mota et le duc Ottavio. Il se joue indignement de tous deux; mais, eux-mêmes, que valent-ils? que méritent-ils?

Ottavio est un sot; mais ce n'est rien : Ottavio est un libertin, qui vit en concubinage avec Isabelle, sans aucune excuse apparente, comme il se l'entend reprocher par son valet (I, sc. IX). Ottavio est un drôle, affectant de mettre en doute la constance et l'honneur de toutes les femmes (II, sc. I) : lui, le volage grossier, qui n'a pas plus tôt perdu une maîtresse qu'il s'empresse d'en épouser une autre, sans même l'avoir vue, avec transport, uniquement parce que le roi la lui garantit et parce qu'elle est de Séville : « Mon bonheur est tel, que me voilà tout consolé de mon malheur. Une Sévillane! où trouver ailleurs qu'à Séville une mante élégamment drapée, et dessous cachée l'ardeur même du soleil? »

Quant à l'autre ami, le marquis de la Mota, c'est le pire des cops, torreros et chevaliers embourbés parmi les fumiers des plus basses cours et les poissonneries des plus ignobles marécages ; un sale jeune homme, allaité par la *Célestine*, capable de corrompre même un don Juan! (II, sc. v et xii.)

Que dire des femmes auxquelles se frotte le séducteur? Dona Anna, l'Espagnole, accuse son père de déloyauté, parce que le Commandeur hésite à prendre pour gendre le marquis impudique; et, pour échapper à cette tyrannie paternelle, femme libre, elle se réfugie, à onze heures du soir, dans les bras d'un Cupidon usé!

Isabelle, l'Italienne, quelque demoiselle d'honneur de Jeanne la Dissolue qui régnait alors à Naples, est à ce point libertine, emportée par la fougue aveugle, qu'elle ne prend même pas le temps, à ses rendez-vous nocturnes, de s'assurer de l'identité de la personne!...

Thisbea, la plus innocente et poétique des héroïnes de Tirso, résistante à qui l'aime, se jette à la tête de qui ne l'aime pas; orgueilleusement dure aux adorations de l'un, honteusement malléable aux mains de l'autre, elle se livre, comme une bête, au premier appel, et, à l'issue de ses brusques ébats, perd l'esprit et court demander son salut au suicide.

Aminta, la fille des champs innocents, fait mieux : c'est une mariée, toute parfumée de la fleur d'oranger;

elle vient de prêter serment à un jeune homme qu'elle-même appelle « Mon Patricio, un homme simple et vrai; » elle est déjà conduite dans la maison de l'époux, elle est au lit nuptial : don Juan s'y glisse avec la confiance d'un païen : « L'Amour me pousse à l'objet de mes désirs, et personne ne résiste à ce tentateur-là ! » Aminta n'a pas plus que Thisbea l'excuse de la simplesse et de l'abandon naïf : elle connaît quelque peu l'homme; elle flaire en lui le flatteur; s'il lui dit : « Je ne veux te dire que la vérité, car les femmes sont amies de la vérité, » elle riposte : « Oh ! que vos vérités sont enveloppées de brillants mensonges ! » C'est elle qui s'écrie : « L'effronterie en Espagne s'est donc faite gentilhomme ! » Mais il suffit à don Juan d'apparaître, la face rayonnante de splendeur, les mains pleines d'un mirage d'argent poli, de boutons de Tibar, de bagues, colliers, perles transparentes, pour noyer cette Danaé dans une pluie d'or : « Dès ce moment, ô mon époux, je suis à vous ! »

Telles sont les belles amoureuses qui ont à se plaindre du don Juan espagnol ! Et savez-vous quelle est la nature de la plainte de ces grandes âmes ?

Écoutez Isabelle : « Oh ! du palais ! oh ! de chez le roi ! Soldats !... J'ai perdu mon honneur, saisissez cet homme, tuez-le !... Il n'est pas d'assez grande vengeance pour réparer un tel malheur. »

Écoutez Anna : « Menteur ! homicide de mon honneur ! Tuez-le ! N'y aura-t-il personne pour tuer ce traître qui me déshonore ?... »

Écoutez Thisbea; celle-ci ne se réveille de son accès

de folie et de sa manie de suicide, que pour crier : « Je suis déshonorée, allons demander vengeance au roi! »

Aminta ne crie pas, du moins en scène; mais, pilotée par Ottavio, comme la Thisbea est poussée par Isabelle, elle poursuit, avec plus d'intrigante activité, le même but de querelle par-devant le roi.

Ainsi, pas un de ces cœurs misérables qui ne passe des feux d'Éros aux fureurs d'Érinnys! Où donc, dans ces poitrines en feu, l'aspiration chrétienne, la respiration de la bonne nature? Homère et Euripide ont Andromaque et Iphigénie, victimes sans tache et touchantes; Eschyle a ses Océanides, larmoyeuses bienveillantes, dont Beethoven a renouvelé la complainte mélodieuse; Sophocle a son Antigone, fille et sœur dévouée aux maudits de sa race : Tirso n'a rien, autour de son héros prédestiné à la malédiction, que d'orgueilleuses et faibles filles d'Ève, fortement imprégnées des senteurs de Vénus! Où donc les filles de Marie?...

Marie est vierge et mère : dans cette Espagne chrétienne et dans cette pièce catholique, ni vierge, ni mère! Don Juan n'a point de mère, paraît-il, ni sur la terre ni dans le ciel...

Il a un père. Don Diego vaut mieux que le vieil Ulloa, cet ambassadeur si bavard; don Diego est le seul personnage qui ait en scène quelque noblesse[1]. Mais,

1. Dona Anna ne vient qu'au bord de la coulisse, et pour crier : « Tuez-le ! »

d'abord, en regardant de près, je crois voir qu'il n'a pas toujours surabondé en bons exemples et que don Juan chasse de race : « Le fils du vieux Tenorio : il doit être galant! » dit un personnage. Péchés de jeunesse, ce n'est qu'un souvenir : n'en parlons plus! Mais de quelle séve, je vous prie, est ce beau père de famille qui n'apparaît dans le drame de notre Prodigue que pour menacer et vouer son propre sang aux dieux infernaux? « Malheureux! que Dieu t'envoie le châtiment mérité par une pareille action! » Après quoi, s'il lui vient un tendre gémissement, ce n'est pas aux oreilles de son fils qu'il l'écoule, c'est aux pieds de son roi qu'il le va perdre en aparté : « O mon fils, comme tu me payes mal de l'amour que je t'ai gardé! » Et finalement don Diego est le premier à pousser ce beau cri de vertu paternelle : « Pour prix de mes services, sire, faites-le arrêter, qu'il paye ses crimes, afin que la colère de Dieu ne tombe pas sur moi pour avoir mis au monde un méchant[1]! »

Le dernier mot de cette paternité mozarabique est si monstrueux, que Castil-Blaze y a perdu son castillan, et traduit indulgemment : « Ici le vieux Tenorio sollicite la faveur de périr à la place de son fils. »

Don Juan a un oncle, don Pedro, que Mallefille a ranimé et vertement fustigé sous le nom de don Jorge : et quel vieux coquin d'oncle! Croyez-vous qu'il aurait souci des attentats de son neveu sur le *vulgum pecus* des chèvres, brebis et génisses de la ville et du village? Non :

1. II, sc. x; III, sc. xiv, xix, xxi; II, sc. xvii.

mais s'attaquer aux lionnes de la cour! « Une dame si considérable... dans le palais du roi!... Désobéissant! audacieux ! On serait tenté de le tuer... Je suis perdu si le roi sait cela !... Ah ! que le ciel te châtie ! »

Don Juan n'est-il pas en droit de répondre gaiement à ce vieil étalon réformé et retraité parmi les renards des chancelleries : « Mon oncle et seigneur, je suis jeune, vous l'avez été! Que la conscience de vos galanteries couvre les miennes ? »

Don Juan appartient à une société : quel exemple, quelle leçon, quel salut descendent sur lui d'en haut? Don Juan a un roi, il en a même deux sur le dos. L'un est quelqu'un des princes qui disputaient le trône de Naples à Jeanne la Dissolue, ou qui partageaient sa couche homicide. Ce roi-ci n'apparaît que pour faire empoigner au hasard, se faire duper par l'oncle de don Juan et terminer son règne (dans le drame) en se posant cette question de galant désespéré, tendre hommage à ce sexe auquel il doit sa mère : « Ah ! pauvre honneur ! si tu es l'âme de l'homme, pourquoi t'a-t-on placé dans la femme inconstante, la frivolité même? »

Quant à l'autre, le roi de Castille, ce n'est pas Pierre le Cruel ; le poëte aurait eu honte de donner pour appui à son Dieu vengeur ce hideux et terrible bras de chair, qui emprisonnait et tuait la femme délaissée au lendemain des noces, et jetait à son lit nuptial cadavres sur cadavres. On ne prend pas un tigre pour magister du lionceau, un bouc pour juge du bouquin. Un taureau ne peut pas, même en Espagne, jouer le jeu du toréador.

Le toréador, ce dernier des héros-chevaliers de la Castille, c'est un bestiaire, qui, après s'être longtemps amusé à piquer, aiguillonner, exaspérer les plus mauvais sujets d'entre le gros bétail libertin, à la plus grande joie de la cour, de la ville et des faubourgs, finit par immoler les victimes à sa gloire, au milieu des applaudissements d'un public idolâtre. Que de princes de ce monde sont toréadors !...

Le roi chargé par le poëte de balancer sa justice sur la tête du libertin, c'est Alphonse XI. Don Juan, dès le berceau petit gentilhomme de la chambre, a donc été, à l'ombre du roi, avec le terrible Infant, allaité à la mamelle de l'État : Pierre le Cruel n'est pas le juge, il n'est que le complice de son frère de lait. Mais si Alphonse n'a pas, comme son fils, l'allure du tigre, il lui reste encore sur le front le sceau de la Bête.

« Ce premier des Alphonse, quoique onzième de nom, » entre en scène comme le Zeus païen, pour tonner, proscrire et mettre en poudre : c'est la puissance pervertie, l'électricité qui frappe et brise, au lieu de féconder. Comme son cousin ou grand ami de Naples, le dieu castillan ne manque pas de frapper à côté ; il foudroie l'innocent pour le coupable. (II, sc. XVII.)

Il a pour principe de consolation de poser sur les cœurs sa main pleine de cadeaux en argent ou charges publiques. Le vieux Commandeur est-il désespéré : « Je sais un moyen qui le consolera : je vais le faire majordome ! » (I, sc. I.)

Veut-il soulager un amant infortuné : il lui applique au flanc, comme on ferait d'un emplâtre, une autre femme inconnue, mais riche en quartiers de noblesse, sans compter la dot. (II, sc. II.)

Faut-il consoler une jeune fille déshonorée : il lui offre en mariage un homme qu'elle a nécessairement en horreur; autre emplâtre! (II, sc. I.) Et chez ce roi, le cœur est à ce point fermé aux délicatesses humaines, qu'il ne comprend pas le premier mot aux résistances de la nature outragée, et qu'il passe outre à ses arrangements conjugaux, sans tenir aucun compte des plus légitimes répugnances : « Elle ne goûte pas mon projet! pourquoi? Ne trouve-t-elle pas cette union convenable? — Elle gémit de l'affront qu'elle a reçu. — Bah! son chagrin doit avoir une autre cause... Tirez-la du couvent et me l'amenez; allez me querir don Juan. Elle perd un duc : eh bien! elle gagnera un comte. Je donne à don Juan le comté de Lebrija. »

Intelligent octroi des grâces royales! Cette couronne descend au front de don Juan précisément à l'heure où le libertin vient, par le sacrilége, de mettre le comble à ses débordements.

Ainsi, don Juan, un instant exilé à Lebrija en punition d'un viol, est fait prince du lieu même de son exil : le beau seigneur de village! Après quoi, le digne roi se trouve tout à fait en règle pour imposer à la victime l'insouciant et scandaleux époux, suffisamment baptisé et sanctifié à la mode royale.

Mais à peine ce prince si accommodant apprend-il que

sa créature a fait ailleurs des promesses de mariage, crac! Sa Majesté saute de l'excès de l'indulgence à la limite de ses rigueurs salutaires : « Vit-on pareille impudence? » Déranger nos plans matrimoniaux! « Saisissez-le! tuez le! »

Et comme il est dit que la royauté, d'un bout à l'autre de cette comédie humaine, sera aussi impotente que brutale, cet ordre d'en finir par la mort avec don Juan est donné alors que la mort surnaturelle a déjà fait disparaître le coupable de la face de la terre...

A la nouvelle de cet heureux dénoûment, un immense soupir sort de la poitrine royale soulagée : « Juste châtiment du ciel! Et maintenant que la cause de tant de désastres n'existe plus, unissez-vous! « Et de sa main paterne, ce bienfaiteur des nations rassemble sous son aile la Mota et Ottavio, ces coquins, avec leurs poulettes blessées, Anfrisio et Patricio, ces canards, avec leurs canes à peu près repenties; et il bénit le mariage civil de toutes ces chairs corrompues et saignantes, que sa haute sagesse accole pêle-mêle et accoquine à son ombre malsaine! Et cet aveugle conducteur d'aveugles ne voit pas qu'il abrite sous l'éteignoir de ses bras des êtres qui, s'aimant à tâtons sans avoir rien dans l'âme du céleste amour, ne s'entassent côte à côte que pour vivre de soupçons jaloux, de soucis, d'amertumes intimes ou de divisions scandaleuses! Et le prince de ce monde, olympienne ganache, s'imagine qu'avec tout ce désordre, on fait de l'ordre!...

Le premier mot du roi de Naples intervenant dans le

drame est celui-ci : De la prudence! point de bruit! Agissez secrètement. Assoupissez les choses. La peste soit des femmes !

Le dernier mot du roi de Castille, le voici : Dieu nous a vengé. La cause enlevée, l'effet cesse. Don Juan abîmé, tout mal disparaît, tout est pour le mieux dans le meilleur des mondes; embrassez-vous à mon ombre salutaire, et qu'un beau mausolée transmette aux générations futures la leçon de cette histoire.

Elle est jolie la leçon! et le beau médecin que voilà! Imaginez un anthrax social en pleine phase d'inflammation : un coup de bistouri ouvre la plaie, arrache au patient qui hurle un morceau de son germe de mort, et voici que le royal docteur, sans aucun souci de la cause générale, enveloppe d'une main exercée aux bandages, refoule, étouffe vingt petits germes naissants saupoudrés de laudanum, et s'endort par là-dessus; tandis que le foyer de pestilence, exaspéré sourdement, infiltre son ferment à toute l'économie gangrenée...

Résumons l'esprit de ce drame original et vigoureux, esprit pitoyable et lamentable, dont, à propos de don Juan, le fanatisme royal espagnol et la poésie, son écho, ont empesté la chrétienté dévoyée, gâtée, pervertie.

Don Juan, c'est l'homme du monde corrompu, c'est le gentilhomme de la Renaissance. Retournez ce mot brillant de gentilhomme, et vous trouverez l'*homme gentil,* c'est-à-dire, au sens chrétien, l'homme échappant à l'inspiration divine et redevenu païen; par contre, au sens profane, c'est l'homme reprenant son essor naturel et s'épanouissant dans son exaltation séduisante. Don Juan, c'est le héros du beau monde, fascinateur et mortel, séduction charmante à la fois et châtiment ; qui méprise tout, attrape les femmes faibles et les écrase, se joue des hommes déchus et les tue, et passe, insolement railleur, sur les tombes que lui-même a creusées aux âmes et aux corps. Voici, reparue scandaleusement, la race des géants de la luxure et de la superbe. *Ecce gigas !*

Tel est l'ennemi. Sous ses atteintes caressantes et cruelles, les individus (j'entends ceux qui sont froissés, car les autres font galerie, regardent faire, admirent pêle-mêle torreros et toréadors, et diraient volontiers aux déportements venimeux du centaure païen ce que l'économie politique dit aux circulations vénéneuses du Mercure civilisé : Laissez faire ! laissez passer !...) les blessés donc se plaignent, se récrient. Font-ils entendre quelque chose de ce gémissement clair et doux que les grandes victimes du Calvaire jetaient aux âmes troublées de leurs bourreaux ? Non, rien du cri plaintif de l'Agneau ! Rien de ton amoureuse complainte, ô Colombe ! Aucun accent d'un cœur divin, d'un cœur aimant ; aucune voix de la vraie force qui se possède ! Mais, de toutes les poitrines déchues, faibles, enragées, montent à des lèvres animales des cris inarticulés de colère, de haine et de rancuneuse vengeance. De tous les bords, d'en haut, d'en bas, et sur tous les tons, la malédiction jaillissante, prolongée, persévérante, impitoyable !

Un seul de ces cœurs misérables songe-t-il à recourir,

pour son soulagement, au vrai et seul Roi de droit divin, à l'Homme-Dieu, au ministre du Christ, à l'Église? Aucun! Mais tous, au penchant de leurs passions basses, courent au roi d'en bas, et vont au bras de chair demander leurs ignobles et dures réparations. La colère et l'envie, la bave à la bouche, hurlantes Furies, pour avoir raison de la luxure et de l'orgueil, se jettent aux bras du prince régnant en ce monde, hautaine montagne de l'orgueil et de la luxure!

Le roi, dès que les plaintes des blessés et des morts deviennent par trop criantes et importunes, glisse d'abord dans les conflits sa gauche subtile, la diplomatie; et puis, quand il ne peut étouffer les choses ou les raccommoder par-devant maire et notaire, il étend brusquement et un peu au hasard sa droite vigoureuse, sa gendarmerie : Que les méchants tremblent! En prison, coureur! à mort, le mal-vivant!

Les victimes ont fait appel, contre le coupable, au roi : le roi fait appel au Dieu vengeur.

La Statue s'ébranle de son piédestal et marche contre don Juan.

Qu'est-ce que la Statue?

IV.

LA STATUE, SYMBOLE DE L'IDÉAL MOZARABIQUE. L'IDÉAL CHRÉTIEN.

« Grave lecteur, as-tu jamais vu un spectre? — Non. — Mais tu en as entendu parler... je comprends; sois muet!... Ne pense pas que je prétende me moquer de la plupart de ces choses, et tarir par le ridicule la source du mystérieux et du sublime... La vie terrestre flotte entre deux mondes, comme une étoile à l'horizon entre la nuit et l'aurore[1]. »

La Statue tient du mystère; au mystère confine le sublime : donc, ne fût-ce que dans l'intérêt de l'art, faisons place au théâtre pour le surnaturel. Sur trente et une tragédies grecques qui nous sont parvenues, vingt-six contiennent des apparitions, en acte ou en récit; les pièces de Shakspeare sont pleines de spectres : et nous ne voyons pas que le théâtre d'Athènes et celui de

1. Lord Byron, *Don Juan*, xv, 95, 99.

Londres se soient mal trouvés du miracle ou du prodige[1].

Mais il y a plus ici qu'un intérêt scénique : il y a la pensée des poëtes sur l'ordre de l'univers et les destinées de l'humanité.

Je sais, il est vrai, de nos esprits forts, comme dit Sganarelle, qui ne veulent rien croire, toujours tout prêts, à propos de la Statue, à répéter le mot de don Juan : « Bagatelle! » esprits plus forts que lord Byron, plus forts que Molière! Croyons au moins à Molière...

C'est manquer de respect à l'homme de génie que ne prendre point au sérieux l'inspiration qui nous vient de ses lèvres. Sans doute le poëte n'a pas toujours et d'avance raisonné toute la portée de son idée : mais cette idée est, dans son âme, l'écho des vérités de Dieu, ou des croyances et des profondes émotions de l'humanité. Tellez, Molière et Mozart ne sont pas des fournisseurs sur commande de pantins et de mécaniques pour l'amusement de nos Byzantins blasés.

Parce que nous, fils de Voltaire, nous sommes devenus, comme les Romains de la décadence, de futiles cultivateurs et de béats admirateurs de grandes machines mélodramatiques sans cœur, sans entrailles et sans vie, allons-nous éteindre le souffle de foi qui illumine et soulève les chefs-d'œuvre de l'art? et rabaisserons-nous Eschyle, Tirso, Shakspeare, Molière, Mozart, Gœthe, ces éternels vivants, au niveau de nos fabricants

1. Roux, *du Merveilleux dans la tragédie grecque.*

de fantastique venteux et mensonger, et de fantasmagories blanches?

Il importe à tout homme lettré, surtout s'il est libre penseur, de se rendre un compte rationnel de ce qu'ont pensé et voulu les plus grands génies de l'antiquité et du monde moderne.

Théophile Gautier a rendu hommage à la bonne foi du plus raisonnable d'entre tous les poëtes qui ont évoqué la Statue : « Dans *Don Juan,* le fantastique, cet élément d'un emploi si difficile pour le Français sceptique, est traité avec un sérieux et une croyance bien rares chez nous. La Statue du Commandeur produit un effet d'épouvante qu'on n'a pas surpassé au théâtre[1]. Dans le même ferme esprit de justice a parlé Jules Janin : « Molière, dit-il, croit trop aux fantômes : il est pour ainsi dire trop voisin de l'abîme de Pascal. Il ne rit, quand il rit, que d'un rire contraint et forcé. Faut-il tout dire? Il a peur! De temps à autre, il retourne la tête avec un frisson, comme s'il allait voir le spectre... Il le voit en effet avec l'œil de son esprit[2]. »

Si la sincérité de Molière est probable, à plus forte raison celle de Gabriel Tellez est-elle certaine. Que tous deux tremblent devant le spectre de l'abîme, là n'est point le mal; que tous deux se proposent de faire trembler don Juan, ceci est plus délicat; que Sganarelle et Catalinon et la Statue veuillent faire accroire à don

1. *Presse,* 18 janvier 1847.
2. *Débats,* 1858.

Juan que l'apparition vengeresse est « un miracle produit par le ciel, » voilà l'idée absurde et l'entreprise impossible.

Nous verrons que Molière ne s'est pas tenu là; et je crois entendre sa propre raison, sur la lèvre de don Juan, riposter à la foi tremblante de Sganarelle.

« Ah! monsieur! c'est le ciel qui vous parle.

— Si le ciel me donne un avis, il faut qu'il parle un peu plus clairement, s'il veut que je l'entende. »

Je soutiens, à la décharge de don Juan, que ce n'est point le ciel qui parle à la terre par la bouche de la Statue de Gabriel Tellez.

Il y a deux sortes de mystères : l'infernal et le céleste, le terrible et le consolateur. Il y a, comme dit lord Byron, le spectre de la nuit et la vision de l'aurore. — Que serait un monde tout entier livré à la nuit et à ses fantômes?...

Dieu, dans la Genèse, nous apprend à voir que la lumière est bonne, et il la divise d'avec les ténèbres mauvaises. Le Créateur condense la lumière dans le soleil et dans les astres, pour que ces flambeaux luisent en son firmament céleste, et qu'ils illuminent notre terre, splendidement durant le jour, et durant la nuit même suavement; et, de plus, le principe de la lumière se trouve, comme l'esprit de Dieu, répandu au fond de toute la création, et l'homme a mission de l'extraire et de la condenser, afin d'échapper aux ténèbres. A l'exemple de Dieu, l'homme doit, sur la face de l'abîme, prononcer la parole de lumière : *Fiat lux* [1].

Qui dit ténèbres dit erreurs, crimes, mort et enfer [2].

Néanmoins, les apparitions des morts ne sont pas nécessairement ténébreuses et effroyables, parce que, au delà du décès, il y a une autre vie dans une lumière plus parfaite.

Henry Blaze de Bury a eu cette hardiesse de n'inviter à son *Souper du Commandeur,* avec don Juan, que des statues et une âme du Purgatoire : mais tous ces trépassés se colorent de douceur à l'aube du Monde nouveau des éternelles clartés.

Quant au *Convive de pierre* de Tirso de Molina, ce n'est qu'un monstre du monde de l'éternelle nuit.

La Statue, c'est le cachet de l'*auto sacramentale* espagnol; c'est le sceau, dans l'art de la religion mozarabique. Il n'y a rien là de l'idéal chrétien.

Il ne suffit pas que des rois s'intitulent très-catholiques, apostoliques, très-chrétiens, pour être vraiment des fils dévots et dévoués de l'Église, et ses apôtres, à l'image du Christ.

Ce n'est pas assez, pour nous convaincre, que deux critiques éminents de France aient porté sur le génie espagnol cette sentence indulgente :

« L'Espagne chevaleresque et chrétienne a le plus

1. Genèse, 1, 2, 3, 14, 15.
2. Origène et saint Jean Chrysostome, sur saint Jean, III, VIII.

complétement secoué le joug des idées du paganisme... La légende primitive de don Juan est fille du catholicisme; cette idée est chrétienne par-dessus toutes les idées. »

Ce n'est point assez que Perez de Montalvan, aristarque espagnol fort considéré, dans son recueil *Para todos,* ait dit du poëte du *Convive de pierre :* « Il y a un grand fond dans la partie morale de ses pièces; et les dénoûments sont tels qu'ils doivent être. »

Il ne nous est pas permis de nous taire, même devant Calderon et Lope de Vega, qui, tous deux, ont donné au théâtre de leur glorieux émule un brevet de haute moralité et d'orthodoxie parfaite[1].

Il ne nous est même pas possible de nous soumettre, sur ce chapitre, à l'autorité d'un très-pieux, savant et illustre bénédictin, qui attribue la vitalité persistante du sang espagnol et la pureté de la foi du peuple dit très-catholique à ses rois, et spécialement à Philippe II.

Quelque respect que m'inspirent ces autorités de la République des lettres et de l'Église, j'ose croire que par accident leur judiciaire s'est égarée, et j'ai pour me confirmer le ferme appui de deux Espagnols, honneur de leur patrie, représentants dans l'art et dans la politique de sa gloire nouvelle et transfigurée : le poëte Zorilla, qui a conçu un drame de *Don Juan* dans un esprit très-catholique, absolument contraire à celui de Tirso; et le présent ambassadeur de l'Espagne auprès

1. Alphonse Royer. Introduction.

du souverain pontife, qui diffère du vieil Ulloa, l'ambassadeur terrifiant de l'ancien régime espagnol, comme le jour de la nuit. M. Rios-Rosas a fait confession publique de la vieille politique mozarabique en ces termes solennels :

« Le fanatisme politique, sous prétexte religieux, a causé de grandes calamités à l'intérieur par l'Inquisition, à l'extérieur par nos atrocités de Flandre et d'Amérique. »

L'humble et doux ambassadeur ajoute :

« Mais sommes-nous, Espagnols, le seul peuple coupable de pareils excès? J'ouvre l'histoire... »

Assurément, aucun de nous, peuples chrétiens misérables, n'a le droit de jeter la pierre au prochain; et je suis tout prêt à confesser, devant le livre de l'histoire, que nous, Français, nous ne valons pas le diable...

Faisons donc ensemble pénitence; et constatons que la statue triomphante de Tellez symbolise le triomphe de Satan en Espagne et ailleurs; affirmons que le génie espagnol, fermant les yeux à la pure lumière de l'Évangile, s'est assombri dans les brouillards du judaïsme, et s'est enténébré dans la nuit sinistre du paganisme; reconnaissons, enfin, que les rois d'Aragon, Castille et Navarre, et spécialement Philippe II, ont présidé à cette déchéance et mené ce funeste convoi de leurs peuples d'un abîme à un pire abîme.

Nous allons toucher à de très-grosses questions historiques, théologiques, mystiques, accident inévitable, puisque nous étudions un drame religieux, œuvre d'un moine, et produit de la nation très-catholique. Mais que le lecteur, si par aventure il se croit moins catholique même que la vieille Espagne, pour autant ne s'inquiète point : je ne suis point théologien ; je n'ai aucune prétention à dogmatiser devant le public, et je n'irai pas, comme Sganarelle devant don Juan, exposer mon raisonnement « à se casser le nez. » Nous causons, entre artistes, d'art idéal ; pour en déterminer les principes, nous ne nous appuierons ici ni sur le Concile de Jérusalem, ni sur celui de Trente, ni sur le Symbole des Apôtres, ni sur la *Somme théologique* de saint Thomas d'Aquin : nous voulons n'invoquer que le Concile universel des génies de l'art, n'interroger que le symbole harmonieusement promulgué par Léonard, Raphaël, Fra Angelico, Palestrina, Haydn, Mozart, Rossini, et le formulaire de foi signé par les derniers poëtes et les plus tendres amis de notre don Juan, lord Byron, Alfred de Musset, Dumas, Gautier, Blaze, Mallefille, Zorilla.

Nous ne sortirons pas d'ailleurs de notre sujet dramatique. Il peut être curieux de voir d'un coup d'œil comment la littérature, dans la fausse dévote Espagne, a été l'expression de la société, et quelle influence tel ou tel esprit religieux peut exercer sur la poétique elle-même. « La littérature, a dit après Bonald l'éminent critique protestant Vinet, la littérature est le Monde écrit. »

L'Espagne a toujours eu un culte particulier pour son apôtre saint Jacques. Or, saint Jacques est l'un des deux disciples qui voulaient, dans l'esprit d'Élie, appeler le feu du ciel sur les âmes rebelles à la grâce, et que le Seigneur a repris en ces termes : « Vous ne savez de quel esprit vous êtes. Le Fils de l'Homme n'est pas venu pour perdre les âmes, mais pour les sauver[1]. » De ces deux disciples, l'un, saint Jean, est devenu le modèle de la perfection, à ce point que Jésus, du haut de sa croix, a dit à sa Mère, à la mère des élus, des christs : « Femme, voici votre Fils ; » l'autre, saint Jacques, ne s'est pas élevé à de telles cimes : il n'avait pas accompagné les saintes Femmes d'un pas ferme jusqu'au pied de la croix ; on ne le voit pas, comme saint Pierre, courir au Saint-Sépulcre à l'appel de Madeleine. Rien ne prouve précisément que saint Paul ne fait pas allusion à l'apôtre de l'Espagne, lorsqu'il accuse certains disciples fanatiques de Jacques d'avoir quasi entraîné Pierre lui-même à leurs excès de zèle, et de s'être écarté du droit chemin de la vérité[2].

L'Espagne honore aussi grandement son illustre saint,

1. Saint Luc, IX.

2. Galat. II, 11-15. Nos savants commentateurs, M. l'abbé Glaire et le R. P. de Valroger ont démontré que Jacques le Mineur est l'auteur de l'épître canonique; mais rien n'oblige, me paraît-il, à croire que « les trois colonnes de l'Église » n'étaient pas, après l'Ascension, les trois mêmes élus que Jésus, durant sa vie terrestre, honora d'un privilége d'honneur et d'autorité, au lit de la fille de Jaïre, au Thabor et au jardin des Oliviers; et rien ne prouve que le Jacques dont les disciples ont judaïsé n'était pas celui que révèrent tout particulièrement les Espagnols. Et, d'ailleurs, on peut admettre que l'Espagne a pu faire confusion sur ce point d'histoire où les érudits du XIXe siècle en sont encore à disputer.

Dominique de Gusman. Or, saint Dominique a eu, lui aussi, des disciples excessifs et d'étranges apologistes.

M. le comte Foucher de Careil, l'heureux retrouveur des trésors de Leibnitz, nous rappelait récemment les portraits qu'ont laissés de saint Dominique Fra Angelico, Traini et la sœur Cecilia Romana. Ici, tout est noble et suave; la figure est douce plutôt que sévère: une radieuse splendeur, qui paraît couler du front, exerce sur tous une attraction de respect et d'amour, et quand ce beau visage n'est pas attristé par la commisération, il est épanoui par l'enjouement et le sourire.

Par malheur, les poëtes et les politiques n'ont pas vu Dominique ainsi, tel qu'il fut en vérité, l'un des hommes les plus doux de l'un des siècles les plus durs, un héros chrétien. Des esprits moins bien édifiés, *quidam a Dominico,* dirait saint Paul, allant de travers vers la vérité, se sont fait du saint une image rigoureuse, dantesque. Le poëte gibelin, dans la quatrième sphère de son *Paradis,* au moment où il ose accuser le Pape de forligner, se complaît lui-même à pervertir la tradition, en dépeignant, *cor amore,* Dominique sous la double figure d'un torrent qui bondit au milieu des ronces hérétiques, et d'un lion doux aux siens et dur aux ennemis :

Benigno a suoi ed a nemici crudo.

C'est le commandement textuel des Euménides du poëte païen : « Soyez tous pleins, les uns pour les autres, d'un amour mutuel, et pour vos ennemis d'une haine unanime. » Minerve trouve fort sage ce conseil de la perfection olympienne : mais nous voilà loin de Celui qui disait : « Soyez bons et bienfaisants à tous, surtout à vos ennemis, aux méchants [1]. »

Hélas! il s'est trouvé des dévots, inspirés du Dante, pour imaginer de faire guerroyer Dominique contre les Albigeois, de sa personne à l'avant-garde, le crucifix à la main; et combien d'âmes ont dû être encouragées au fanatisme homicide par ce mensonge historique détestable !

C'est ainsi que, sur la terre fécondée par le glorieux apostolat de saint Jacques et de saint Dominique, au pied même de l'arbre de la vie évangélique, la vieille souche du bien et du mal eut sa renaissance; séve maudite dont l'épanouissement a jeté sur le monde et fait luire encore, comme un éclair, le nom sinistre de Torquemada.

La Statue, grandiose et terrible, c'est le cœur de pierre rigide, sur lequel est gravé la Loi de rigoureuse justice, *cor lapideum*. La Statue, c'est l'esprit du saint Office *royal*, le symbole de Torquemada; et c'est le nocturne et ténébreux idéal du drame espagnol !

C'est une rage de tous les honnêtes et modérés louangeurs des anciens régimes classiques de s'en prendre à nos modernes auteurs, romantiques et réalistes, de l'absence de l'idéal au théâtre.

1. Dernières paroles des dieux grecs, en Eschyle, *Orestie*. Premières paroles du Christ, en saint Luc, VI.

Mais d'abord, qu'est-ce que l'idéal?

L'idéal, dans l'œuvre d'art, c'est le *aliquid divini*, le *mens divinior* entrevu par les païens. L'esprit de vie qui est en nous, *spiraculum vitæ*, se dégageant des choses obscures et imparfaites, s'élance et remonte, pour ainsi parler, aux lèvres éternelles qui l'ont soufflé au sein de l'humanité; et de ce baiser mystérieux s'exhale un concert d'harmonies et de suavités, dans la vision lumineuse de l'Être divin, de son image réfléchie. Tel est l'idéal.

C'est, dit lord Byron, avec le poëte des *Psaumes* et le poëte des *Cantiques*, c'est l'aurore divine et le divin soleil : *Aurora consurgens, sol illuminans a montibus æternis.*

L'art ne peut pas se contenter d'un idéal infini, sans foyer visible, sans corps, sans formule; pas plus que la nature ne peut vivre de la lumière diffuse et se passer de son soleil.

Le plus savant de nos chimistes, M. Berthelot, peut bien, d'après le plus savant de nos philosophes, M. Cousin, écrire au plus savant de nos critiques, M. Renan : « Le sentiment du beau, celui du bien et celui du vrai, dans leur ensemble, constituent pour nous l'idéal. » Et tous trois peuvent s'entre-dire avec une suffisante satisfaction : « Derrière le vrai, le beau, le bien, l'humanité a toujours senti, sans la connaître, qu'il existe une réalité souveraine dans laquelle réside cet idéal, c'est-à-dire Dieu, le centre et l'unité mystérieuse et inaccessible vers laquelle converge l'ordre universel [1]. »

1. *Revue des Deux Mondes*, 15 novembre 1863.

Pour des critiques, c'est beaucoup de vouloir donner au panthéisme un centre, et d'aspirer à l'idéal déiste et abstrait de M. Taine : pour des artistes, c'est peu. L'art est amour : pour l'amour rien d'inaccessible! L'artiste veut connaître son Dieu, le voir, le toucher, l'exprimer dans sa gloire.

« Dieu est personnel, ou il n'est pas! » a dit Proudhon. Et la personne divine, pour être vue et comprise par les hommes, se fait humaine : « le Fils du Père invisible est Fils de l'Homme, *Filius Hominis;* » c'est le témoignage de saint Pierre et de saint Jean, et l'immuable enseignement de l'Église [1].

Dieu est personnel, et Dieu manifeste sa personnalité dans l'homme : sans quoi il n'y a point de modèle idéal, point d'art idéal.

L'artiste n'a pas, autant peut-être que Renan, lu saint Paul : mais il sait, mieux qu'aucun érudit, par intuition, que l'idéale et souveraine réalité divine doit nous apparaître dans un Homme-Dieu, ministre inénarrable de l'Infini, splendeur de l'Invisible, parce que l'homme est l'image et la gloire de Dieu; et dans une femme divine, parce que la femme est la gloire de l'Homme-Dieu et sa ressemblance [2].

L'idéal, c'est l'infini, c'est Dieu : mais l'infini réalisé, Dieu incarné. Il faut à l'art son Emmanuel, et il lui faut la Gloire du Dieu fait homme : la Femme revêtue du soleil.

1. Saint Jean, v, 27; vi, 70. Mgr de Genouilhac, *Histoire du dogme catholique.*

2. Corinth. i, 11.

Pour les païens, cherchant à tâtons dans les vapeurs du grand Esprit et dans les domaines du grand Pan, *super faciem abyssi*, l'idéal réalisé, c'était Jupiter, le roi des rois bruts, principe du bien et du mal, à la tête de son Olympe anarchique; c'était Junon, Minerve, Vénus, fragments épars de la Beauté altérée, morceaux, précieux encore, de la Femme originelle décomposée.

Platon n'a invoqué un idéal abstrait que pour se dégager de ces réalités imparfaites. Sa grande âme, affamée de l'aliment divin, ne pouvait se trouver satisfaite devant le Jupiter de Phidias, majestueux et superbe mélange de l'homme, du lion et de l'aigle, dont la face magnanime s'enveloppe de la crinière fauve et fulgurante : un Homme-Dieu qui a bec et ongles... L'œil lumineux de Platon ne pouvait voir la splendeur de la vraie femme, le Féminin éternel, dans la Junon aux gros yeux de vache, Βοῶπις; ni dans la Minerve aux formes masculines, aux traits durs, rudes, grossiers, *torva genis;* ni dans la Vénus, fût-elle de Milo, basse divinité pour laquelle posaient les hétaires callipyges, un beau corps sans âme, sans intelligence et sans cœur [1].

Platon criait, à sa manière : *Sursum!* et son génie sollicitait l'intelligence humaine à la recherche, à la vision d'un idéal divin à la fois et humain. S'il semble vouloir s'abstraire de la nature, c'est que la chair ne portait pas encore le vrai Dieu et n'en réfléchissait pas la splendeur.

1. *Archéologie* de O. Müller, 355, 358, 374, 380, 128.

Une âme plus sereine que celle de Platon, un esprit plus pur, plus affranchi de toute vision basse, a pleinement aspiré à la possession de l'idéal céleste : à sa prière, Dieu lui-même est venu dans la chair réhabilitée.

Et désormais l'humanité a compris et contemplé la présence réelle de Dieu; et l'art a eu sa prière aussi, son aspiration vers la divine réalité de mieux en mieux saisie, sa vision de plus en plus glorieuse : le *Christ pain des anges,* de Léonard, la *Madone élevant l'Enfant-Dieu,* de Raphaël, le *Paradis retrouvé,* de Fra Angelico, l'idéale Cité de Dieu, du ciel descendue, où rentre la sainte humanité réconciliée [1].

Les païens n'ont pas eu ces figures simples, pures, harmonieuses, qu'illustre incessamment l'art chrétien, symboles réjouissants où toute la Création se résume transfigurée : l'*Agnus Dei,* candeur de l'éternelle Lumière, la *Colombe* aux ailes d'argent, et la *Maison d'or* diaphane. L'antiquité ne voyait l'*âge d'or* que derrière elle, dans le souvenir obscurci de ce *Paradis perdu* qu'a chanté le plus grand des poëtes anglicans. Au contraire, les artistes catholiques ont toujours eu dans les yeux l'idéale vision radieuse, et ils n'ont cessé de voir « l'âge d'or devant nous, » non pas depuis que Saint-Simon, Fourier et Enfantin ont redit ce mot-là, mais depuis le jour où saint Jean, exposant la suprême Révé-

1. L'*Agnus castus* de Van Eyck résume splendidement ces adorables mystères de joie et de gloire; et notre peintre catholique Louis Jeanmot vient de les poétiser encore dignement dans la *Vie d'une Ame.*

lation, a décrit la Cité d'or transparent, fondée sur les douze pierres précieuses où se diffracte chacun des rayons du soleil transmis par les perles irisées; céleste Éden, où l'arbre de la vie éternelle, toujours en fleur, fructifie à chaque lune; tabernacle de Dieu avec les hommes, où il n'y a plus de nuit, plus de mort, plus de malédiction, plus de larmes; où toutes les forces naturelles abreuvées de lumière et embrasées de l'amour infini ne produiront sous les cieux concertants, que vertus, vérités, bontés, beautés, harmonies, joies ineffables [1] !

Sur ces trois figures a vécu l'art chrétien; il s'est alimenté de ce triple idéal :

Le Verbe de Dieu fait homme;

La Mère de Dieu divinisée;

Le Ciel réalisé.

C'est en vain que les demi-savants raisonneurs, puritains qui méprisent en don Juan le libertin d'amour et demeurent les flasques imitateurs de son libertinage religieux, s'épuisent pour éteindre au front de Jésus l'auréole infinie, et, désespérant du règne de Dieu, se demandent, avec le superbe dédain de Hegel : « Qui courbe maintenant le genou devant la Madone de Raphaël?... » Tous les poëtes qui ont célébré don Juan, même en ses grands écarts érotiques, tous inclinent à retourner leur héros, avec eux-mêmes, vers le Roi des cieux et la Reine des anges, et murmurent à son oreille le rêve renaissant de l'Éden éternel.

1. Apocalypse, XXI, XXII.

« O Notre-Dame! » s'écrie notre olympien Théophile Gautier, le poëte de la *Comédie de la Mort.*

« O Notre-Dame!...

« Monde de poésie en ce monde de prose,
A ta vue on se sent battre au cœur quelque chose,
L'on est pieux et plein de foi,
Car le Seigneur habite en toi! »

« Seigneur mon Dieu! Seigneur mon Dieu! » crie Alfred de Musset devant un crucifix; et l'*Enfant du siècle* empoisonné, dès l'adolescence, du lait stérile de l'impiété par tous les écrits du dernier siècle, s'arrête, recule, tombe à genoux, et, les mains jointes, dit aux philosophes et aux critiques : « Comment ose-t-on toucher à Dieu?... Qu'y a-t-il de plus beau que la Vierge, mère du Rédempteur?... »

« Je n'ai jamais attaqué la foi au Christ, écrit lord Byron, à tête reposée, dans les notes de son *Don Juan;* j'attaque le mauvais usage et l'abus qu'on en fait. Si jamais Dieu fut homme, et si jamais homme fut Dieu, Jésus-Christ fut l'un et l'autre [1]. »

« *Ave Maria!* chante le don Juan anglais. C'est l'heure de la prière, sur la terre et les flots, heure céleste! *Ave Maria!* c'est l'heure de l'amour! O Marie, permets que nous élevions nos regards vers ton Fils et vers toi. *Ave Maria!* Oh! qu'il est beau ce visage, et qu'ils sont doux ces yeux baissés sous les ailes de la Colombe toute-

1. Chant XV.

puissante ! Non, ce n'est pas une idole, c'est la réalité même [1].

Lord Byron venait d'ouvrir les yeux à la vision radieuse de l'*Apocalypse*, lorsqu'il écrivit ces vers, paroles de suprême confession, que l'on a trouvés dans sa Bible, après sa mort [2] : « Dans ce livre auguste est le mystère des mystères. Ah ! bienheureux entre tous les mortels ceux à qui Dieu a fait la grâce d'entendre, de lire, de prononcer en prières, et de respecter la parole de ce livre. Bienheureux ceux qui savent forcer la porte et entrer violemment dans les sentiers du ciel. Mais il vaudrait mieux qu'ils ne fussent jamais nés que de lire pour mépriser ou pour douter [3]. »

Telle est la frémissante aspiration de tout véritable artiste vers l'idéal chrétien. Le poëte sent, bien mieux que le philosophe Hegel, qu'avec la religion positive supprimée l'art n'a plus de forme et plus de raison d'être. Que la Critique, avec Hégel, en prenne tranquillement son parti ! Mais l'artiste n'est pas assez benêt pour mener le convoi de l'art ; l'art n'est pas fait pour rompre avec son divin foyer.

Interrogez tous les génies sur leurs hauteurs : pas un d'eux, chacun dans sa langue, dont le cœur n'ait soupiré l'*Ave verum* de Mozart, ou chanté, avec Rossini : *Vierge*

1. *Don Juan*, III, 101-103.

2. Après la mort de Charles Fourier, le rêveur d'un immense Paradis terrestre, ses disciples ont trouvé, dans ses manuscrits, à l'adresse de Lamartine, ce mot : « Jésus-Christ est le Messie. »

3. Apoc. XXII, 17-21. Saint Matthieu, XXVI, 24.

que les chrétiens adorent, ou entonné fortement ce *Credo,* de Corneille et de Donizetti, qui vibre, à cette heure, avec tant d'élan et de maestria sur les lèvres de Tamberlick et de Fraschini : Je crois à Dieu, le Tout-Puissant invisible, et à l'Homme-Dieu, et à l'Esprit de Dieu au sein de la Femme immaculée; je crois au jugement et à la résurrection générale, à la vie éternelle, en des cieux cléments et sur une terre renouvelée où la justice habitera. Amen !

Où donc sont tes rayons, ô divin Idéal! dans le drame espagnol? L'Homme-Dieu est la charité : sur quelle lèvre, animée par Tirso, avez-vous senti flotter un soupir de la charité! L'Homme-Dieu est notre espérance : à quelle oreille en avez-vous entendu le murmure? L'Homme-Dieu sauveur est notre foi : quel regard pur s'est ouvert à ce soleil salutaire? et sur quelle motte de terre en avez-vous vu briller la lueur consolatrice?

Aucune âme ne se tourne vers le soleil pour lui demander la vie. Le nom du Christ n'est prononcé qu'une fois; et ce n'est rien, chez un lâche valet, que le cri de l'égoïsme terrifié. Chose incroyable : le seul appel sérieux à la miséricorde de Dieu qui soit exprimé dans tout le drame, unique lueur sur ce chaos infernal, part de la bouche de don Juan : « Dieu m'assiste!... Laisse-moi appeler qui me sauve. » Et la Statue, à la minute dernière, ne fait enfin briller sur la terre glacée le nom de Dieu, que pour étouffer le cri du recours à l'Éternel

Sauveur : « Il est trop tard : telle est la justice de Dieu ![1] »

Le nom de Notre-Dame, la Mère du Christ, n'est pas prononcé une seule fois par le moine espagnol, dans ce drame religieux, où la femme déchue est livrée aux fascinations du Rampant. Aucun rayon de la pureté céleste, aucune ardeur de l'amour divin ne traverse l'atmosphère où se démène l'âme volcanisée de don Juan. Gœthe, le protestant, l'hellénisant, pour donner à son *Faust* un dénoûment « tel qu'il doit être, » fait apparaître la Vierge Mère : Gabriel Tellez, très-catholique, maître en théologie, chef d'une milice marianique, n'a fait descendre sur son héros rien de la Femme divine, rien à son image!... Ni l'Homme-Dieu, ni sa Gloire! ni soleil pour embraser, ni cœur humain pour chanter : où serait le Paradis terrestre?...

Dans l'ancien régime, chez les Juifs, sur le peuple au cou roide, Moïse abattait le joug de la Loi de rigueur; sur la cervelle dure, Élie faisait descendre le feu du ciel. A ce vieux monde manquait la présence réelle du Dieu-Charité, pour conjurer la juste colère du législateur et du prophète et la réaction vengeresse de la nature outragée.

Mais voici le Thabor : considérez encore le tableau de Raphaël à la lumière des Évangélistes. Élie et Moïse apparaissent, mais dominés par la figure suave et su-

1. III, sc. II, XVII.

blime du Christ, et bientôt effacés, car, désormais, Dieu veut que seul soit écouté le Verbe de la miséricorde : *Ipsum audite !* Et lorsque Pierre s'en va dire : « Il nous est bon d'être ici ; » lorsqu'il incline à garder associées au tabernacle éternel les tentes rigides de la justice temporelle, les évangélistes saint Luc et saint Marc, Marc, le propre disciple de saint Pierre, déclarent tout net « qu'il ne sait ce qu'il dit ; » saint Jérôme lui crie : « Tu t'égares, Pierre ; » et Raphaël nous montre le Prince des apôtres alourdi par le sommeil, tandis que saint Jean, redressé, frémissant, s'efforce d'ouvrir son œil purifié aux pures splendeurs de la Charité.

Saint Pierre, cependant, s'il s'attarde quelque peu du côté d'Élie et de Moïse, du moins ne perd pas de vue, dominant la scène du monde, son Christ, le fils miséricordieux du Père parfait ; sa foi est infaillible.

Mais que dire du poëte castillan, qui, dans son œuvre, supprime le Dieu lumineux de l'amour, et ne laisse debout que les justiciers, dans les brouillards du Sinaï ?

Le nœud du drame évangélique, c'est le Christ éteignant peu à peu Élie et Moïse eux-mêmes, les plus grands des prophètes et des justiciers, dans la gloire de sa Croix miséricordieuse.

Le nœud du drame mozarabique, c'est le Thabor, moins le Christ : le Thabor, où la candeur du divin Soleil est éteinte ; où les prophètes, tournant au noir, ne rêvent plus que châtiment ; où saint Jean disparaît éclipsé ; où, dans l'obscurité revenue, cessant de s'éclairer à la face du Vicaire de Jésus-Christ, l'Église espagnole, sur ses colonnes défaillantes, n'entend plus que monter d'en bas les hurlements de don Juan, le possédé, et les cris des femmes désespérées.

Le drame de Tirso, c'est moins encore que le Thabor découronné de Dieu; c'est moins que le Sinaï. C'est, bien loin du Calvaire et du mont des Oliviers, la montagne de la Tentation, en plein désert, où l'œil, cherchant en vain le céleste Lutteur, n'aperçoit plus, épouvanté, que le prince de ce Monde, contradicteur triomphant du Roi de grâce, Satan, de la main gauche poussant à mal, et de la droite châtiant!

La Statue, symbole de la loi du talion, n'est dans le drame castillan la figure de la vindicte sociale qu'au sens le plus étroit. L'esprit de la vengeance individuelle et familiale, de la vendetta espagnole ou corse, y perce dans tous les membres, dans tous les mouvements, à tout propos.

C'est celui qui a reçu l'offense qui devient le ministre de la justice, le père de dona Anna; et pour qu'on ne s'y trompe pas, Tirso ne dit point, comme Molière: « La statue du commandeur; » il écrit: « Don Gonzalo d'Ulloa en statue... Don Juan rencontre don Gonzalo sous la forme d'une statue... Don Juan tire son épée; don Gonzalo, marchant sur lui, le fait reculer... » (III, sc. x.)

Nous verrons Alexandre Dumas, sur son héros mourant, distinguer, sous forme d'anges, trois esprits très-divers: Vengeance, Miséricorde, Justice. Le poëte espagnol, évidemment, n'en comprend bien qu'un seul, l'ange de la vengeance. Vengeance! ç'a été le dernier cri de dona Anna à l'oreille de son père; Vengeance! ç'a été le dernier mot du vieillard expirant; et le mort, enterré en cet esprit, qui survit en lettres menaçantes sur la pierre du tombeau, sort des enfers pour que de sa propre main l'ennemi survivant soit sacrifié aux mânes implacables.

Assurément, j'ai calomnié Torquemada!

Le grand inquisiteur, en son effrayante impartialité, comme dit Mérimée, avait essentiellement le caractère de justicier social et religieux. Or, le propre du justicier sacré, comme on le voit dans l'histoire d'Élie et de Moïse, est de recourir, avant de damner les gens, à des avertissements paternels. Notre ministre de l'intérieur lui-même n'en fait pas d'autres : son sourcil se fronce maintes fois, et sa main gauche a la délicate attention de redresser deux ou trois fois les journalistes pécheurs, avant que la main droite n'aille frapper le coup fatal et peu céleste... Mais la Statue! sa première apparition n'a pas d'autre objet que d'inviter au festin des enfers don Juan, perfidement aiguillonné dans son orgueil et dans sa curiosité. (III, sc. II.)

« Chez Tirso, dit M. Heinrich, l'un des moralistes ennemis du don Juan espagnol, chez Tirso rien ne voile le surnaturel. » Mais quel surnaturel? Je n'en vois d'autre que le diabolique? C'est ce qu'affirme avec nous l'un des fanatiques ennemis du *Don Juan* de Molière : « Dans cette pièce, dit Rochemont, tout est diabolique, et le démon répand sur le théâtre les plus noires fumées. »

« Les démons prennent parfois les formes des morts

pour tromper... La négation du vrai et l'affirmation du faux appartiennent essentiellement au démon, qui est l'esprit de mensonge et d'erreur [1]. » Ainsi parlent saint Thomas d'Aquin et Görres, et tous deux assurément reconnaîtraient la Statue à ses erreurs absurdes et à ses mensonges cruels.

« Le diable (c'est l'Homme-Dieu qui parle) le diable et ses fils, en qui la vérité n'est point, ont toujours été menteurs et homicides [2]. »

Gonzalo d'Ulloa, l'ex-ambassadeur d'Espagne en Portugal, est maintenant envoyé en statue, ministre plénipotentiaire, pour tuer don Juan : voilà l'homicide. Quant au diplomate menteur, le voici :

M. Génin a beaucoup loué le mot de la Statue de Tirso : « Ne m'éclaire pas, je suis en état de grâce. » « Quel mot! » s'écriait Génin, philosophe universitaire, et il supposait que ce trait lumineux devait fort édifier un auditoire catholique. La forme française : « On n'a pas besoin de lumière quand on est conduit par le ciel, » est poétiquement moins heureuse; mais elle précise la même pensée, la même fausseté. Je soutiens que ce mot ne saurait toucher des catholiques, car il est démoniaque. Personne n'a remarqué que cette phrase à effet, dans l'œuvre espagnole, est en contradiction évidente avec toutes les autres paroles du fantôme, puisqu'il va tout à l'heure avouer qu'il a pour aliments des ongles crochus, des vipères, du

1. *De l'Ame séparée du corps*, q. 89, 8. *Mystique diabolique.*
2. Saint Jean, VIII.

fiel et autres mets infernaux; en contradiction avec toute sa substance, puisqu'il ne transmet à don Juan que l'impression de la glace ou du feu dévorant. Conséquemment, de deux choses l'une : ou le poëte théologien n'a voulu qu'ajouter une imposture aux tentations issues de la bouche du monstre infernal; ou bien le poëte mozarabique a commis l'énorme et détestable erreur de confondre dans une même figure le ciel avec l'enfer, de faire asseoir ensemble, au mépris du commandement de saint Paul, à la même table le Sauveur et le démon, et de faire des deux calices contraires une monstrueuse *olla podrida*[1].

Dans tous les cas, l'ambassadeur des rois prétendus très-catholiques n'est rien, même en Statue, qu'un affreux homicide et un *satané* menteur.

Et tel est le *deus ex machina* qu'a dressé sur les planches de la chrétienté, en 1620, le plus grand poëte penseur de l'Espagne, traînant à sa suite tous les génies dramatiques, depuis Molière jusqu'à Pouchkine et à Nimbsch de Lenan (1851)...

D'où nous avons le droit de conclure que, pour n'avoir convié que ce dieu-là à dénouer le drame de don Juan, il a fallu que le théâtre de la Renaissance en fût venu à ne plus s'alimenter que du vieux levain de la Loi, manne du désert, et, qui pis est, des vieilles croûtes de la malice et de l'iniquité, retombées des tables de l'Olympe fulminant et décrépit. Ajoutons que de cette source, de ce spectre insufflé par l'esprit juif et païen renaissant, pro-

1. Cor. I, x, 20, 21.

vient l'art abominablement désolé dont nous vivons, art désespérant, découronné de tout idéal céleste.

Lorsque l'humanité perd de vue le flambeau de la vraie foi, le génie littéraire refroidi ne met plus au cœur de ses poëmes aucun vivant foyer d'amour. « L'imagination devenue sombre et peureuse, dit Fénelon, commence à se former le fantôme d'un dieu barbare ; et pour ce spectre horrible et furieux, elle invente les cruautés les plus capables de l'assouvir. » Vers les sombres rivages, le Dante, en tremblant, a suivi Virgile. Mais le poëte de l'*Éneide*, au moins, a ses Champs-Élysées, et le chantre gibelin de l'*Enfer*, s'il se complaît trop aux vengeances diaboliques, a sa Béatrice encore pour l'introduire au ciel.

L'Espagne des rois très-catholiques, par la bouche de son poëte, n'a d'entretien qu'avec l'Enfer, de recours qu'au Diable. Étrange exaspération du génie, qui, pour idéal dénoûment, n'aboutit qu'à l'homme foudroyé et à Satan victorieux !

Est-ce donc là l'idéal que nous a révélé le Christ, lumière du monde? La Statue, est-ce la source mystérieuse où lord Byron nous convie à puiser le sublime? Et n'a-t-il pas raison, le grand poëte railleur, lorsqu'il dit : « Tu peux, bon public, compter sur la moralité de mon poëme, et je prends l'engagement de te donner, au dernier chant, l'agréable spectacle du lieu où vont tous les méchants[1]. »

Dieu a-t-il allumé son flambeau dans l'humanité, pour

1. *Don Juan,* I, 207, 209.

que les artistes le mettent sous le boisseau? Ah! prenons garde, poëtes chrétiens, que la lumière qui est en nous ne soit que ténèbres... Si le moine espagnol avait eu l'œil simple et lumineux, sur son drame se serait levée l'aurore dissipant les ténèbres.

Dans ce drame désolé il n'y a pas que don Juan pour aimer mieux les ténèbres que la lumière; il n'y a pas que don Juan dont les œuvres soient mauvaises. Le poëte lui-même, qui se fait juge, n'est point dans la vérité de l'art idéal, car il ne sauve rien; il n'écrit pas à la lumière du Christ, car, au lieu d'illuminer don Juan, il le rejette plus à fond dans les ténèbres extérieures et pour l'éternité. S'il eût suivi la Lumière du monde, au lieu de la Statue marchant dans les ténèbres et vers la mort, il eût animé quelque homme de Dieu, quelque femme divine, attirant avec soi don Juan dans la vie lumineuse.

Artistes, soyons enfin des enfants de la lumière! Délivrés nous-mêmes et des brouillards et des ténèbres, environnés et remplis de cette éternelle candeur qui dépasse la splendeur du soleil, n'allons à don Juan que pour lui ouvrir les yeux, afin qu'il se convertisse des ténèbres à la lumière et de la puissance de Satan à Dieu! [1]

Faut-il donc supprimer la Statue diabolique du drame, et le Diable de l'univers?

Doucement!... Ce serait supprimer le libre arbitre et le mérite.

Je connais les poëtes philosophes qui ne croient pas au

1. Saint Luc, XI, 35. Saint Jean, III, 19-21; VIII, 12; XII, 35, 36. Saint Paul, Act. XXVI, 13-19.

Diable, et qui néanmoins en modèlent amoureusement la figure pour l'ornement de leurs œuvres : pour nous, chrétiens, nous croyons à l'existence de Satan et de ses suppôts ; mais nous avons l'idée fixe et inébranlable de vaincre Satan et de le jeter dehors, avec ses simulacres.

Nous avons, pour nous confirmer dans notre foi religieuse et esthétique, le plan de Dieu, tout entier réfléchi dans la légende évangélique et dans le drame de la Rédemption, ces œuvres d'art par excellence que raconte et que joue la sainte humanité sur le théâtre de l'Éternel.

Considérez, artistes, la conception du divin poëme.

Pour prologue, d'abord l'humble maison de Nazareth : le mystère joyeux de l'aurore, le surnaturel radieux; l'Ange venant de la part de Dieu dire à la femme jusque-là dominée, trompée, exploitée : « *Ave, Maria!* au nom du ciel, salut! vous que remplit l'Esprit de sainteté, soyez bénie, et avec vous béni l'enfant Emmanuel, par qui Dieu même sera avec l'humanité! » Au second tableau, l'étoile miraculeuse guidant les Mages, et les Anges appelant les bergers : « Gloire à Dieu au plus haut des cieux, et sur la terre paix aux hommes de bonne volonté! » et encore l'apparition d'un Ange pour arracher l'enfant d'amour au cruel Hérode. Toujours donc et partout, au lever de la toile, pour source du sublime, le ciel ouvert!

L'action commence. Après la grande scène de la purification au Jourdain, voici le mystère terrible, l'apparition diabolique, la Tentation ; Satan en personne, étalant tous les fastueux empires du monde et conviant Jésus au festin de leur gloire homicide. *Vade, Satanas!*... Le roi des enfers disparaît, honteux et confus; et les Anges du ciel se mettent aux ordres du roi de l'humanité nouvelle. Dès lors, au cours des événements, nous n'entendons parler des démons que pour les voir chassés du cœur humain, tous, les uns après les autres : mensonge, aveuglement, surdité, mutisme, lunatisme, rage homicide, et les sept Esprits qui poussent la femme (Madeleine) à ses faiblesses, et les deux mille Esprits impurs qui remplissent l'homme et le rabaissent au niveau du porc immonde, tout l'enfer est mis en déroute au nez d'Hérode, ce renard,

Baissant la tête et portant bas la queue [1] !

Durant l'exposition, dans le nœud et jusqu'à la péripétie, au dessus de l'océan humain, retentissent des voix du ciel, au Jourdain, au Thabor, à l'entrée triomphante à Jérusalem, voix mystérieuses et sublimes qui sollicitent l'hosanna du peuple, des femmes et des enfants, divin écho! et lorsqu'enfin les hommes, préférant les ténèbres à la lumière, ne voulant pas d'autre roi que César, ont crucifié leur vrai Roi, l'Homme-Dieu, sur le sein de la terre tremblante, de ses rochers rompus et des sépulcres ouverts sortent, non point des démoniaques, mais les corps des saints qui se réveillent, se meuvent et par leur renaissance miraculeuse présagent la Résurrection, fin du drame de Dieu.

Les tableaux du Calvaire et du Sépulcre ne sont qu'un premier dénoûment : il y a l'épilogue, le final divin.

1. *Passim* et saint Luc, XIII, 32.

Sur le tombeau sont demeurées assises les deux Maries, les saintes femmes, fidèles anges de la terre faisant leur pieuse veillée auprès du divin corps; et, dans la nuit sombre, la pierre du sépulcre rayonne des lueurs du Dieu enseveli. Tout à coup, les anges du ciel, comme l'éclair, ont renversé et les pierres pesantes et les gardes brutes, et les envoyés du Dieu de la vie, tranquillement assis sur le monument de la mort vide, ont dit aux femmes : « Pour vous, ne craignez point; Celui que vous avez toujours cherché pour l'adorer, que les hommes ont crucifié, est ressuscité d'entre les morts. Allez l'annoncer à ceux qui l'ont abandonné... » Alors, comme elles couraient, à grande joie, porter la bonne nouvelle, Jésus lui-même accourt vers elles, disant : « Je vous salue, filles de Marie ; » le mot même de l'Annonciation étant celui de la Résurrection : *Avete !*

Tels sont les éléments du drame évangélique : pour introduction, la joie de la bonne nouvelle; pour action, le combat vaillant au prix de la douleur; pour conclusion, la gloire. Sous les rayons des divins et saints lutteurs, Satan et sa séquelle dissipés avec leurs ténèbres, jetés hors de la terre affranchie, sous des cieux éclairés et souriants.

Comme la religion, l'art chrétien doit avoir ses trois sources du sublime : ses mystères joyeux, ses mystères douloureux, ses mystères glorieux. Et quant aux mystères terribles, ils ne peuvent, dans un drame divinement conçu, apparaître que comme contraste, obstacle à vaincre, ténèbres à dissiper.

Que si le poëte tient le spectateur toujours à l'ombre des hauteurs terribles, et ne lui parle que de jugements terrifiants, et, parmi les feux de la fournaise humaine, ne fait apparaître le Dieu de la lumière et de l'amour qu'en de vagues lueurs, le poëte n'aura conçu qu'un idéal judaïque.

Que si, dans le poëme, le vrai Dieu de miséricorde n'apparaît pas même au fond du brouillard; si les ténèbres dominent, si le drame s'ouvre par le tableau du crime, se noue dans la lutte haineuse et se dénoue par le châtiment; si acteurs et spectateurs ne trouvent leur soulagement, à la fin de ce cauchemar, que dans la damnation du prochain, c'est alors que le poëte n'a conçu qu'un idéal païen, et n'a sacrifié qu'aux faux dieux et à Satan.

Jésus ne nie point l'existence de Satan, et il ne l'exclut pas de l'universalité des choses : mais il le domine, le bat, le jette dehors de son royaume reconquis. Le Crucifié triomphe de l'orgueilleux esprit de mort, en lui soufflant dessus par son dernier soupir...

L'art chrétien n'a pas cessé d'illustrer la scène du Golgotha, depuis la *croix grecque et latine* que l'architecte traçait sur le sol et prenait pour plan de l'église éternelle, et depuis le *crucifix* informe que taillait le statuaire, aux premiers âges de la Renaissance en Jésus-Christ, jusqu'aux *Calvaires* qu'hier encore Eugène Delacroix enveloppait de ses ombres lumineuses, jusqu'aux *Sept Paroles* que Haydn accompagne de ses mélodieuses harmonies. Pourquoi ce concours obstiné de tous les génies sur ce sommet funèbre et sacré? C'est qu'au bout de la voie douloureuse s'ouvre le ciel consolateur, et que les Sept Paroles sont pour nous la leçon suprême de la foi indéfectible, de l'espérance miséricordieuse, de la charité réjouissante.

Jésus, lors même qu'il se voit abandonné de la terre et du ciel, crie encore : « Mon Dieu ! mon Dieu ! » Que respire en lui l'Éternel invoqué? Le pardon pour les bourreaux, le salut pour un bandit; et c'est dans cet esprit de miséricorde infinie qu'il remet son âme aux mains du Père céleste. Alors, dans sa charité, il constitue la communion des saints, et il s'écrie « J'ai soif ! » soif de voir mes héritiers, ma Mère avec mon frère, me continuer dans mes œuvres de pardon et de salut; et l'Homme-Dieu proclame qu'ainsi tout est consommé par l'amour dans sa gloire !

Que la société et l'art perdent de vue cette idéale péripétie : l'Homme-Dieu sauveur, le Paradis offert aux larrons mêmes, l'Église corédemptrice et les saints conviés au festin de la miséricorde; et, dès lors, l'art ne reproduit plus, à l'image de la société pervertie, que l'idéal renversé et parodié : le mystère terrible de la destinée prend le dessus, le faux sublime, le gigantesque atroce; Satan reparaît sur la haute montagne de l'orgueil, tentateur sans contradicteur divin, maître sans conteste de tous nos bas-empires, vrais enfers sociaux, tout remplis de ses noires fumées, de ses miasmes empoisonneurs, de ses tonnerres épouvantables et de ses désespoirs...

Et tel est, dans sa conception générale, le *Convive de pierre* de l'Espagne mozarabique.

Ce germe infernal est venu à l'Espagne sur les vents de l'Afrique musulmane et de l'Orient schismatique.

Dans notre Occident, tant que les peuples ont cherché leur soulagement à l'ombre bienfaisante de Saint-Pierre, la tradition miséricordieuse et salutaire s'est conservée pure dans la vie sociale et dans l'art. Partout, le Monde voyait encore, en ses profondeurs noires, les démons séduisant les hommes, les princes se détruisant entre eux, corrompant leurs peuples et les punissant, les individus se torturant les uns les autres au sein d'un tourbillon de représailles vengeresses ; mais toujours, sur cet enfer, apparaissait un rayon du ciel, un élu, une sainte femme, un ange, pour conjurer les puissances malicieuses, leur résister fortement et doucement, pour tout panser, tout guérir, tout sauver, fût-ce au prix du martyre!

Dans le drame de l'humanité, Dieu est toujours présent, ouvrant son ciel. Si parfois la nature, dans ce qu'elle a de plus miséricordieux, un père, une mère, se laisse emporter diaboliquement par l'esprit de rigueur et de désespoir, comme le père et l'oncle de Don Juan, aussitôt un champion du Dieu de miséricorde, mort ou vivant, apparaît entre le démon invoqué et le coupable, « parce que Dieu, dit Tertullien, est plus père qu'aucun père, » parce que Celui-là n'a jamais manqué à sa parole, qui a fait à tout homme, comme à David, cette éternelle promesse de l'Amour infini : « Quand bien même ton père et ta mère t'abandonneraient, le Seigneur serait là toujours pour te soutenir et te relever[1]. »

1. Psaume XXVI.

« Ta mère n'avait pas le droit de te livrer au démon, » dit saint Yves de Bretagne à l'enfant prodigue qu'il sauve et qu'il embrasse. Saint Yves, l'avocat des pauvres, c'est un fils de saint François, de la race de saint Jean. Saint Augustin, de la lignée de saint Paul, rapporte un fait analogue et dans le même esprit. La mère de Césarée a-t-elle appelé Satan sur sa famille, saint Étienne, à la prière d'Augustin, vient miraculeusement tout réparer; et le fils criminel se redresse sous les baisers du saint. « Quel cœur eût pu alors retenir son élan vers Dieu? De toutes parts l'Église retentit de cris d'allégresse. On court vers moi : je salue le peuple, qui me répond par de joyeuses acclamations : Grâces à Dieu! gloire à Dieu! je leur donne par quelques mots à admirer dans ces faits l'éloquence de Dieu. Alors, ce fut dans l'assemblée un tel cri d'admiration, que l'enthousiasme et les larmes semblaient ne pouvoir finir. C'étaient vers Dieu des élans d'amour, cris inarticulés, joie bruyante à nous assourdir. Qu'y avait-il donc au fond de ces cœurs exaltés? La foi du Christ, pour laquelle a coulé le sang d'Étienne [1]. »

Quel dénoûment sublime, adorable!

Que les temps sont changés! hélas! et quelle atmosphère de glace ne laisse plus, dans nos temples muets, éclater parmi des transports d'allégresse l'éloquence du Dieu de miséricorde?...

Ce souffle de l'Esprit-Saint, qui remplit la légende des saints, remplissait l'art dramatique, lors de sa renais-

1. Act. Sanct., 19 mai. *Cité de Dieu*, XXII, 8.

sance en Jésus-Christ. Les *Mystères* et les *Moralités* remis au jour par Magnin, Onésime Leroy, Paulin Pâris, Michel, Jubinal, Edelstand du Méril, ne sont que la mise en scène de l'action divine : partout et toujours un combat sur la terre entre l'enfer et le ciel ; partout l'*uom di sasso,* l'hôte de pierre et de soufre abîmé et jeté dehors, et toujours, sur l'humanité souffrante ou coupable, consolée et guérie, l'aurore du ciel et le divin soleil apparaissant réfléchi sur la face d'un saint miséricordieux et vaillant.

Mais ne voilà-t-il pas que, depuis la fin du XIIIe siècle, l'esprit humain se retourne vers un autre Évangile, et produit sur la scène du monde et bientôt sur le théâtre des personnages en qui Dieu sauveur ne peut plus se reconnaître ! Ce germe de rigueur et de brutalité perçait déjà dans l'Église au temps de saint Paul, qui le proscrivait comme n'étant bon qu'à engendrer des esclaves [1]. Il s'épanouit avec le schisme.

Dans l'archipel grec se répandit le bruit que la statue de saint Georges se mouvait et volait pour aller se percher sur les épaules des gens de mauvaise foi, et les rouer de coups jusqu'à résipiscence. C'était la renaissance des traditions païennes : la statue de Mithys écrasant son meurtrier, la statue d'Éros mettant en poudre le contempteur du dieu [2].

Si les saints morts revenaient battre et abîmer les mécréants, à plus forte raison les vivants devaient-ils s'en

1. Galat. IV.

2. Aristote, *Poétique,* IX, 6 ; Théocrite, Idylle, 23.

donner le plaisir. Un légende apocryphe de saint Léon nous montre le thaumaturge brûlant Héliodore de sa propre main et tenant l'impie cloué sur le bûcher, jusqu'à ce qu'il n'y ait plus que cendre sous le feu.

Ce détestable esprit, importé du Bas-Empire, gagna les âmes en Occident ; et c'est ainsi qu'on en est venu à faire descendre les saints du ciel pour remplir l'office de bourreaux, à animer des statues de saint Michel pour l'extermination des méchants.

Or, veuillez remarquer que cet esprit terrible vient des Césars dits orthodoxes de l'Orient schismatique.

Les empereurs de Constantinople tentaient l'Église et lui insufflaient leur vieille flamme impitoyable. Rome n'ayant cessé d'opposer à leur nouvauté païenne le *non possumus,* ils se déclarèrent catholiques sincères, mais indépendants, et, avec l'aide de traîtres évêques nationaux, accomplirent le schisme. César, émancipé du vicaire de Dieu, se mit à froncer le sourcil, à brandir la foudre à son aise.

Partout où les princes ont cessé d'être soumis au Christ, ils ont naturellement cessé d'être évangéliques; et, commençant par faire judaïquement trembler les méchants, ils ont fini par faire trembler même les bons, à la mode païenne.

Les princes porte-glaives existent bien, de la permission de Dieu, comme tous ses fléaux, Assur, Assuérus et tant d'autres, pour être les exécuteurs de l'éternelle colère ; mais il leur arrive incessamment, à ces terribles ministres, de tenter sous leurs coups de foudre même la bonne nature, comme dans Job, d'atteindre même l'Homme-Dieu, comme dans Jésus, même l'enfant prodigue converti, comme dans saint Paul. Oh! qu'il a bien raison l'Apôtre des Gentils, lui qui a péri sous le glaive pour avoir fait appel à César, lorsqu'il dit : « Ce n'est pas sans cause que le prince porte le glaive [1]! »

Et voilà pourquoi la Papauté voulut, au moyen âge, lier le glaive, pour qu'il cessât de frapper à l'aveugle, à tort et à travers.

Au temps de la République une et indivisible (non pas française, mais catholique), l'ordre de la société chrétienne avait sa figure résumée dans le poëme de *Titurel,* où le *temple de Graal* exprimait l'harmonieuse unité des hommes avec Dieu. Sur la terre un seul pasteur, armé de la houlette, ayant mission d'éclairer, de réchauffer et de bénir, représentant du Messie ; autour de la haute tour qui le symbolisait, toute la hiérarchie des milices régulières et pacifiques ; et puis, au dernier degré, humblement subordonnés, « adossés aux murs extérieurs, » les ordres de chevalerie, champions exceptionnels pour la légitime défense du saint corps et de la divine bergerie. Le gendarme n'était là que comme *chien de berger,* et s'il lui arrivait, par entraînement de nature, de pincer aux agneaux égarés l'oreille jusqu'au sang, le maître apostolique lui criait : « Ici, Fidèle ! » et le ramenait à des procédés plus doux.

Construisez, échafaudez une pièce de théâtre sur ce

1. Job, I; saint Jean, XXI, 11 ; saint Paul, Rom. XIII, 34 et VIII, 35, 36 ; Actes, XXVI, 32.

plan symbolique du temple de Graal, et voyez si votre œuvre aura aucune analogie avec le drame de Gabriel Tellez.

Je vais plus loin : prenez pour modèle de composition la plus vaste œuvre picturale du royalisme moderne : l'hémicycle de Ziegler dans l'église de la Madeleine. C'est là assurément un scandale pour tout œil chrétien, une inspiration désolée pour toute âme évangélique ; car, dans ce vaste tableau de l'humanité, un empereur « en qui nous avons vu César, » dit l'historien national, un porte-glaive, un porte-foudre, assis sur l'oiseau de Jupiter, règne et gouverne, dominant même les Prêtres-Rois, vicaires de Jésus-Christ : triste chance pour la paix, maigre canal pour la miséricorde !... Cependant, le Christ sauveur, l'Agneau du Dieu qui efface les crimes du monde, est là quelque part, à sa place ; bien haut sans doute, à l'écart, dans le ciel, son domaine, soigneusement relégué ; mais enfin il y est...

Dans le monument de l'art espagnol et mozarabique, pas le plus petit bout du ciel, pas une ombre de la présence réelle de Dieu, pas un saint homme ni une sainte femme, même subordonnés au Roi et à la Statue !

Le *Don Juan* de Tirso est-il une exception ? Non. Presque partout, sur le théâtre espagnol, la lumière est refoulée et l'esprit ténébreux domine. Il est vrai que Lope et Calderon, ce dernier surtout dans sa *Dévotion à la croix*, et Tellez lui-même dans son *Damné pour manque de foi*, produisent des idées contraires et des espérances plus douces ; mais l'unité de système manque absolument à leurs créations, et dans le pêle-mêle de leurs doctrines contradictoires, aucun ne semble soupçonner que l'un de ses yeux est louche ou aveugle.

Tout le théâtre de la Renaissance, à peu d'exceptions près, s'est inspiré de ce même esprit de perversion. Le théâtre de Shakspeare (un critique original et vigoureux, Ernest Hello, l'a fait remarquer), d'un bout à l'autre est un enfer, au fond duquel gémissent écrasés femmes, enfants, vieillards : partout l'homme dominé par ses passions, aux prises avec la fatalité, torturé par les Furies ; partout les douces victimes sacrifiées par les colères individuelles ou par les inimitiés familiales, ou par les haines de castes et de nations ; et sur l'ensemble de son monde dramatique, Shakspeare fait, en bas, rugir les rois lions, en haut, planer les spectres de la nuit infernale !

Le théâtre français, sauf de rares lueurs, est tout rempli des fureurs païennes et des écrasements du Destin ; et quand le plus grand de nos génies ose introduire, au bout de ses œuvres toutes remplies de haines, de larmes et d'horreurs, quelque trait final adouci pour le soulagement des âmes et des peuples, n'ayant plus sous la main des saints, il fait, comme dit Saint-Victor, opérer ses miracles de miséricorde « par la grâce royale, » et nous donne à contempler, au dénoûment du *Cid* et de *Cinna,* un César faisant de la clémence et un roi faisant de la conciliation sous les lustres de leurs cours judaïque ou païenne. Le cénacle évangélique et le ciel chrétien sont éclipsés...

Ici règne et gouverne l'homme sans auréole. Sur le théâtre espagnol et dans le *Don Juan* de Tellez, le roi a pour couronne lumineuse les flammes de l'enfer...

Observez bien : c'est le roi d'Espagne qui fait et dresse la Statue.

En lisant l'épitaphe du Commandeur :

ICI, LE PLUS LOYAL DES CHEVALIERS
ATTEND QUE DIEU LE VENGE D'UN TRAITRE,

vous avez dû trouver que cet appel posthume à la vengeance n'était pas très-catholique. Eh bien ! cette statue joue son rôle impitoyable *par ordre*. « Le roi l'a ordonné ainsi, » dit Catalinon. Écoutez le roi lui-même :

« Je veux qu'on instruise son procès, et demain on lui tranchera la tête[1]. Quant au Commandeur, qu'on l'enterre avec les honneurs, la solennité et la grandeur dus aux personnes royales. Qu'on emploie le bronze et les pierres rares à lui construire un tombeau surmonté d'une statue; qu'il soit orné de mosaïques, et qu'une inscription, gravée en lettres gothiques, demande vengeance pour lui. »

Faisons marcher l'industrie du bâtiment et l'art de l'intimidation salutaire : toute la royauté de la Renaissance est dans ces deux mots.

Pour qui sait lire et scruter, tout l'ordre de César judaïsé est là : justice à garanties menteuses, justice aveugle, justice impitoyable; embaumement des morts dans

1. La foudre royale, en ce beau coup, tombe à faux sur un innocent; 2e journée, sc. XVII.

l'orgueil et la colère; le tout couronné d'un appel à la vengeance éternisé sur table de marbre et de bronze, sous l'invocation des dieux infernaux !

Ce roi de notre sombre comédie humaine est de cette séve étrangère que le peuple de Dieu, malgré Samuel, voulut se greffer, lorsque, rejetant l'autorité de Dieu, répudiant leurs juges, chefs paternels de leur innocente république, dit Bossuet, les Hébreux se donnèrent des rois comme en ont les païens [1].

Ce n'est déjà plus David qui est en scène, c'est Jéroboam, la royauté judaïque déchue, c'est pire que cela : c'est déjà César; et, en effet, c'est ainsi que le duc Ottavio nomme son roi dans la pièce espagnole [2]. Or, c'est lui, César dévot, honnête Hérode, chargé de juger, selon la rigueur des lois juives et romaines, les bons et les mauvais larrons, c'est lui qui ouvre et ferme le drame : il l'ouvre par l'impotence aveugle, et il le ferme par l'aveugle imbécillité, dans la gloire d'un coup de foudre.

Le Père de la céleste famille attire mystérieusement à lui son fils prodigue; de celui qui était mort il fait un ressuscité, et, pour fêter son retour, remplit sa maison de chants et de danses [3]. Le roi, père dénaturé de la famille mondaine, extermine l'enfant que lui-même a perdu. Don Juan est, en effet, plus ou moins, le fils des rois justiciers. Nissen, dans sa *Vie de Mozart*, fait remonter le type du grand libertin foudroyé au fils d'un roi de

1. Rois, I, VIII.
2. 2e journée, scène III.
3. Saint Luc, XV.

Portugal, dont la légende aurait été écrite sous ce titre : *Vita et mors principis Johannis.*

Jésus appelait ses élus et les envoyait, ambassadeurs d'amour, chasser les démons du cœur de l'enfant prodigue. Le César espagnol envoie, à la place des saints, contre ses fils pécheurs, des démons, ambassadeurs de la haine et de la vengeance. Dieu ne voit plus Satan précipité du ciel, ni saint Michel et ses milices victorieuses : c'est le Diable qui chasse les anges du drame et met Dieu même à la porte[1]...

Et voilà pourtant la politique et l'esthétique, l'une portant l'autre, dont tant de gens honnêtes et spirituels s'enflent enorgueillis : *Et vos inflati estis !...* Et tel est le sang vital que l'un de nos plus lettrés directeurs de théâtres voudrait infuser dans les veines dramatiques taries de la France ! [2] Dieu garde ! car il n'y a, dans ce cœur mozarabique, qu'un sang mêlé, vicié, qui ne saurait ranimer dans nos âmes qu'une vie maladive, enfiévrée, mortelle. Cette séve, c'est celle de l'arbre du bien et du mal, l'essence véreuse du genre humain déchu, égaré et dégradé, torturé et endiablé ! J'imagine que saint Paul avait les yeux sur notre théâtre de la Renaissance, quand il disait : « Qui se détourne de la face miséricordieuse du vrai Dieu, pour s'inspirer des éléments d'une morale infirme et misérable, celui-là mérite de retomber sous le joug dénaturé des faux dieux [3]. »

1. Saint Luc, x ; Apoc. xii.
2. Introduction, p. 33.
3. Saint Luc, viii ; saint Paul, i ; Cor. i et v ; Galat. i et iv.

L'esprit de l'Église n'est point là : c'est l'esprit de la religion d'État qui plane, avec ses épouvantements et ses cruautés, sur l'*auto sacramentale,* comme sur la scène politique de la Renaissance.

Le temps n'est plus où l'évangélique Orcagna peignait, en son *Jugement dernier,* le Christ levant le bras pour montrer aux coupables la plaie de son cœur : sous le souffle du poëte gibelin de l'*Enfer,* restaurateur de la monarchie de César, le sombre et rude Michel-Ange, que Michelet canonise, déformant la sublime figure du Campo-Santo, avait travesti le Christ en Jupiter foudroyant, à l'image des princes de ce Monde.

Regardez au fond du poëme prétendu sacré de Gabriel Tellez : le roi s'y promène en long et en large, environné du feu de l'infernal justicier. Et c'est lui, c'est sa politique, lorsque Don Juan demande un prêtre, qui répond : « Il est trop tard ! Telle est la justice de Dieu ! » Ainsi crie, sous les rois de race castillane et autrichienne, l'éloquent moine créateur du drame de *Don Juan;* et lorsque, sous les Bourbons d'Espagne, le poëte laïque Zamora, gentilhomme de la chambre du Roi, retouche l'œuvre originale d'une main un peu plus douce, mais beaucoup plus molle, il intitulera son drame : *Il n'est dette qui ne se paye,* et fera dire encore au roi de la légende : « Pardonner à une faute, c'est pousser à beaucoup d'égarements. »

Telle est la philosophie du drame espagnol : faire le mal et le payer ; regarder faire et punir.

Cette philosophie du désespoir a, en effet, infecté l'Europe entière; mais Voltaire et les critiques de nos jours, qui ont attribué au christianisme et au catholicisme un pareil empoisonnement, se sont absolument trompés. Non, Gabriel Tellez ne s'est pas inspiré de l'esprit évangélique; non, le poëte castillan n'est pas un apôtre de l'Église! Ne permettons pas que les rochers de l'Olympe, ni les sables brûlants du désert d'Ismaël, et pas même la pierre opaque du Sinaï, puissent être confondus avec les hauteurs lumineuses du Thabor, des Oliviers et du Calvaire.

Sixte IV et Alexandre VI lui-même ont protesté, au xve siècle, contre la politique fanatique qu'exprime dans l'art la statue du Commandeur. Au xviie siècle, après avoir longtemps supplié et menacé, Clément X et Innocent XI ont fini par suspendre et par excommunier le Saint-Office des rois de Portugal. Ainsi furent réprimés dans leurs cruels excès, par la Papauté, les deux pays d'où nous vient la Statue impitoyable, avec la légende de don Juan.

Et savez-vous quel champion, bien avant que le Libéralisme n'eût donné de la langue, combattait l'Inquisition royale et provoquait contre elle l'excommunication du Pape en 1674? Le Jésuitisme!... Oui, les fils de Loyola, auxquels hommes d'État et bigots mozarabes n'ont jamais pardonné leur humiliation, en Portugal et ailleurs...

« L'Inquisition espagnole, a dit M. Mignet, fut plus dévouée au Roi qu'à l'Église. » Et M. Rios-Rosas, député aux Cortès, a fait, en pleine tribune, sans être contredit, cette solennelle déclaration : « Les actes de l'Inquisition espagnole ne doivent pas être imputés à l'Église. La responsabilité tout entière appartient non à Rome, mais à l'Espagne, à ses rois, qui agirent dans des vues purement politiques [1]. » La papauté canonisait sainte Thérèse et saint Pierre d'Alcantara, apôtres de la miséricorde, à l'heure même (1622) où Gabriel Tellez exaltait sur la scène espagnole les sombres agents du sacrifice.

Lorsque Louis Veuillot, en un de ces bons jours où il écrivit son *Curé de Campagne,* un chef-d'œuvre ! menaçait d'incliner vers la douceur romaine, un disciple de J. de Maistre, le rappelant au culte de l'excès de zèle, lui criait, à la louange de l'auto-da-fé espagnol : « Ne voyez-vous pas que Rome était le rendez-vous des Juifs et des mauvais sujets? Cette molle Italie n'était pas digne de l'Inquisition [2]... »

Rome, en effet, n'allaita à sa mamelle catholique ni l'implacable Torquemada des rois d'Espagne, ni la machiavélique Catherine de la Saint-Barthélemy. Ce sont là des fruits acerbes et véreux poussés de l'arbre du bien et du mal sur terre mozarabique et française. Rien d'égal à ces monstres n'a germé dans le champ de l'Église romaine. On objecte le cardinal Albornoz. M. Duruy, au nom de la Minerve démocratique, fille de Jupiter, excuse cet impitoyable exécuteur dc l'aristocratie [3]; et nous, au

1. Antonio Pérès et Philippe II. Discours aux Cortès, 1855.

2. Voir la question du *Saint-Office royal* percée à jour par le savant docteur Héfélé, *Vie de Ximénès,* et par le R. P. Vieyra; et l'excellente étude de M. Albert du Boys sur l'inquisition portugaise. *Correspondant,* juillet, 1859.

3. *Les Papes princes italiens*, p. 47.

nom de Marie, sagesse catholique immaculée, nous détestons avec horreur cette politique olympienne. Albornoz, qui venait d'Avignon, est l'ivraie, et n'a point fait souche dans l'*agro romano*.

Ici, l'autorité spirituelle a toujours assez dominé le temporel, pour que le Souverain Pontife remît incessamment sous les yeux du peuple chrétien et du Pape-Roi lui-même, dans le modèle des saints canonisés, la leçon constante de l'éternelle miséricorde. Là-bas, en Espagne, en France et partout, les peuples ayant voulu avoir des princes comme en avaient les nations anciennes [1], il est arrivé que, le roi dominant le prêtre, la loi terrible du sacrifice a repris le dessus.

Et de là vient que le clergé, dominé et faussé, a produit sur la scène politique l'*auto-da-fé* de Torquemada, et sur la scène dramatique la *Statue* de Tirso de Molina. De là vient que Tellez, auquel Calderon et Lope donnent un brevet de « bon et salutaire instituteur moral, » Tellez, maître en théologie, commandeur dans l'ordre de Notre-Dame-de-la-Merci, ayant spécialement mission de présider au rachat des captifs, n'a pas eu l'idée de racheter l'un des plus grands captifs du monde infernal, don Juan!

La race des saints, certes, n'a pas disparu de l'Espagne : l'Église romaine sait encore les découvrir et les glorifier; mais la Cour et la Ville, en Espagne, ne les connaissent plus, ne les invoquent plus.

1. Rois, I, VIII.

Reste l'humanité souffrante, sous les fléaux de Dieu.

Les victimes de don Juan ne savent faire appel qu'au Roi ; le Roi, au Démon !

Sire, tuez-le ! ont hurlé ses ennemis. — Sire, tuez-le ! rugit son père, le lion de Tenorio ! — Tuez ! tranchez la tête ! décrète avec solennité la royauté léonine. — Arrière le prêtre ! mort et damnation éternelle ! ricane Satan sur le toit de sa synagogue triomphante[1].

Jésus-Christ, dès lors, ne règne plus en Espagne avec ses saints : c'est Pierre le Cruel qui gouverne quand se forme la légende de don Juan, et Philippe II quand elle s'incarne au théâtre, deux rois diversement effrayants, aidés de leurs démons.

La dernière parole du Dieu-Roi qu'on adore à Rome est : « Mon Père, pardonnez-leur, car ils ne savent ce qu'ils font ; » et le dernier mot de l'homme-roi qu'on cultive en Espagne est : « Emparez-vous de lui, tuez-le ! » La dernière parole du ciel au bon larron qui l'implore est : « Aujourd'hui tu seras avec Dieu dans son paradis ; » et le dernier mot de l'enfer à don Juan qui demande grâce est : « Il est trop tard ! »

O roi d'avare miséricorde, et poëte de modique merci ! Malheureux grand peuple de petite foi qui a illuminé l'Europe chrétienne de ces deux lueurs d'un même esprit sinistre, l'Auto-da-fé et la Statue !... Et que faut-il penser du cœur évangélique et de l'esprit logique de notre XIXe siècle, où tout le monde littéraire, unanime à mau-

1. Apoc. II, III, 9.

dir l'auto-da-fé et ses allumeurs, est également unanime à louer la Statue et ses poëtes ? La juste admiration pour la forme poétique doit-elle à ce point étouffer la réprobation nécessaire de ce mauvais fond mozarabique et païen?

On a été plus loin encore ; et dans un sentiment d'indulgente impartialité, Mérimée, libéral aréopagite, absoudrait volontiers la Statue. « Le fanatisme des Espagnols au XVIe siècle, dit-il, est aussi excusable que le patriotisme exclusif des Grecs et des Romains. » Au nom des Pères de l'Église, je ferai remarquer au plus lettré de nos Pères conscrits qu'Athènes et Rome avaient pour dieux Pallas-Athéné, Mamers et Jupiter Capitolin : il faut donc excuser ceux qui n'avaient pas vu luire la lumière dans leurs ténèbres. Que dire de ceux qui ont fermé leurs yeux au Soleil pour se replonger dans la nuit infernale?...

Mais au nom de quel dieu et de quel roi parle donc cette société qui se dit chrétienne et civilisée?

Avons-nous affaire à la justice ladre et dure des Scribes et des Pharisiens? N'avons-nous contre nos enfants prodigues que la colère et son verbe: *Raca! fatue!* Vaurien, impie, scélérat! et le point d'honneur rancunier et la vendetta?

En sommes-nous encore à rendre coup de dent pour coup de dent? Nous entêterons-nous toujours à résister imprudemment au malin? et, plus vils que les publicains vendus à Mammon, ne saurons-nous jamais aimer nos ennemis? Servirions-nous, sans nous en douter, deux maîtres, Dieu et Pharaon?

Avons-nous été chargés de juger au nom de celui qui a dit être venu non pour juger le pauvre monde, mais pour le sauver? Et comment se fait-il que nous ne soyons secourables qu'à ceux qui se portent bien, élèves dégénérés du céleste médecin qui passait bienfaisant et guérissant sur les sourds les plus entêtés, les aveugles les plus enragés, sur les morts? Ne serions-nous, par hasard, que des hypocrites[1]?

Voilà un homme affamé s'il en fut, tombé d'inanition en délire, faute du pain de la charité lumineuse: et au lieu de lui donner, pour le vivifier, ce qui lui manque, vous l'achevez sous le tas de pierres de votre ignorance haineuse!

Voilà un don Juan dont la maladie, plus qu'aucune autre, demande pour tout fiel l'Ἰχθὺς divin, l'huile flamboyante qui rend la vue au patriarche vieilli: et vous, plus empressés de complaire au roi qu'à Dieu[2], vous lui faites servir par vos statues humaines, par vos morts, des ragoûts de vipères et de scorpions, c'est-à-dire, encore et toujours des esprits de corruption et de désespoir![3] Dites donc, abîmeurs, empoisonneurs: voudriez-vous qu'on vous en servît autant, ô cuisiniers de Satan, marmitons des enfers?

Quels diables de faux prophètes vous ont donc éduqués

1. Saint Jean, III, 17, VIII, 15, XII, 47; saint Luc, V, 32; les évangélistes dont le rationalisme moderne, en Renan, croit avoir peu à recevoir.

2. Tobie II, 9, et XI.

3. Symbolisme exprimé par saint Remy, le patron que s'est donné M. de Morny, poëte dramatique.

à venir à don Juan avec dents de loups sous peaux de brebis, quand Jésus vous commande d'aller en agneaux purs à ce loup dévorant?

Reconnaissez la corruption de votre séve à vos fruits de mort.

Don Juan, parmi vos ronces, n'a pas pu goûter à la suave et fraternelle douceur de l'unité catholique; don Juan n'a pas pu, au bout de vos épines, sucer le vin sacré qui restaure et réjouit le cœur de l'homme [1].

Dehors donc de la terre de Dieu! arrachons et jetons au feu ces essences mortifères!

Allez-vous-en de moi! crie le Sauveur à ces apôtres manqués. Je ne vous ai jamais reconnus pour miens, vous qui, sous le manteau de la religion et sous l'égide de la société, ne faites que les affaires du diable et de son monde! Loin de moi, esprits de mort, pourvoyeurs de la mort [2]!

En vérité, en vérité, comment rappellerait-on don Juan à la vie en ne lui parlant que de la mort?

« Prenez garde, hurle incessamment Catalinon, le moraliseur mozarabique: vous le payerez par votre mort! Derrière la mort, il y a l'enfer! »

Et tous les mentors de l'Europe ont redit en chœur la chanson du valet espagnol.

1. *Chaîne d'or de saint Thomas*, sur saint Matthieu, VII, 16, et sur saint Luc, VI, 44.

2. *Sermon sur la Montagne*. Saint Matthieu, V, 20, 22, 38, 39, 44; VII, 1, 5, 9, 10, 12, 15, 23.

« Monsieur, vous êtes l'enfant prodigue, sauf respect, un porc; et Jupiter, le père de famille, finira par vous dépecer, et les diables, en enfer, par vous croquer à belles dents. » Ainsi aboie le moraliseur arlequin de la comédie italienne.

« Ma foi, monsieur, j'ai à dire que les libertins ne font jamais une bonne fin ;... le ciel punit tôt ou tard les impies,... une méchante vie amène une méchante mort ! » gronde Sganarelle, le moraliseur gallicanard.

« Gare au petit osseux ! » grogne en ses propos de table Hans Wurst, le moraliseur de la luthérienne Allemagne.

Quelque sot d'espérer que de pareilles lèvres ensevelisseuses sauront faire vibrer jusqu'au cœur de don Juan l'esprit de vie !

Et comment n'a-t-on pas compris que don Juan, vigoureux bon sens, intelligence prompte, ne peut qu'être plus à fond enfoui dans l'incrédulité moqueuse, quand il voit la Statue, « ce démon mêlé à toutes les scènes avec sa fumée d'enfer, » se charger de lui prêcher la morale et la conversion. Un diable peut-il rendre la vue à ce grand aveugle? Satan chasse-t-il Satan? et don Juan, s'il est possédé, s'il est Méphistophélès, se laissera-t-il ramener à la vertu par Beelzébub [1] ? Grotesque théologie poétique qui fait d'un envoyé des enfers l'évangéliste du

1. Beelzébub, c'est le ministre idolâtre du roi infidèle, chargé par Abimélech de punir les fils d'Hémor, ravisseurs et oppresseurs des vierges : *vi opprimentes virginem*. Mais de pareils démons ne réparent rien et ne convertissent personne. Saint Luc, XI ; Genèse, XXXIV, et saint Jean, X, 21 ; Juges, IX.

drame, et qui crée un diable bête à ce point de palabrer pour le triomphe de la vertu !...

Mais il y a quelque chose de plus incroyable que ce tissu monstrueux de contradictions et d'impotences, c'est que le rationalisme moderne au sein de l'Allemagne philosophique, sous l'œil du libre examen perfectibilisé par la Réforme, ait encore des poëtes entêtés dans cette impasse diabolique et faisant toujours avancer la Statue pour venir à bout de don Juan...

Ce qui est impardonnable, c'est que le docteur Kahlert ne paraisse pas avoir entendu ce que lord Byron a lumineusement senti et exprimé : qu'il y a deux mondes surnaturels, la vision de l'aurore et le spectre de la nuit. « La Statue, dit le critique d'outre-Rhin, c'est, devant don Juan, l'immortel manifesté... L'invitation de la Statue au banquet sensuel de don Juan, c'est le dernier degré sur l'échelle du matérialisme... La provocation de la Statue, c'est la cime des crimes. » Est-il concevable que la savante et judicieuse Allemagne puisse accepter pour unique rayon de l'idéal, pour digne splendeur de l'Immortel, le spectre horrible des enfers ?...

La Statue fantastiquement intimidatrice, c'est, contre don Juan, l'instrument irrationnel par excellence. Aussi, la nature inspire-t-elle au don Juan marionnette de Strasbourg, au bord de son dernier abîme, le mot de sa rationnelle résistance à la fanatique raison d'État : « Vous ne devriez pas, étant chrétiens, user contre moi d'armes et de violence. » Sur quoi le poëte, noble exécuteur des hautes œuvres sociales, abîme son héros pour l'éternité...

Le résultat de cette politique finale de toutes les Espagnes, c'est qu'au bout du vieux monde de la Renaissance mozarabique, don Juan, malgré tous les assommoirs et tous les abîmes, Phénix incessamment ranimé, propagé, multiplié, exaspéré, arrivait aux horribles et fabuleuses extrémités que Manzoni a voilées dans son *Innominato,* que Richardson a déroulées d'une main justicière dans son Lovelace, que Beyle-Stendhal a divulguées dans le portrait réel de Francisco Cenci, et que le marquis de Sade n'a pas craint d'étaler devant une société en pourriture.

Et chose digne de méditation : entre les flammes enfumées de la Statue, reparaissant toujours, mourant éternisé, don Juan surgissait sous les traits de plus en plus accusés d'un Titan. A l'heure où l'astre mozarabique effacé allait être absorbé dans le lustre du royal soleil gallican, le libertin devenu impie poussait en bon français son cri de méprisante révolte contre la triple autorité mal engagée et compromise :

Que le Destin se bande ou pour ou contre moi,
Pères, Princes ni Dieux ne me feront la loi [1].

Et nunc, reges, intelligite, erudimini, qui judicatis terram... Princes qui vous êtes faits les juges de l'Église, observez, pour vous instruire, l'enchaînement de vos humaines comédies.

1. *L'Athée foudroyé,* 1669.

V.

DON JUAN SOUS LA RENAISSANCE PAIENNE.

Beyle-Stendhal a dit ce mot joli et profond :

« En Grèce, don Juan, après avoir été un peu traqué par Hercule, eût fini par être casé dans l'Olympe par Jupiter. »

Ajoutons avec M. Crémieux, le populaire auteur de l'*Orphée aux enfers,* olympienne parade où nos hommes d'État, d'affaires et de plaisirs ont été, cinq cents fois, se voir jouer avec leurs Phrynés, ajoutons que *Papa Jupiter* aurait dit à don Juan et à ses petits : « Mes enfants, ayons des formes! Sauvons les apparences ! »

Ici, en effet, don Juan ne bâtonne plus alguazils et gendarmes; il leur tient bonnement ce discours, avec une narquoise courtoisie.

Pardon, messieurs les magistrats : « N'ai-je pas eu ma

grâce (du Roi)[1]?... » Tirons un voile sur le passé : la loi n'a point d'effet rétroactif, dit mon frère du Sénat conservateur. Pour le présent, j'émousse et polis mes ongles : reposez vos foudres. Je ne tue plus, à moins que ce ne soit à la guerre, œuvre pie d'État, ou en duel, mais dans les règles et de manière à satisfaire les plus délicats juges de l'honneur du Jockey-club ou du Bébé-club. Je ne vais aux cimetières qu'en plein midi, à la suite d'hommes d'État défunts et d'académiciens trépassés au rang des Immortels; et là, vous me voyez d'ici, plein de respect pour les convenances, devisant, derrière le mort, de politique ou de littérature, au pas des pompes funèbres, sans qu'il me revienne jamais, Dieu me damne! aucune envie de profaner les tombes. Quant aux autres sacriléges et aux impiétés courantes, vous n'ignorez pas que j'ai, là-dessus, le libre examen avec la liberté de conscience, principes de 89, dit mon cousin du Corps législatif. Pour ce qui est de mon catalogue, c'est une autre affaire : dona Anna et Elvire ont-elles déposé leur plainte au parquet? non : alors il n'y a rien en cause. Qu'est-ce encore? quelque cri d'enfant trouvé? M. Léonce de Lavergne, savant économiste, nous a supputé trente-trois pour cent de naissances illégitimes dans la capitale du Monde civilisé : c'est là un grand fait social, dont je n'ai point à répondre, la recherche de la paternité étant interdite, en bon droit romain et français, dit mon

1. Molière. Pouchkine fait dire mieux encore à son Don Juan : « Je n'ai rien à craindre pour ma tête, je ne suis pas un criminel d'État. »

oncle à la Cour de cassation. Le for intérieur est sacré, la vie privée murée, halte-là! C'est un chapitre où n'ont point à mettre leur nez le roi, la gendarmerie royale et leur auguste famille [1]. Sganarelle lui-même, à cet égard, me comprend, et il m'a débarrassé de ses sermonnades. Ce digne ami, le Sancho Pança du chevalier de la joyeuse figure, comme a si bien dit l'un de mes juges, Philarète, Sganarelle, devenu bon bourgeois, honnête et modéré, commandité par les millionnaires de Dieu, s'est mis à mon train de vie; il a ses grandes entrées dans les palais des rois et ses petites entrées dans les coulisses de l'Opéra; et désormais, ensemble bailleurs de fonds d'un journal semi-officiel et officieux, administrateurs des grandes Compagnies, sur nos chemins de fer, à la vapeur, nous côtoyons en tout bien tout honneur les codes pénal et civil, au nom desquels j'ai l'avantage de me dire, avec une parfaite considération, votre très-humble et très-obéissant serviteur...

Ainsi parle aujourd'hui maint don Juan. Mais le don Juan type ne se laisse pas descendre et enfouir en ces puants marécages; et il est encore des souffles poétiques qui soulèvent le Titan écrasé et lui font, avec les feux de sa colère, rejeter à la face du ciel civilisé la boue sous laquelle il gronde enseveli [2]. Le don Juan tourné en oison ou en bœuf gras aux herbages de l'Olympe n'a plus rien de poétique. Il faut aller contempler le héros sur son Caucase, non plus cloué et dévoré, mais, avec l'aide

1. B. Jouvin, au *Figaro;* Henry Monnier, en *Cour d'assises.*
2. Édouard Grenier, *Prométhée,* drame.

d'Hercule, escaladant l'Olympe et s'y installant parmi les dieux ébranlés.

Nos poëtes modernes ont volontiers assimilé don Juan à Prométhée. Pourquoi pas? les poëtes du xvie et xviie siècle ont bien comparé leurs princes à Josué, à David, à Jésus-Christ même? Du moment où les rois anglicans se nomment « l'Israël des nations, » où le roi gallican se laisse appeler « l'Oint du Seigneur, » don Juan peut bien oser s'égaler au Titan Lucifer.

Tandis que Jules Janin ne trouvait pas que la damnation fût un abîme suffisant pour un tel impie, et que Blaze de Bury rêvait de sa conversion, Théophile Gautier, comme nous tous embrasé par le vent « qui passait à travers nos montagnes, » en 1847, à l'heure où le *Chant des Girondins* gonflait toutes les poitrines, soufflant le droit de l'homme à l'insurrection, ce plus saint des devoirs, Théophile Gautier écrivait bravement : « On l'aime mieux Titan révolté, protestant encore au milieu des flammes de l'enfer, que pécheur pénitent et contrit : c'est que don Juan avait le droit d'obtenir son idéal et d'apaiser cette immense soif d'amour qui dévorait ses larges veines, car tout désir doit être satisfait. » Théophile entendait apparemment le désir de l'Infini, l'amour de Dieu [1]...

1. C'était le temps où nous, qui voulons aujourd'hui convertir don Juan, interprétant à la diable « les attractions proportionnelles aux destinées, » nous aurions volontiers lâché la main à l'étalon de Castille. Dieu nous pardonne! nous ne connaissions pas le Christ. Mais Fourier lui-même n'eût pas reconnu son rêve d'harmonieuse liberté dans les théories de libre et licencieux essor qui s'épanouissaient alors.

« Non, non! s'est écrié depuis Alfred Tonnellé avec M. Heinrich. Le don Juan moderne est un de ces menteurs qui se drapent dans la recherche de l'infini et qui n'ont adoré que le fini et qu'eux-mêmes... Don Juan n'a rien de la grande victime du Caucase. »

Rien : c'est beaucoup dire. Don Juan a d'abord ceci de commun avec Prométhée, d'être foudroyé. Mais il y a plus.

Le Titan de la légende grecque (qu'il ne faut point confondre avec celui du drame d'Eschyle) passe pour avoir eu des femmes à la douzaine, et la Fable ajoute qu'il aurait été pincé et cloué sur le Caucase pour s'être attaqué de nuit à la sage Minerve, absolument comme don Juan à dona Anna; il paraît même que la Minerve rémunératrice, comme l'Anna d'Hoffmann et de Hans Werner, oublieuse de son injure, aurait concouru à faire entrer au ciel l'audacieux Titan. Prométhée est, du reste, un homicide, et de la pire espèce, puisqu'il a aidé Jupiter à massacrer ses propres frères, les gigantesques fils de Gé. C'est un fourbe trompeur, comme le prouve la supercherie des os de bœuf empaquetés dans de la graisse. Enfin, c'est un orgueilleux révolutionnaire au premier chef[1]. Tout cela n'en fait pas un petit saint; et, à ce compte, Prométhée serait un frère de don Juan.

S'il faut en croire le très-sagace protestant Vinet, ce bon Samaritain du monde critique, le Prométhée d'Eschyle lui-même pourrait bien n'appartenir qu'à la famille

1. Jacobi et Thalès Bernard. *Dictionnaire de Mythologie.*

de Caïn, à qui l'humanité, dans ses grandes villes, a dû ses premiers progrès industriels; et le plus éclairé, le plus avancé des Titans révolutionnaires n'aurait dérobé au ciel olympien que la foudre, sinistre lumière, pour éclairer nos pâles ténèbres, *darkness visible* [1].

Quoi qu'il en soit, ce qui attire sur ces grands coupables, Prométhée et don Juan, l'intérêt involontaire, irrésistible, c'est que nous les voyons foudroyés pour avoir commis en bas, sur la terre et par la Ville, les crimes que leurs grands cousins, dieux et rois, commettent impunément, en haut, dans leur Cour olympienne. On se demande si le dieu des rois est bien venu à leur jeter la pierre, ayant lui-même des péchés à revendre. En effet, Jupiter est, plus que Prométhée et don Juan, fils criminel et impie : « Lui, le vengeur des pères! s'écrient les Euménides d'Eschyle; lui qui a chassé du ciel le vieux Saturne!... lui, dirait Hésiode, qui, enchaînant son père céleste dans le Tartare, mit fin à l'Age d'or, corrompit la race des hommes au cœur d'or! » Jupiter est, plus que don Juan, dominateur superbe et meurtrier : les preuves foisonnent; il suffit de citer Ixion, mis aux galères éternelles, pour avoir voulu se venger sur Junon de l'adultère cavalièrement commis par Jupiter avec Dia, mère de Pirithoüs. Quant au libertinage scandaleux, assurément l'homme-dieu des païens à fait plus de mortelles injures à Junon que don Juan à dona Elvire...

1. Étude sur le *Prométhée* d'Edgar Quinet.; Gen., IV, 17, 22; Milton, *Paradis perdu*.

Et voilà pourquoi don Juan, fils renaissant de la terre païenne et du ciel olympien, se révolte insolemment contre les faux dieux renaissants.

A la Renaissance du Mozarabisme avait succédé la Renaissance du Paganisme, les rois aidant toujours.

Le Paganisme renaît, moins la Foi au surnaturel : l'enfer est supprimé, le ciel avec. Le masque tombe alors, et, sur la terre isolée, désolée, restera seul debout en face de don Juan, le Roi!

Au moment où la déesse Raison va triompher, le dernier des poëtes abîmeurs de notre héros, Goldoni, d'un trait de sa plume raisonnable, supprime la Statue, et il nous offre, pour unique Festin, le révolté social frappé d'un coup de foudre naturelle, entre deux gendarmes, anges du Roi, seul dieu de nos bas-empires, et il met dessus, pour toute oraison funèbre :

LE MÉCHANT DOIT ÊTRE PUNI[1].

Qui peut croire, là, en conscience, que don Juan, après avoir résisté au Dieu vengeur, cédera au gendarme royal? et qu'ayant, jusqu'à l'extrémité, crié insolemment à la Statue : Non! il va psalmodier à la Police secrète : Dieu vous bénisse! Il est clair que le libertin, sous la loi d'État, ne saurait manquer de surabonder en péchés, sauf à l'impie à s'adonner à l'hypocrisie, « vice privilégié qui de sa main ferme la bouche à tout le monde et jouit en repos d'une impunité souveraine. » C'est ce que nous

1. Goldoni. *Mémoires.*

voyons déjà savamment réalisé, en son acte dernier, par le don Juan de Molière, qui a fini par se dire tout bas à soi-même, et dire tout haut à son confident intime :

Il est avec le ciel des accommodements.

Mais don Juan, de sa nature, répugne à l'hypocrisie, et si quelque chose l'irrite et l'aigrit, c'est de s'être aventuré à frayer avec ce pied-plat de Tartuffe. Dégoûté vite de cette cabale et de son divertissement, et rejetant le masque de cagot et sa crapuleuse laideur, don Juan épanouit au grand soleil sa face hardie et insolente.

En son nom, lord Byron donne le signal de l'irruption contre les vieilles digues. Alfred de Musset meurt à l'assaut, triomphant et désespéré.

Byron, « l'homme le plus négatif du monde [1], » et Musset, son disciple, sont suscités dans les deux pays, où, depuis la décadence de l'Espagne et de l'Autriche, l'idolâtrie de la Royauté et de l'Aristocratie a pris le plus bel essor : *Dieu et mon Roi !... Dieu et mon Droit !* La devise chrétienne : *Dieu et le Prochain !* est perdue.

Par réaction éloquente contre cette société paganisée, nos deux poëtes titaniques n'ont de rire amer et d'envie de pleurer, de blasphème et d'envie de prier, que pour leur héros. Sur leurs lèvres, « cymbales retentissantes et vides d'amour, » a dit injustement un grand esprit froid, sur leurs lèvres sonores, brûlantes, dévorées, éclate la protestation de l'individualisme.

1. Gœthe, *Entretiens.*

Déjà le stoïcisme avait, par la main inflexible de Richardson, bridé le pur-sang de la chevalerie saxo-normande et maté ses débordements. Mais voici qu'avec Byron, l'enfant épicurien fait lui-même le procès à ses nobles pères, et, courant sus au *cant* des vieux roués patriarcaux, se refuse scandaleusement à être hypocrite avec eux.

« Oh! que ne suis-je la force de quarante ministres anglicans attelés, pour chanter tes louanges, hypocrisie! que ne puis-je entonner un hymne aussi venteux que les vertus dont tu fais bruit et que tu ne pratiques pas! »

« Il n'y a plus de Christ, il n'y a plus de ciel : à moi la terre! » crie le révolté social d'Alfred de Musset [1].

N'ayant plus au-dessus de lui le ciel pour parler d'idéal à son âme, ni au-dessous de lui le visiteur infernal pour le tirer par les pieds, don Juan, planté dans son droit, sa passion, demande, avec une moqueuse insolence, au nom de qui et de quoi ce vieux Monde prétend le juger.

Don Juan respecterait saint Louis, sans trop lui céder; don Juan admirerait la force dans Torquemada, tout en l'envoyant au diable dont il lui fait peur : mais jamais don Juan ne verra des défenseurs honorables de la propriété, de la famille et de la religion dans François Ier et Louis XIV, malgré leurs croisades contre les Vaudois et leurs Dragonnades. « Don Juan aurait bravé les dragons du roi, et jusqu'au bout à la loi de contrainte crié : non! [2] »

1. *Don Juan*, x, 34; *L'Enfant du siècle.*
2. Weiss.

Plaisants juges, en effet, princes et peuples, qui n'ont cessé d'inspirer et de chanter, sur modes variés, des hymnes politiques et sociaux dans le ton que voici :

> Vive Henri quatre,
> Vive ce roi vaillant!
> Ce *Diable à quatre*
> A le triple talent
> De *boire* et *battre*,
> Et d'être un *vert galant !*

Voilà en quatre traits de clairon, reproduits en flûte dans *Charmante Gabrielle,* la musique du meilleur des rois de la Renaissance. Don Juan retrouve là, tout net, son image et sa ressemblance. Dès lors, à quel titre légitime ce juge royal peut-il juger ses pareils, ses créatures? et don Juan se laissera-t-il jeter la pierre par cette main de Jupiter en goguette, lascif et batailleur, un beau diable!...

La faute n'en est pas, en vérité, au jeune Henri, au bon Henri, non plus qu'à don Juan. La source est vieille.

« Ah ! seigneur, dit l'honnête Catalinon, allez-vous l'attraper, celle-là aussi (la belle pêcheresse Thisbea)? C'est ainsi que vous payez l'hospitalité !

— Puis-je faire mieux? répond le *Burlador* de la Renaissance ; et n'est-ce pas l'exemple que nous donne, chez la reine de Carthage, le pieux Énée? »

Le valet du *Fils criminel,* au XVIIe siècle, objecte la même excuse au vieux père indigné :

> L'âge autorise-t-il des forfaits si damnables?
> — Il dit qu'il en a vu bien d'autres dans les fables.

L'histoire ancienne et la Fable, voilà les grands coupables ; la Fable surtout, succédant à l'Évangile de la Vérité.

Mérimée, analyste sagace, a parfaitement vu que don Juan est de la cuisse de Jupiter ; et Castil-Blaze, passant gaiement en revue les hauts faits du grand seigneur effréné, conclut : « Il faut avouer que don Juan approche de bien près de la célébrité de Jupiter. »

Cette génération est indiquée dans presque tous les poëtes de notre légende. Je voudrais savoir ce qu'en pense Michelet, lui qui fait sortir tous les héros de l'histoire et de l'art modernes du vaste giron d'Isis, espèce d'allègre Mère Gigogne de tant de races bariolées...

« Suis la nature, disait l'Antiquité, si haute dans sa sérénité héroïque ! reviens à la nature, c'est le salut que nous adresse la Renaissance, son premier mot, et c'est le dernier mot de la Raison ! » Tel est l'enseignement de la *Sorcière* de Michelet.

Don Juan et tous les fils et petits-neveux de Jupiter, ouvrant grandes leurs deux oreilles à cette facile et commode raison, ont suivi la nature, et pris leur libre essor.

Mais ce que Michelet ne dit pas, ce qu'il apprendrait d'un savant naturaliste qu'il a appelé son maître, Alphonse Toussenel, c'est qu'il y a nature et nature, et double essor, en bien et en mal.

Il y a la nature originelle, créée de Dieu, donc bonne ; et il y a la seconde nature que nous a faite l'habitude de la déchéance rampante et de la subversion maladive : suivre celle-ci, c'est aller au mal.

La Papauté, le Christ régnant avec ses saints, avait fait comprendre à l'humanité la difformité des héros de la nature déchue, types du sensualisme et de l'orgueil; elle avait lié par la patte les aigles impériaux, muselé les lions royaux, bridé les étalons princiers; et saint Pierre mangeait tous ces impurs, pour s'assimiler le tout et tout transfigurer progressivement, harmonieusement [1].

Mais la raison de la Renaissance ayant délié et relâché tous ces nobles animaux, la nature véreuse reprit ses droits, la poésie réemboucha sa flûte à la cour des olympiens, et, par l'art embellis, les héros luxurieux et superbes de la sereine antiquité grecque et romaine recommencèrent à plaire aux yeux des chrétiens sécularisés.

Mais alors se produisit un phénomène plaisant, et se fit une clarté scandalisante.

La Renaissance, a dit M. Taine, qui l'adore, « la Renaissance se peut résumer en ces deux mots : surabondance et déréglement. » Or, comme toute surabondance, tout excès individuel, nuisant à la jouissance commune, appelle un règlement de conduite, comme il faut toujours, dans la société, un ordre quelconque ou une apparence d'ordre, le Christ n'étant plus écouté, il fallut bien qu'un autre dieu et roi se chargeât de faire la police ; et naturellement ce dut être le père des dieux et des rois de l'antiquité sereine renaissante : Jupiter.

Qu'est-ce que Jupiter? le grand ancêtre de César, par

1. Acte x.

Vénus. Que sont les rois de la Renaissance? Les Césars renaissants, disent leurs courtisans mêmes, dans le drame original de *Don Juan*.

C'est ici le nœud et le coup de théâtre de la comédie humaine : car il se trouve que nos jeunes don Juans de la Renaissance, beaux Pâris du nouvel Olympe, pour avoir donné la pomme à Vénus, avaient incessamment maille à partir avec la Minerve politique vexée, et se virent, par la royale Thémis, couchés sur son lit de justice; et, pour avoir enlevé la fille adultérine de Léda, attirèrent sur eux les foudres du roi des rois adultères et du maître des dieux concubinaires.

Quelle autorité, je le demande à la raison, quelle autorité morale pouvait avoir un prince de ce monde, principe et modèle du désordre qu'il s'attribuait mission de réprimer?

Criminis auctor punitorque!

Et quelle autorité peut avoir sur notre Titan le vertueux héros chargé de le traquer, cet Hercule, qui donne à ses travaux dépurateurs les petits entr'actes impurs que tout écolier des sereines universités de la Renaissance sait par cœur? Et croit-on qu'un don Juan fût homme à courber son front audacieux devant les deux souteneurs impitoyables des nouveaux Césars, le Diable et le bourreau? Et conçoit-on qu'un lord Byron fût poëte à s'humilier devant ce bel ordre public que les poëtes de la Renaissance, reconduits par Virgile au culte homérique de Jupiter, firent éclore de l'œuf géminé du Dante, l'*Inferno* et le *De Monarchia?*

Non : sous cette égide hypocrite et sous cette atmosphère écrasante, devait naturellement éclater le soulèvement des Titans de la politique et de la poésie ; et lord Byron cria à la face du grand monde frémissant de honte secrète et de rage débordante : Olympiens, mes cousins, moi, comme vous produit hybride de Minerve par Platon, et de Jupiter par Junon ou Pasiphaé, je n'ai point de comptes à rendre à votre aréopage, au pied de votre Olympe. Au diable vos chaînes, bandelettes et lisières ! et vive la vie !

Grabbe a parfaitement saisi et exprimé ce double caractère de don Juan. Son héros est bien la génération des princes de la Renaissance païenne, car il a pour devise : « Le roi et la gloire ! la patrie et l'amour ! » Et c'est bien le Titan, car lorsqu'il se sent écrasé par son dominateur foudroyant, il lui crie : « Tu m'as appelé avec une voix de tonnerre; et moi, avec une voix de tonnerre, je te réponds : Non[1] ! »

Ainsi va le monde de la Renaissance, alternant et basculant entre un ordre corrupteur et punisseur, et une liberté corrompue et révolutionnaire. Ce n'est pas le cercle de Vico : c'est le serpent qui se mord la queue...

Parlons raison : le Jupiter mozarabe peut-il faire de l'ordre vrai avec son désordre?

Parlons raison : le don Juan titanique réalise-t-il la liberté vraie avec sa licence?

1. *Don Juan* et *Faust,* tragédie, 1829.

Et quand bien même don Juan, envoyant promener tous les rôyaux viveurs austro-ibériques, français, britanniques, moscovites, prolongerait le cours périodique de sa scandaleuse victoire, et chanterait sans contrainte, à pleins poumons, son finale délirant éternisé :

Viva la liberta,
La liberta!

don Juan, de cette liberté tapageuse tirerait-il le bonheur?

Le bonheur, c'est la liberté!

Fort bien : mais, dis-nous, Muse chansonnière, qui, titubant le Dyonisios en Vénus, et par Vénus tombant aux bras de Mars, as fini par aller, sur les ailes de l'aigle glorifié, te reposer, et nous avec toi, sous le trône de Jupiter! dis-nous : qu'est-ce que la liberté?

La liberté, c'est l'épanouissement rayonnant de toutes nos facultés équilibrées ; c'est le mouvement et la plénitude de la vie dans tout notre être hiérarchisé. En Dieu seul on peut trouver, avec la possession intégrale de son être, son épanouissement harmonieux à l'infini.

La liberté pour chacun implique la liberté pour tous : car, tant que nous limiterons le droit du prochain, nous serons, tôt ou tard, par le prochain resserrés, contraints, étouffés. En Dieu seul, Dieu charité, chacun prenant d'abord sa part du sacrifice nécessaire, on peut espérer de voir s'effacer progressivement les limites, et la vie nous advenir de plus en plus abondante, avec la liberté des enfants de Dieu.

Qui peut croire que don Juan ait jamais eu l'heureuse jouissance de sa liberté parfaite? Don Juan, disent Paul de Saint-Victor et Th. Gautier, « c'est le désir insatiable et inassouvi. » Inassouvissement fatal, tant que le désir est étroit et égoïste, tant que l'âme ne demande pas à être rassasiée dans sa plénitude, et, conséquemment, en accord parfait avec l'universalité des âmes, dans la communion des bons cœurs, des saints, des anges, des cieux et de Dieu. Beyle-Stendhal lui-même, si favorable à la génération d'Éros, avoue que don Juan, à ses débuts aussi charmant que l'Euporion de Gœthe et le bel adolescent de Byron, a fini par devenir, au XVIe siècle, « pervers, horrible, affreux. » Et pourquoi? Parce que l'essor exclusif, gigantesque et monstrueux de l'une de ses passions, nuisant au plein épanouissement de son être, allait d'ailleurs porter atteinte au libre essor d'autrui, et à tel point que la liberté à peu près unique à laquelle aspirait le libertin, se voyait elle-même refoulée, comprimée sous les verrous, noyée dans le sang, éteinte dans la mort.

Depuis le XVIe siècle, depuis que don Juan, échappant de plus en plus à la Statue et au bourreau, a fourni, mieux à son aise, une carrière relâchée plus élégante, voit-on qu'il ait réalisé, pour lui et autour de lui, plus d'intégrale liberté, et conséquemment de bonheur? Écoutez le *don Juan* de Byron : « Si je ris de toutes choses mortelles, c'est que je ne puis pleurer. » Écoutez l'*Enfant du siècle* de Musset : « Qui sait, mon Dieu! si le blasphème n'est pas une prière? » Si le don Juan anglais n'avait pas été, pour se tirer de peine et échapper au *spleen*, interrompre son poëme sous les murs de Corinthe, cet antique chef-lieu de la science libertine et du bien-dire impie, il y a tout à parier qu'il eût terminé sa vie, comme le don Juan allemand et le don Juan français, prêtre désespéré sur son idole épuisée[1]...

Ainsi donc, — sans parler du cloaque où s'enfonce défiguré don Juan parmi nos *Bouffes parisiens*, — résumant l'œuvre des deux Renaissances, nous trouvons :

Au bout de la Renaissance des mozarabes, fanatiques de l'ordre, l'abîme !

Au bout de la Renaissance des hellénisants, fanatiques de la liberté, le suicide !

Cherchons, entre des mains humaines, sous le souffle de Dieu, le salut pour don Juan.

1. Le don Juan de Lenan se fait tuer (1851), et celui de M. E. Jourdain (1857) se tue en un dernier banquet.

VI.

DON JUAN ET LE PAUVRE DE MOLIÈRE.

Les abîmeurs de don Juan, excités par leur système impitoyable, observant d'ailleurs que don Juan lui-même se resserre dans son idée fixe et dans sa passion éperdue, avaient travaillé à étriquer et ratatiner le caractère, pour en avoir plus aisément raison devant la société justicière.

Tirso, dans sa rigueur savante, dégrade quelque peu son héros : cependant, vrai poëte, il conserve encore à son vaurien, avec beaucoup de force, une certaine grandeur. Mais les Italiens légers et les moroses gallicans, et les puritains de souche luthérienne, de chute en chute, aboutissent à ne plus voir et montrer en don Juan qu'un scélérat vulgaire, « un pilier du diable, » dit Scheible.

Molière vient enfin ! et, sous sa main puissante, tout va prendre une meilleure figure sous une inspiration nouvelle.

« Molière, dans son *Don Juan,* n'a pas atteint à la hauteur du modèle italien.» Ainsi a jugé le Dr Kahlert, faute d'un libre examen suffisamment attentif. Le critique allemand ne paraît même pas soupçonner l'existence du Pauvre dans le drame français...

« Don Juan, ce beau drame que Shakspeare eût signé,... peut-être la plus belle chose et la plus hardie qui soit sortie du génie français... Ce hardi et sublime don Juan, la plus personnelle peut-être de toutes les œuvres de Molière, bien qu'elle prétende être imitée de l'espagnol. » Ainsi ont jugé plus sainement Jules Janin et Philarète Chasles ; et notre regrettable Charles Magnin, avec une précision savante, a manifesté l'originalité propre et la largeur du don Juan français. Beaucoup d'autres ont poursuivi cette analyse : j'essayerai d'y ajouter quelques traits.

Molière, d'une part, a prodigieusement élargi et agrandi le caractère : sur cette humanité plus complexe l'esprit aura plus de prise ; et, de l'autre part, il a, sur cette vivante lyre désaccordée, fait descendre un courant de l'Esprit divin : et la lyre a vibré, de son propre accord étonnée, et l'humanité, au fond de don Juan frémissante, a, un instant, repris conscience d'elle-même.

Molière, voilà encore une force que les uns veulent abîmer, et que les autres déifient.

Mon vieil ami et compagnon du tour du Monde socialiste, Raymond Brucker aiguise éloquemment une amère comédie contre le grand comique, et Louis Veuillot vient de démontrer longuement la supériorité orthodoxe et morale de Bourdaloue sur l'auteur de *Tartufe*. C'est bien le moins qu'un père jésuite, ne soit-il ni canonisé ni saint, soit plus pur en sa vie et en sa doctrine qu'un simple laïque, fût-il ancien élève des révérends Pères, surtout s'il a passé de leurs mains dans celles de Gassendi et, de là, dans les coulisses du Grand Siècle.

Il faut faire observer d'abord à Louis Veuillot que les jésuites sont moins que lui rigoureux, en général, et en particulier à l'égard de Molière, quoi qu'en ait dit un homme de talent[1]. Le prince de Conti, Bossuet ni l'archevêque de Paris, ni l'avocat au Parlement ni le curé des Innocents qui attaquèrent si vivement le poëte militant, ni les deux vicaires de Saint-Eustache qui refusèrent leur secours au poëte mourant, n'étaient, que je sache, jésuites. Au contraire, plusieurs fils de Loyola ont parlé bienveillamment de l'auteur de *Tartuffe* et de *Don Juan*. « L'inimitable Molière! » s'écriait le R. P. Brumoy... « Ce plus franc et naturel des poëtes a sagement fait de jouer et la Ville et la Cour, » écrit le R. P. Rapin... « Notre Shakspeare est grand; mais vous avez Molière! » me disait avec admiration, aux environs d'York, un curé jésuite; et, hier encore, dans leurs *Études religieuses historiques et littéraires,* où Molière est souvent cité, un révérend père empruntait un mot au *Don Juan,* pour peindre d'un trait plus gai que de coutume le libertin intellectuel de notre âge caduc.

1. Louandre, t. II, 55, 56.

On pourrait, en outre, faire remarquer à Louis Veuillot, d'abord, que le Légat du Pape était bienveillant pour Molière, et enfin qu'aucun des ardents lutteurs qui ont maltraité Molière n'est canonisé; tandis que les deux anges que la Charité inclina secourables et priant sur le lit de mort du poëte, étaient les envoyés du seul saint que la France possédât alors et que Rome ait glorifié, M. Vincent de Paul.

Enfin, Louis Veuillot sait pertinemment, car il a publié dans son journal les lumineux anathèmes de dom Guéranger contre le XVIIe siècle faux dévot, il sait que l'ameutement des scribes de Paris contre Molière coïncide avec l'exaltation d'une cabale gallicane et janséniste, froide, acerbe, intolérante, laquelle, bientôt soutenue par l'archevêque courtisan François de Harlay, le conseiller de la révocation de l'Édit de Nantes, ébranlait le culte de la Vierge-Mère, faisait supprimer de tous les bréviaires français cette parole : *Sola cunctas hæreses interemisti,* niait que la Mère de Dieu pût aimer un ennemi de Dieu et qu'elle se donnât la peine de sauver les hérétiques : détestables doctrines, qui, diminuant le culte de la divine Mère, diminuaient la miséricorde de Dieu; École abominable, que l'orthodoxie romaine, infaillible en son esprit d'amour et de miséricorde, a solennellement condamnée avec les écrits du curé Baillet!

Rochemont, qui donna le signal des malédictions contre l'auteur de *Don Juan* n'était pas un ultramontain; c'était un disciple du prince de Conti, le janséniste, et un gallican courtisan du Roi. Rochemont est de ceux-là qui réclament contre *les relâchements de Rome*. « L'Italie, dit-il, a des vices et des libertés que la France ignore. Molière a donc mauvaise raison de dire qu'il n'a fait que traduire la pièce de l'italien. Nos Rois, qui surpassent en grandeur et en piété tous les princes de la terre, se sont toujours montrés très-sévères en ces rencontres, et c'est ainsi que ce royaume très-chrétien a cet avantage sur tous les autres, qu'il s'est maintenu toujours dans la pureté de la foi. »

Voyez-vous ça!... L'allusion est transparente. La foi est plus pure en France qu'en Italie, et le roi de France surpasse, non-seulement en grandeur, mais en piété, tous les princes de la terre, y compris le Pape-Roi, bien entendu. Le prince romain ne donne point, en ces rencontres, le salutaire exemple de sévérités suffisantes. Il faut chercher ailleurs le modèle parfait. Où donc? Eh! mais à la sacrée source des divins empereurs. Remontons avec le poëte de l'*Enfer* et de la *Monarchie gibeline;* avec lui, sous la main de Virgile, nous retrouverons la voie, la vérité et la vie chez César. « Auguste (c'est Rochemont qui parle, soufflant le feu mozarabique et païen à l'oreille de Louis XIV), Auguste fit mourir un bouffon qui avait fait raillerie de Jupiter, et défendit aux femmes d'assister à des comédies plus modestes que celles de Molière. Théodose condamna aux bêtes des farceurs qui tournaient en dérision nos cérémonies : et néanmoins cela n'approche point de l'emportement de Molière... Don Juan, c'est le théâtre révolté contre l'autel, la farce aux prises avec l'Évangile, un comédien qui se joue des mystères, et qui fait raillerie de tout ce qu'il y a de plus sacré dans la religion ; c'est un libertin effréné, et une religieuse débauchée ; c'est un impie, un athée;... c'est un valet extravagant et infâme,... c'est un démon ; et enfin, un Molière, pire que tout cela, habillé en Sganarelle, qui se moque de Dieu et du diable, qui joue le ciel et l'enfer, qui souffle le froid et le chaud, qui confond la vertu et le vice, qui croit et ne croit pas, qui pleure et qui rit, qui reprend et qui approuve, qui est censeur et athée, qui est hypocrite et libertin, qui est homme et démon tout ensemble : un diable incarné, comme lui-même se définit. »

Cet anathème ne manque pas de verve : il n'a qu'un tort, c'est de n'avoir pas le sens commun ; et je conçois qu'un tel emportement de malédiction fanatique provoque l'excès contraire des adorations idolâtriques.

L'ancien du feuilleton au *Journal des Débats,* Geoffroy, disait : « Depuis qu'on subtilise sur la morale, qui jamais a fait le procès à la morale avec plus d'esprit que don Juan ! » Et le plus vaste esprit d'entre nos critiques érudits ajoute : « Molière a marché d'un pas ferme, obstiné, vers un but unique, qu'exprime ce vers de Lucrèce :

Et religionis nodos solvere curo. »

Distinguons. Dans toutes les pièces tirées du magasin antique, Molière, comme tous les poëtes païens, d'Eschyle à Aristophane, à Plaute et Térence, ébranle la morale olympienne en vrai Titan, d'un air assez immoral. C'est le bâton dont Scapin s'enveloppe et la maudite galère du

Turc : la violence et le mensonge, pour délivrer l'amour des contraintes de l'avarice. Le joug du *paterfamilias* de l'Olympe, de la cité et de la maison est arbitraire et pesant : l'armure offensive de la jeunesse et du libéralisme païen est brutal et presque aussi odieux que la vieille tyrannie. Ce levain révolutionnaire classique fermente jusque dans le dernier rire amer du poëte, dans le *Malade imaginaire*..

Mais partout où perce la personnalité de Molière, son propre esprit, entre les deux esprits brutaux de l'oppression et du soulèvement païens, on entend s'élever la voix de la raison, avec l'accent de la bonne nature, je dis plus : avec un souffle de la miséricorde évangélique, juste, douce, pacifiante. Écoutez Ariste et Chrysalde de l'*École des Maris* et de l'*École des Femmes;* prêtez l'oreille à Marianne, et entendez bien *don Juan* et *Tartuffe,* si vous avez, pour entendre, les oreilles de la charité.

Si donc on a voulu dire que Molière s'est proposé de délier les nœuds de la fausse religion qui enserrait l'humanité au temps de Lucrèce, et qui l'allait livrer aux Césars grands pontifes, j'accorde. S'il s'agit de délier les nœuds de la superstition de ce fat et benêt de Sganarelle, j'avoue, et j'y donne les mains. Sinon, je nie, et je proteste.

Parce que Molière flétrit la religion de *Tartuffe,* de Judas, vais-je en conclure qu'il s'attaque à la religion du Christ ? Ce sont là des confusions insensées. Depuis Jésus jusqu'à Bossuet, Fénelon et La Bruyère, la parole de Dieu n'avait pas cessé de s'élever contre les hypocrites ; et saint Jean

Chrysostome disait : « On peut souvent trouver la vie même chez les hérétiques : mais auprès de ces gens-là, jamais[1] ! »

Toutefois il est parfaitement vrai que le drame de *Tartuffe*, d'ailleurs si admirable, a un défaut énorme, outre son dénoûment absurde : c'est l'absence du vrai dévot, en chair et en os et en acte, militant contre le faux dévot. Sur ce point la critique de Rochemont est juste, profonde, autant au point de vue de l'art qu'au point de vue de la morale.

Cléante, dont le fameux couplet est excellent en soi, d'une sincérité incontestable, d'un sentiment très-haut, Cléante, au point de vue dramatique, n'est qu'une pauvreté, un froid raisonneur; et entre tous les adversaires de l'Imposteur, le plus ferme et vivant champion de la vérité, c'est Dorine. Assurément ce n'est point assez; et Molière, sans le vouloir, servant la religion d'une main, la desservait de l'autre; car, s'il manifeste l'enfer et la bonne nature, il voile le ciel idéal ; car, sur le parvis purgé, Dorine n'est apte à rien édifier : elle n'est pas même de force à vaincre et chasser Tartuffe.

Aussi, le système étant donné, le poëte en a-t-il été réduit à faire avancer, au lieu du Dieu vivant, le dieu de la machine royale, évidemment déplacé et ridicule, puisque lui, le Roi, prétend guérir les plaies de l'hypocrisie de ce même bras de chair qui en sème le grain vénéneux.

1. Homel. 22, sur saint Matthieu, en la *Chaîne d'or* de saint Thomas.

Molière voyait fort bien, de son œil clair, l'imposture éclore à la Cour : il le fait dire expressément par son Alceste, et le répète au cinquième acte de son *Don Juan;* il voyait non moins clairement que la justice royale a deux poignes, l'huissier Loyal et l'Exempt, exécuteurs du bien et du mal sous la même égide, le bon M. Loyal ayant souvent le dernier.

Donc le drame de *Tartuffe* est le plus généreux et fort vaisseau de combat contre le mal, imparfaitement armé; c'est le plus puissant des chefs-d'œuvre manqués : parce que, en face du héros diabolique, manque le héros divin, le saint !

Or, il n'en est point ainsi dans le drame de *Don Juan.* Le divin contraste qui manque au *Tartuffe* est exprimé ici : l'humble pieux est opposé à l'orgueilleux impie. Les fanatiques ennemis de Molière ont fermé les yeux à cette lumière, mais les justes juges les ouvrent enfin radieux.

Le prince de Conti disait : « Y a-t-il une école d'athéisme plus ouverte que le *Festin de pierre,* où, après avoir fait dire toutes les impiétés les plus horribles à un athée qui a beaucoup d'esprit, l'auteur confie la cause de Dieu à un valet à qui il a fait dire, pour la soutenir, toutes les impertinences du monde ? » Et ce jugement fort impertinent, offensant à la fois pour l'honneur d'un grand poëte et pour le bon sens, a été reproduit même de nos jours. Il contient deux grands défauts : l'oubli du Pauvre, et une erreur inqualifiable sur Sganarelle.

Voltaire n'a vu dans la scène du Pauvre que ceci : « une scène convenable au caractère impie de don Juan, mais dont les esprits faibles pouvaient faire un mauvais usage. » C'est-à-dire que l'ami de Catherine et de Frédéric a regardé le riche impie, et n'a point élevé ses yeux vers le pauvre saint. Que de critiques l'ont imité, moins excusables, étant plus catholiques que le poëte de *Cosi Sancta* !

Un professeur pieux de l'université impériale s'est avisé, fermant l'œil à la figure de Francisque, de découvrir dans Sganarelle « la conscience vivante de don Juan, placée près de lui par la Providence[1]. » Un homme de talent, dans le *Réveil*, qui dort pour l'éternité, a nommé Sganarelle « le représentant logique et énergique du bien. » Un homme d'esprit, moins hardi, s'est borné à trouver que Sganarelle « ressemble à Dorine. » Enfin, un critique plus délié voit dans Sganarelle « une victime absolue de son néant social, attachée au crime par l'inégalité de sa condition. »

Admettons ce dernier sentiment comme excuse, non certes comme justification. Pour ce qui est de la comparaison avec Dorine, impossible d'y consentir : Dorine, c'est bon cœur, bon sens et formes rudes; Sganarelle, c'est formes flasques, sens commun avarié et cœur benoîtement gâté. Quant à l'idée d'exalter Sganarelle en héros

1. L'auteur de cette bourde a eu le bon esprit de la supprimer dans une seconde édition de son *Étude sur Don Juan*. Pas un de nous qui n'ait ses égarements; et tous n'ont pas le mérite et l'honneur d'en revenir.

et en modèle, cela passe tout ce qu'on a jamais vu, et les bras m'en tombent.

Sganarelle !... Dès la première scène, son premier mot nous le signale grotesque docteur; son second, médisant et traître; son troisième, lâche et impudent menteur; et, au bout de la scène dernière, son dernier mot le dévoile avare ignoble. Égoïste, il l'est dans tous ses mouvements; poltron, jusqu'au fond du ventre et sous le voile le moins honnête; idiotement superstitieux dans toute sa moelle décrépite. Les poëtes éminents de l'Allemagne ont si bien vu en lui, après Molière, l'homme sans cœur revêtu de laideur bouffonne, que Grabbe le montre, nouveau Judas, conduisant lui-même la Statue sur son maître : « Tenez, voilà votre homme, don Juan; prenez-le! » et que Wiese, même à l'heure terrible, fait éclater de moquerie don Juan devant la face de son valet : « Que tu es donc laid sous ton air d'angoisse! »

Sganarelle? Allez donc l'étudier à la Comédie-Française, dans son interprète savant, Régnier, qui le ménage encore plus qu'il ne le charge; et vous comprendrez qu'il est impossible de découvrir en lui le soutien de la cause de Dieu.

Sganarelle, ont dit Hoffmann et Magnin, « n'est qu'un plat coquin, complice de son maître. » Sganarelle, dit Weiss, « c'est la bassesse complète d'en bas menée par l'orgueil d'en haut. » Et M. le marquis de Belloy, poëte aimable, fin, et bienveillant critique, affirme bravement que don Juan semble avoir toujours raison contre Sganarelle.

Le Catalinon espagnol est un pauvre esprit, sensuel et poltron, « une poule mouillée, » qui prie encore saint Georges et saint Agnus, un chrétien avachi. L'Arlequin de Naples est tout entier tourné vers les lieux bas, mais il y met la poésie de la Renaissance : il pleure comme un veau à la seule idée de ne plus manger du macaroni. — *Che piange? — Non magnaro piu macharon!* mais il invoque Pluton et Proserpine. Le Briguelle de Dorimon marie au Diable-loup-garou Thétis et Athropos. Sganarelle n'a même plus cette poésie de mots; c'est un gallicanard raisonneur, à la fois, et superstitieux; pour lui, le ciel n'est rien qu'un sermon; il a remplacé l'Agneau de Dieu et la Colombe mystique par le loup-garou et le moine bourru; bourré de prêches rigoureux, il fait écho pour damner les hérétiques autant que les Turcs, Épicure et Sardanapale; et s'il avait un peu plus étudié, son petit sens et son petit jugement lanceraient sa poudre de tabac aux yeux d'Aristote et des scolastiques.

Don Juan flétrit tout ce qu'il heurte : Sganarelle gâte tout ce qu'il caresse.

Sganarelle!... regardez bien, pénétrez, écoutez : c'est le reflet déteint et l'écho faussé, la parodie de tout ce qui choque et blesse don Juan. Il est lamentation conjugale, il est réprimande patriarcale; il est, tétigué! ganache et maroufle avec Pierrot; il fermente d'esprits éventés de haine et de vengeance avec Alonzo; il est précurseur de la Statue avec le moine bourru et le loup-garou; et, pour s'achever, il enveloppe tous ces vieux levains de papiers à cautères saupoudrés de vin émétique. En don Juan, effroyable malade, toutes les énergies du sang ont tourné en abcès et en ulcères; en Sganarelle, tous les divins baumes, imprégnés de tabac, sont devenus médicaments d'un Purgon, avec appareil de M. Fleurant!

M. de Puibusque a nettement considéré la conception de Molière dans ses profondeurs, et flairé les efflorescences de Sganarelle en leurs nauséabondes exhalaisons. « A côté de don Juan qui ne croit à rien, Molière place Sganarelle qui croit à tout, qui confond la religion avec la superstition,... qui obéit servilement à l'influence qu'il réprouve, ment et blasphème, trompe pour le compte de don Juan, et finit toujours par se faire le souteneur des projets qui d'abord l'ont révolté:... dans le même quart d'heure Mentor et complice, un homme à bénir et à pendre! »

Sganarelle, c'est, en face de l'intelligence sèche et impie, la pieuse ganache idiote et moisie : contraste saisissant, que tous les poëtes ont diversement entrevu, dont le génie de Molière a donné l'expression parfaite.

Oh! les faux dévots! la pire des pestes! « Je suis frappé d'une chose, nous prêchait dans la chaire de saint Augustin un fils de saint Dominique, le R. P. Bion : je vois, dans l'Évangile, que Jésus a des ménagements pour les voleurs, pour les adultères, pour les prostituées, pour tous, excepté pour les faux dévots. La fausse dévotion cause à Dieu un malaise profond, une inexprimable tristesse, parce que c'est une dévotion perdue et compromettante. » Voilà qui est admirablement dit, et qui nous explique pourquoi Sganarelle est fait exprès pour compromettre Dieu devant don Juan, et pourquoi tout son raisonnement « a le nez cassé. »

Ah ! ce n'est point de ce côté que les docteurs jansénistes et les gallicans royaux auraient dû chercher le personnage à qui Molière a confié la cause de Dieu.

Voici, mieux illuminé, le coup d'œil de la critique moderne :

« Je ne sais pas, au théâtre, de rencontre d'une beauté comparable à celle de don Juan et du Pauvre dans la forêt... On pense à ces Pères du désert, vêtus de feuilles de palmier, qui, à genoux sur un rocher aride, soutenaient seuls, entre le ciel et le sable, l'assaut du Démon[1]. »

Enfin voilà parler ! et le plus poëte de nos critiques, dans le fond maudit de ce Molière pire que démon, a découvert, qui le croirait ? un Père du désert impeccable.

Et j'ose dire qu'il y a, dans le Pauvre de Molière, plus et mieux encore que ne dit là Saint-Victor ; et j'affirme qu'il y a, dans don Juan, autre chose que le Démon échouant en ses assauts. Il y a, dans Francisque, au-dessus de la résistance au mal, l'évangélisation du bien. Quant à don Juan, s'il n'était rien que ce qu'en dit Lamartine : « don Juan, cette moquerie incarnée de la vertu ! » s'il n'était rien que le Démon, il ne quitterait le Pauvre victorieux que la honte au front et la rage au cœur, pour aller tenter ailleurs et ridiculiser la vertu. S'il était seulement à la mesure et profondeur démo-

1. Paul de Saint-Victor. *Presse,* 2 mai 1858.

niaque de Lovelace, que l'acte et la pensée seraient en lui différents!

Il semble que Richardson ait eu le souvenir de la scène du Pauvre, dans cet effrayant passage où son héros rêve de casser la tête au vieux mendiant porteur des lettres de miss Howe à Clarisse, parce qu'il flaire en lui le dépositaire incorruptible. « Un pareil bonhomme est au-dessus de la tentation... Quel moyen de corrompre un misérable qui est sans cupidité, sans ambition?... Cela ne vit qu'à demi, et languit sous cette moitié de vie. Si je l'achevais?... A-t-on jamais vu un roué s'arrêter à l'obstacle sans le briser?... Au diable le manant! Qu'il vivote! Si j'étais roi ou ministre d'État, ce serait une autre affaire... »

Toute la politique de la Renaissance païenne est dans ce couplet-là. Lord Lovelace comprend que la raison d'État et la souveraineté du but égoïste doivent tout briser; toutefois un vague murmure du cœur arrête devant l'obstacle son esprit irrité et insolent.

Le don Juan de Molière fait plus que s'arrêter devant le saint obstacle : il subit l'influence et suit l'impulsion vertueuse du Pauvre de Molière.

Un tendre apologiste de notre poëte, M. Édouard Fournier, a nettement exposé comment, à la voix du Pauvre du désert, l'esprit de la sainte humanité se réveille en don Juan, et comment ce cœur sec, accessible encore à la charité, retrouve quelque noblesse pour voler au secours de don Carlos. Et le critique distingué de la *Gazette de France*, M. Tiengou, a dit, mettant de plus près qu'aucun le doigt sur le nœud divin de la question : « Le Pauvre est beaucoup du monde réel, et il est un peu de la légende. Il est comme un avertissement indirect placé par la Providence sur la route de don Juan pour le rappeler au bien... »

Nous touchons à la vérité, aux rayons d'une aurore croissante !

Si don Juan n'était que la moquerie de la vertu, entendrait-il l'avertissement de la vertu ? et verrions-nous cette force, qu'entête dans le vice la colère de don Alonzo, se détourner un instant du mal sous le souffle de la douceur qu'exhale la noble lèvre de don Carlos[1] ?

Don Juan se moque d'une société religieuse, d'une famille chrétienne qui laisse ses membres, les plus infirmes, les plus dignes d'amoureuse pitié, errer mendiants au fond des forêts.

Don Juan se moque du représentant de ce moralisme social et religieux dont la bouche sotte et corrompue l'accable tout haut de sermons vertueux, et s'en va, tout bas, murmurer à l'oreille du Pauvre désintéressé : « Va, va, jure un peu ; il n'y a pas de mal. »

Don Juan se moque de toutes les religions d'État dont les méchants nœuds étouffent au lieu d'unir.

Don Juan se moque de tous les Mentors mal embouchés de ce Monde, depuis Sganarelle jusqu'à don Louiz, le

1. « Il est assez honnête homme ; il en a bien usé ; et j'ai regret d'avoir démêlé avec lui. » (*Don Juan*, acte III, sc. IV, V, VI.)

père noble et sévère, comme il se moquerait de l'Ermite inutile et banal de la Comédie-Italienne et de l'Ermite égoïste et maladroit des Marionnettes allemandes.

Le don Juan de Molière ne se moque ni du bon riche ni du bon pauvre, ni de Carlos ni de Francisque, la seule vraie noblesse et la seule vertu chrétienne qu'il ait jusqu'ici trouvées, simples, fermes, constantes, au bord de ses chemins mauvais.

Le germe de la figure du *Pauvre* est dans l'*Ermite* de l'*Opera esemplare* italien ; mais quelle différence ! Ici le pauvre saint bonhomme n'est qu'une victime de plus, comme les autres impuissante, et ne servant qu'à mieux faire damner le mauvais riche. Entre les mains sèches des luthériens, l'Ermite se fait prêcheur : « Je vais vous montrer le chemin ; mais tâchez aussi de prendre le chemin du ciel que vous avez quitté ! » Le maladroit ! « J'aime à prendre ma part d'un sermon, mais je n'aime pas qu'on me la fasse, » disait Louis XIV ; don Juan était sorti de ce cerveau-là tout armé de son orgueil ; et qui n'en sort pas, comme lui, plus ou moins ? Or, saint François de Salles et saint Vincent de Paul, vers le même temps, enseignaient : « C'est surtout avec les superbes qu'il faut procéder humblement, et avec les emportés doucement. »

Voilà donc notre don Juan blessé, et votre Ermite suspect. Qui nous prouve que ce docteur qui conseille à tout propos la vertu, la pratique lui-même ? Et précisément le saint homme marionnette d'Ulm refuse de cacher sous sa robe don Juan poursuivi par les gens du Roi. C'est le refus du droit d'asile... Et l'on s'étonne que don Juan s'emporte contre ce rat qui s'est retiré dans son fromage de Hollande, et qui lui ferme sa porte au nez en lui parlant de si belle sorte! C'est dans un sentiment de profonde analyse que le poëte allemand moderne Wiese prête ce mot à don Juan contre la Statue : « Les morts vont-ils me prêcher? Allez à vos propres péchés! »

Il est dit de Jésus qu'il faisait et enseignait[1]. Faire d'abord, humblement, et puis enseigner, doucement: voilà le double et parfait procédé de Celui « en qui s'est condensé tout ce qu'il y a de bon et d'élevé dans notre nature[2]. »

Or, écoutez le héros de Molière, le Pauvre.

A l'odieuse et sacrilége proposition du tentateur, tout son geste a exprimé, avec l'étonnement douloureux, un vif et ferme refus: « Ah! monsieur!... » L'Ermite allemand refuse de céder sa robe à don Juan : notre Francisque le couvrirait de son habit, dût le libertin en abuser; ce qu'il se refuse à dépouiller, c'est le Dieu dont il est revêtu. Et comme il a fait, il enseigne. Mais il a fait et fera fortement: « Non, monsieur, j'aime mieux mourir de faim » ; et voici comme il enseigne suavement : « Voudriez-vous que je commisse un tel péché ? »

O divin enseignement! subtil détour de la vraie sagesse! Quelle adresse dans ce trait qui atteint à toutes les profondeurs de l'âme. On ne peut pas, avec une plus savante pénétration du caractère, pousser plus loin la délicatesse de la touche harmonieuse. Ah! Molière, grand poëte, à

1. Toujours parmi les pauvretés de saint Luc. Actes I, 1.
2. Parmi les richesses de Renan.

ce trait miraculeux je reconnais, sous la défroque que l'École de Plaute et le Monde de Louis XIV ont jetée sur tes épaules, je reconnais « ce grand philosophe, ce grand honnête homme » que saluait en toi le plus délié des élèves de Minerve, Villemain, hommage qu'il n'a point répudié, j'en suis sûr, depuis qu'il s'est refait, devant nous, le fidèle enfant de la Sagesse éternelle. Et plus haut encore que l'honnête homme, il faut voir, sous les traits du Pauvre, et dans Molière qui l'a conçu, le chrétien. Aristophane ni Plaute n'ont rien comme cela ! et Térence, lorsqu'aux lueurs de l'inspiration diffractée, il a dit cette parole admirable :

Homo sum : nil humani a me alienum puto,

Térence n'a fait que mettre au jour ce fond de la bonne nature, sur lequel vient frapper, rayon du ciel, l'humble et douce leçon du Pauvre de Molière !

Molière ! il semble qu'il ait entendu et réfléchi dans l'art cette parole du Sauveur : « Quand tu feras un banquet divin, appelles-y les pauvres... Introduis le pauvre à ton festin [1]. » Oui, le pauvre du bon Dieu, Molière l'a fait entrer dans le drame de *Don Juan;* et, contre le *Festin de pierre* et le *Convive de marbre,* il a dressé le FESTIN DU COEUR et fait apparaître le CONVIVE D'AMOUR.

Le Pauvre, c'est, sur l'affreux cauchemar mozarabique, le soleil levant. Je ne connais rien d'aussi grand au théâtre, ne connaissant rien d'aussi évangélique, pas

1. Toujours selon l'évangéliste Luc XIV, que le libéral Renan n'aime point.

même *Polyeucte*. Je ne parle point d'*Athalie*, me faisant fort de démontrer que Racine, dans ce chef-d'œuvre d'art, n'a guère dépassé l'esprit judaïque dont se pouvait contenter l'École de Saint-Cyr, sous l'inspiration de la « Mère de l'Église française, » à l'ombre de Louis-David-Apollon [1].

Louis-Apollon, nous disent Voltaire et les apologistes de la royauté césarienne, a protégé Molière et sauvé des serres de la censure royale *Don Juan* avec *Tartuffe*. Louis eût-il pris la défense du *Tartuffe*, s'il n'eût flairé le scandaleux grain d'encens final, et si Molière avait dit là, franchement, ce qu'il pensait, ce qu'il insinue ailleurs: que la Cour était une école de fausseté et de fourberie? Louis eût-il autorisé la représentation de *Don Juan*, si, de la même ferme lèvre du libertin qui vient de dire: « Il n'y a plus de honte maintenant à cela : l'hypocrisie est un vice à la mode, et tous les vices à la mode passent pour vertus, » Louis eût entendu tomber cette conclusion, que le poëte a noyée dans la bouche de Sganarelle: « Les belles paroles se trouvent à la Cour ; à la Cour sont les courtisans ; les courtisans suivent la mode! » Louis-David, si ses rayons phébéens ne l'eussent aveuglé, aurait certainement lâché ses ciseaux sur ce couplet.

Mais, d'ailleurs, qu'est-ce donc que cette étrange protection royale qui ne maintient au théâtre l'œuvre du poëte qu'à la condition de n'y laisser à peu près subsis-

1. Fléchier a comparé Louis XIV, non-seulement à David, mais à Jésus-Christ... Le flambeau de Renan suffit pour dissiper ce blasphème de l'évêque des *Grands jours d'Auvergne*.

ter que les éléments païens et judaïques? Satan, protecteur des arts chrétiens, ferait-il mieux que ce fils aîné de l'Église, royal aveugle, qui retranche du *Festin de pierre* le divin convive? Ne dirait-on pas, en vérité, le lieutenant de César, à cheval sur le terrain de l'art, Pilate, ordonnant l'exécution du Juste, menant le convoi de Francisque, ce pauvre humble lieutenant de Dieu, et s'en lavant les mains!...

Voltaire a très-bien entrevu que « le retranchement du Pauvre fut peut-être la cause du peu de succès de la pièce; » mais il n'a pas dit le divin pourquoi de la question, n'ayant plus, hélas! les yeux tournés vers les choses de Dieu. Quant aux chrétiens et aux philosophes du XVIIe siècle, ils furent tous unanimes dans une même réprobation et donnèrent tous les mains à l'expulsion du pauvre représentant de Dieu.

C'était le Grand Siècle, où Boileau venait d'écrire.

> L'évangile à nos yeux n'offre de toutes parts
> Que pénitence à faire et tourments mérités.

Comme le Pauvre n'appelait don Juan à la pénitence que par un détour subtil et miséricordieux et sans le menacer de tourments, la Cour et la Ville ne sentirent rien en lui de l'Évangile.

« Tous les sévères et tous les honnêtes, mais aussi tous les médiocres s'insurgèrent à la fois, depuis le prince de Conti, devenu janséniste, jusqu'à Saint-Évremond, le libre penseur. Pour les uns, c'était détruire la base chrétienne de la morale; pour les autres, c'était révéler trop hardiment la plaie secrète et incurable de l'humanité. A la seconde représentation il fallut supprimer cette effrayante *scène du Pauvre,* qui résume, par le contraste du scélérat triomphant et de l'honnête homme sans pain et sans asile, ce que l'on peut alléguer de plus fort et de plus douloureux sur les sociétés humaines. On vit une attaque à la religion, là où se trouvait une attaque à l'homme de cour [1]. »

Le Pauvre, c'est donc bien certainement, dans le drame de Molière, l'élément chrétien, évangélique, catholique; et la suppression en est due, pour une part, à l'anathème de ce jansénisme, qu'un généreux Oratorien de notre âge, le R. P. Gratry, déclare « abominable », et dont il voit trace même dans les plus grands écrivains religieux du XVIIe siècle [2]; pour l'autre part, aux ciseaux de la censure royale, mortuaire organe de la française raison d'État...

Les censeurs royaux ayant délicatement découpé la figure du Pauvre dans le chef-d'œuvre découronné, *décordialisé,* le Christ ôté, le Roi très-chrétien se sentit la conscience en paix; et on loue beaucoup Sa Majesté d'avoir répliqué aux fanatiques qui ne pouvaient souffrir don Juan sur la scène française : « Mais il n'est pas récompensé!... »

Tel était donc l'idéal moral et dramatique du Grand Roi : Bonnes gens, rassurez-vous; et vous, méchants,

1. Admirable jugement. Je regrette de ne plus savoir de quel nom le signer, probablement Philarète Chasles.

2. Le R. P. Gratry, *Connaissance de Dieu.*

continuez à trembler. Don Juan est abîmé, heureusement! et mes dragons vont mettre à la raison les Huguenots maudits, pour la plus grande gloire du roi et de Dieu!...

A cette même heure de l'histoire, où le plus hautain des rois franks de la Renaissance achevait de pervertir la politique de son noble ancêtre saint Louis, en l'an 1685, en face du double festin de la Statue du Commandeur et des Dragonnades, un jésuite comprenant autrement, paraît-il, la gloire de Dieu que les rois qui se préparaient à proscrire sa Compagnie, le R. P. Berthier publiait cette lumineuse et féconde parole :

« On combat les impies, sans y réussir... On tâche bien de les ébranler par la crainte des jugements de Dieu; mais le coup d'œil de ces jugements les irrite. (Quel mot!) C'est en priant pour eux que l'on convertit les impies et les hérétiques. Ainsi a fait Jésus le premier; les saints ont toujours marché sur sa trace. Dans la plupart de nos adversaires, il y a un commencement de bonne volonté que Dieu a conservée. Il faut leur faire entendre la voix du Dieu qui les aime... Combien seraient ramenés à Dieu, si, pour les attirer, nous suivions la voie du salut [1]! »

« Mais, murmure encore l'écho prolongé de l'esprit mozarabique sur une lèvre éloquente qui reproche, ren-

1. *Réflexions sur les Psaumes*, 1685. J'ai vraiment l'air d'être un jésuite de robe courte, tant je m'abrite sous la robe longue. Il n'en est rien pourtant; et ce n'est pas de ma faute si je rencontre partout les fils de Loyola sur les beaux chemins de la miséricorde.

contre curieuse ! aux catholiques leur goût pour l'enfer, mais la patience de Dieu doit avoir une limite; je déplore cette destinée (de don Juan), mais cette mort n'est qu'un châtiment équitable. »

Nous, qui acceptons le dogme catholique dans son intégralité, nous croyons que toute vertu divine, comme Dieu, est infinie, la patience aussi bien que la justice. Donc, à qui aura persévéré dans la charité patiente, le salut de don Juan sera donné, Dieu aidant; car la plaie de don Juan n'est pas plus incurable que celle de l'humanité. Si Dieu a fait les nations guérissables, à plus forte raison, les individus : *Deus sanator* [1].

C'est ce que ne comprendront jamais ceux qui au lieu de faire entendre à don Juan la voix de ce Dieu « qui l'aime, » dit le père Berthier, de ce Dieu « pour qui il n'est jamais trop tard, » dit saint Augustin, mettent leur confiance dans aucun des princes peu aimants et fort impatients, qui ne sauraient jamais être la voie du salut, dit le Roi-Prophète.

Les poëtes italiens, prenant leur parti d'abandonner don Juan à son Destin, avaient conservé dans le drame le Roi : mais vous allez voir quelle métamorphose leur verve aristophanesque fait subir à cet olympien, pêle-mêle avec don Juan. Voici le sermon qu'Arlequin fait à son maître sous forme d'apologue.

« Je me souviens d'avoir lu dans Homère, en son traité *pour empêcher que les grenouilles ne s'enrhument,* que,

1. Ex. xv. Sag. i.

dans Athènes, un père de famille ayant fait l'acquisition d'un cochon de lait, gentil, d'une agréable physionomie, de taille bien pris, conçut tant d'amitié pour le petit porc, qu'au lieu de le mettre à la broche il s'adonna tendrement à son éducation, et le nourrit avec des biscuits et du macaroni. Mais cet animal, à la figure avenante, enfant gâté de la maison, oubliant tous les bienfaits de son ami et protecteur, sauta dans le parterre, déracina jonquilles et tulipes, et se régala de leurs oignons... « Pardonnons pour cette fois, dit le maître ; il faut bien que jeunesse se passe ; il est si gentil ! » Quinze jours après, cet amour de cochon se rua dans la cuisine, renversa marmites et casseroles, mangea le contenu, et mit tout sens dessus dessous. « Maudit enfant! » se dit le maître irrité ; mais la tendre faiblesse pour son favori prit vite le dessus, et il défendit de le punir. Un mois à peine écoulé, voilà que notre imprudent marcassin, abusant de son maître et seigneur, osa se lancer jusque dans la salle à manger, où l'on attendait grande compagnie, brisa porcelaines et cristaux, et, en escaladant la table et les bahuts, cassa les bouteilles de madère, champagne, chypre, xara. Quand le maître eut vu ce désordre extrême, cet énorme ravage, sa patience fut à bout ; et que fit-il ? Il donna l'ordre de tuer incontinent le cochon, et de faire saucisses et boudins, jambons, petit lard et mortadelles avec le sang et les membres de l'impie quadrupède. — Ce père de famille, monsieur, c'est Jupiter ; ce cochon, c'est vous, mon très-honoré maître. Fleurs, légumes, casseroles défoncées et porcelaines brisées, ce sont vos victimes, qui toutes vont, la tête penchée, avec pleurs et à grand bruit, porter plainte à Jupiter. Jupiter, bon prince, pardonne une fois, deux fois; mais vous en faites tant, que ce dieu, s'armant du couteau de cuisine de son tonnerre, ce couteau formidable, ce maître couteau, va fondre sur le cochon bien-aimé, *id est* sur vous, pour le dépecer, le réduire en saucisses et en côtelettes, que les diables feront griller au feu de l'enfer et croqueront à belles dents. Voilà ce qui vous pend à l'oreille et même un peu plus bas. »

Ainsi donc, si don Juan est changé en porc, Jupiter, roi des rois déchus, nous apparaît sous les traits du bourreau, cuisinier du diable!... Après ce trait sanglant, il ne restait plus aux poëtes qu'à supprimer la triste figure du prince païen. C'est ce que fit Dorimon en 1659. Le roi foudre et couteau ôté du drame de don Juan, la bonne nature va y trouver place, et avec elle Dieu, le roi de grâce !

A la place vide du Roi, Molière introduit le Pauvre ; c'est l'image de César remplacée par une image de Jésus. Le poëte n'en eût trouvé les traits ni dans la *Politique tirée des saintes Écritures* de Bossuet, ni même dans le *Télémaque,* de Fénelon, si ces beaux livres imparfaits eussent été alors publiés : mais il avait devant les yeux saint Vincent de Paul pour lui réfléchir la lumière évangélique, ou quelque simple et pur franciscain peut-être pour l'inspirer et donner son nom au pauvre *Francisque*.

Pourquoi faut-il que Molière ait laissé la victoire à la Statue?... Le grand poëte a-t-il eu le vague sentiment d'un rapport entre l'envoyé des enfers et le roi de la légende? On pourrait le supposer; car il affuble le Commandeur de la livrée de César, et il se moque de ce beau costume d'apothéose : « Parbleu! le voilà bien avec son habit d'empereur romain! » Voilà bien en effet, sous l'uniforme d'Auguste et de Théodose, le foudre d'extermination que Rochemont voulait retourner contre le poëte... Quel regret de ne pas voir, dans le *Don Juan* de Molière, le saint directement aux prises avec ce démon!... L'enfer a le dernier mot.

Molière n'a point persévéré jusqu'au bout. Son Pauvre, rayon sauveur, a passé bienfaisant, *transiit benefaciendo;* mais le poëte ne s'est pas souvenu que le Sauveur a dit : « Je ne vous laisserai point orphelins;... et voici que je demeure, par mon esprit, avec vous, toujours présent, jusqu'à la consommation du siècle. » Au temps de Louis-Apollon, le Siècle n'était pas consommé, le Monde n'était pas encore à bout; et la main du Roi, éteignant la lumière divine, fait, dans le drame, tout le champ libre à la Statue diabolique. Devant les doux et purs rayons de Francisque et de Carlos, don Alonze, le vengeur, don Louiz, le *paterfamilias* antique, Sganarelle, le grotesque docteur, et l'Elvire irritée et irritante, sont revenus tous, à l'envi, entasser leurs nuages devant l'horizon de don Juan, et faire le jeu à l'infernal Commandeur. Molière laisse raison à la religion d'État : don Juan n'est pas plus sauvé que récompensé; et il donne le dernier mot à la philosophie religieuse de Sganarelle : « Ciel offensé, lois violées, filles séduites, familles déshonorées, parents outragés, femmes mises à mal, maris poussés à bout, tout le monde est content. Il n'y a que moi seul de malheureux. Mes gages! mes gages! mes gages! »

C'est là une oraison funèbre selon la raison d'État et le cœur du Monde, et j'admets que soient contentes les âmes mozarabes et païennes, avec le ciel de Sganarelle où règnent et gouvernent le Loup-Garou et le Moine Bourru. Mais assurément l'Elvire de Molière elle-même reste affligée et son frère Carlos est triste; le père du libertin est peut-être mort de douleur, la mère de l'impie est au désespoir; le Pauvre de don Juan pleure. La bonne nature reste en souffrance, et le ciel du vrai Dieu n'est pas content.

Cependant, bon espoir! Rochemont, le vieux gallican royal trouvait « tout diabolique » dans l'œuvre de Molière, et Kahlert, le moderne luthérien, n'y découvre rien de propre à l'amendement de don Juan, parce que ni l'un ni l'autre n'a aperçu le Pauvre. Nous l'avons vu, nous avons reconnu l'homme de Dieu : Courage! Dans le don Juan de Molière nous avons entrevu les ressources de l'humanité; autour de lui, nous avons, parmi ses victimes mêmes, retrouvé les sentiments de la bonne nature; et Francisque, qui toujours mendie (dans les départements où la mendicité n'est pas encore interdite), le Pauvre pieux et reconnaissant poursuit sa route en priant pour don Juan, toujours égaré dans la forêt du Monde et cherchant le chemin qui mène à la Cité de Dieu.

Il nous survient, à la dernière heure (23 novembre), au beau milieu de nos épreuves, une contradiction et un encouragement. Notre thèse se trouve fortifiée par l'autorité du dernier et savant éditeur de Molière ; et contredite par un homme de tant d'esprit qu'il faudrait redoubler d'attention pour la défendre, d'autant plus que c'est un rédacteur de l'*Opinion nationale,* ce foudre exterminateur des cléricaux, qui s'associe aux rédacteurs du *Monde religieux* pour damner quelque peu Molière, à sa façon.

La discussion de M. Francisque Sarcey est à la fois approfondie et plaisante. La voici tout entière :

Il était facile de ne rien dire de cette scène, qui me paraît fort claire par elle-même. Mais non : M. Louis Moland commence par donner l'explication des commentateurs passés ; il la réfute, et n'a pas de peine à démontrer qu'elle est absurde ; puis il propose la sienne, qui vaut encore un peu moins.

« Le grand seigneur, dit-il, qui se rit de toutes les lois sociales et qui se raille de toutes les lois divines, rencontre un mendiant qui, malgré l'offre d'un louis d'or, refuse de blasphémer et de renier Dieu. Aussitôt la nature humaine, dans ses sentiments primitifs et ineffaçables, lui apparaît et s'impose à lui, comme respectable et sacrée; tel est le sens du mot : « Va, je « te le donne pour l'amour de l'humanité. » Don Juan, trouvant la résistance là où il devait le moins l'attendre, s'arrête et comprend qu'il y a là quelque chose à quoi il est forcé de rendre hommage et qui le vaincra peut-être. C'est dans cette scène que la note morale résonne, que l'objection puissante éclate et que l'espoir se réveille au moment où il semblait que tout fût irréparablement perdu. »

Oh! que c'est bien là chercher midi à quatorze heures! et que les commentateurs sont d'étranges gens, qui se donnent tant de mal pour embrouiller, comme à plaisir, des passages si clairs!

Vous est-il jamais arrivé de vous asseoir, vous, troisième ou quatrième, à une table de café, sur le boulevard, buvant un verre de bière? Un gamin de Paris arrive, vous offre des fleurs, ou des lorgnettes, ou des cannes, ou des accordéons, tout ce qu'offrent ces mendiants déguisés. L'un de vous se trouve en humeur de rire, il se met à *blaguer* le gamin, un peu pour s'amuser, un peu pour divertir la galerie.

Le gamin répond et lui rive son clou. Avez-vous été témoin de cette scène? Je l'ai vue, pour ma part, trois ou quatre fois. Que fait le jeune homme qui se trouve collé au mur? Cela est inévitable : il tire une pièce d'argent de sa poche, le double ou le triple de ce qu'on lui demandait, et la jette au gamin : « Tiens, voilà pour toi, petit drôle! » moitié riant, moitié piqué.

Le mouvement et le mot sont des plus naturels. Mais allez au fond, et voyez les sentiments d'où ils partent; vous en trouverez deux si subtilement mêlés et fondus ensemble, qu'il sera bien difficile de dire ou finit l'un et commence l'autre : On est touché de l'esprit de ce gamin si pauvre et si déguenillé; on veut en quelque façon le payer de son bon mot. Mais ce n'est pas tout. On sent comme par un instinct vague qu'on a été battu, sur un terrain qu'on avait choisi, par un enfant des rues; on prétend avoir le dernier mot, reprendre le dessus, et l'on se réfugie dans la sorte de supériorité où l'on est sûr de n'être jamais atteint : on jette une pièce de monnaie. C'est comme si l'on disait : Tu as contre moi le hasard d'un mot, mais tu n'es qu'un polisson, un mendiant, et voilà mon aumône; c'est moi le maître, car je paye.

Il est certain que ces sentiments ne se présentent pas avec cette netteté que leur donne l'analyse. Ils s'agitent au fond de l'âme dans un mouvement confus; mais tâchez de les démêler par la réflexion : je serais bien étonné si vous ne les reconnaissiez pas dans l'ombre vague où ils se dérobent.

Revenons à don Juan : il s'est mis à gouailler un malheureux qu'il rencontre! histoire de rire un brin. Il trouve plaisant de faire commettre à ce pauvre diable si pieux ce qu'il doit croire un gros péché. Il l'y excite, lui promettant un louis; il a une si mauvaise opinion de la nature humaine, il l'a toujours vue si vile, si bassement à genoux devant un écu, qu'il ne doute pas du succès. Pas du tout : il est vaincu dans son entreprise.

Et aussitôt voilà que se produisent dans son esprit les deux ordres d'idées que je signalais tout à l'heure : « Un fier homme, tout de même, se dit-il, et qui a du caractère! J'aime cela, moi, qu'on ait du caractère! »

Et en même temps il éprouve un secret dépit de cette défaite singulière, et où il ne s'attendait pas. Il lui faut couvrir sa retraite et couvrir sa supériorité : il donne le louis, mais il ajoute :

Tu comprends bien, mon ami, ce n'est pas pour l'amour de Dieu que je te le donne : je n'y crois pas à ton nigaud de Dieu! Si j'y croyais, je te donnerais peut-être un sou, et peut-être rien, comme tous ceux qui passent par ici et à qui tu demandes l'aumône. Non, tu es un homme, et un homme malheureux; cela me suffit; je suis homme comme toi; voilà mon louis, *je te le donne pour amour de l'humanité!* »

Ce mot n'est donc pas, comme le croit naïvement l'éditeur, un hommage à la vertu. Molière ne prête pas de ces faiblesses à don Juan. C'est une nouvelle insulte à Dieu, c'est un nouveau trait d'orgueil. Mais quel besoin M. Louis Moland avait-il d'expliquer un passage aussi clair? Je suis convaincu qu'un lecteur honnête qui n'aurait jamais vu le morceau, et qui n'aurait pas sur la phrase une opinion toute faite, serait bien en peine de s'en former une après avoir lu les discussions des commentateurs. Il sentirait sa tête éclater entre les mains. Une exégèse si embrouillée sur un texte aussi simple ne ferait que lui troubler la cervelle.

En revanche, M. Louis Moland oublie de remarquer ce qu'il y a de vraiment curieux dans cette fameuse scène du pauvre. C'est qu'elle est dans toute l'œuvre de Molière, la seule, absolument la seule où il n'ait pas tourné en ridicule un homme qui n'était ni noble, ni riche.

Ce Molière, dont il est de mode aujourd'hui de fourrer les œuvres dans la gamelle humanitaire et sociale d'où le siècle doit sortir régénéré, ce Molière a été le plus cruel ennemi du pauvre et du roturier. Il ne lui a jamais prêté que des sentiments ignobles, il l'a traîné dans la boue, il l'a couvert de ridicule.

Un bourgeois dont on a négligé l'éducation veut la refaire et s'initier à la connaissance de ce qui est beau. Certes, s'il y eut jamais un dessein qu'il fallût approuver et encourager, c'est bien celui-là; Molière n'a pas assez de raillerie pour M. Jourdain. Quelques femmes s'avisent que la vie d'une créature, faite à l'image de Dieu, ne doit pas être vouée tout entière à repriser des bas, et à surveiller le pot-au-feu; Molière les perce de traits dont la pointe n'est pas encore émoussée après deux cents ans. Georges Dandin prétend s'élever au-dessus de son état, il sera trompé, battu, forcé de demander pardon à sa coquine de femme, une chandelle à la main et la rage dans le cœur.

Tous les métiers qui devaient plus tard former le Tiers-État ont été abîmés de sanglantes moqueries : les avocats, ridicules; ridicules, les médecins, les professeurs, les philosophes. Il n'y avait parmi tous ses marquis qu'un homme qui n'eût pas la tête vide, qui raisonnât ferme et serré, un républicain de l'avenir, un chagrin de son temps; ridicule, le comte Alceste. Les autres ne sont qu'odieux. Il place à côté de don Juan un honnête homme de valet, il en fait un imbécile dont il est impossible de ne pas rire.

Je ne reproche point ces peintures à Molière. Personne, quoi qu'on en dise, ne s'est moins soucié de la morale au théâtre, et c'est pour cela précisément qu'il fut un si grand écrivain dramatique. Mais je constate un fait qu'on a trop longtemps oublié, quand on a versé tant de tirades philanthropiques sur le buste de Molière. Il fut impitoyable pour les petites gens, et il n'y a dans toute son œuvre qu'une scène où un pauvre diable l'emporte franchement sur un noble et un riche : c'est cette scène du pauvre : cela vaut la peine d'être dit et expliqué.

M. Sarcey a-t-il lu le voyage de Livingstone, ce généreux pionnier à qui la chrétienté doit la découverte de l'Afrique intérieure? Il y trouvera cette observation curieuse : au centre du continent, dans les déserts et les forêts vierges, loin du monde civilisé, à l'abri de tout contact avec la peau des Blancs, ces grands seigneurs du genre humain, le pauvre Noir est resté simple, doux, bienveillant, affectueux; au contraire, partout où la race de Cham, dont M. Renan fait fi, a été travaillée, cultivée par les colonisateurs sémitiques et surtout par les fils de Japhet, que M. Renan vénère, cette race enfantine et *bonne enfant* a été gâtée, empestée par ses aînés.

Le même phénomène s'est produit dans notre Europe ; et c'est pourquoi Molière, observateur fidèle, a rempli sa comédie de petites gens corrompus.

« Hélas! comment faut-il donc faire? s'écrie Maître-Jacques. On (les maîtres) me donne des coups de bâton pour dire vrai, et on veut me pendre pour mentir. » Et Sganarelle dit, à propos de don Juan : « Un grand seigneur méchant homme est une terrible chose : il faut que je lui sois fidèle en dépit que j'en aie ; la crainte en moi fait l'office du zèle, bride mes sentiments, et me réduit d'applaudir souvent à ce que mon âme déteste... Il me vaudrait mieux d'être au diable que d'être à lui; et il me fait voir tant d'horreurs, que je souhaiterais qu'il fût déjà je ne sais où. »

Sganarelle avoue ailleurs, très-nettement, que c'est « au Diable » qu'il voudrait voir son maître. Ceci, c'est l'autre face de la corruption. Le grand seigneur impie et rude qu'il sert aujourd'hui le contraint à des bassesses, et finira par faire de lui, en mode grotesque, un libre penseur comme Figaro; mais c'est assurément chez un autre grand seigneur faux dévot qu'il apprit les beaux arguments emmêlés d'érudition, de superstition et d'anathèmes dont il fatigue et exaspère don Juan [1]. Ce n'est pas Molière qui a fait « de cet honnête homme de valet un imbécile : » c'est le Monde, le grand Monde du grand Siècle. Le poëte a copié sur nature.

Mais est-il vrai que Molière ait été spécialement impitoyable pour les petites gens et qu'il ait, par préférence, tourné en ridicule les pauvres, et qu'il ait été le plus cruel ennemi des roturiers?

Georges Dandin et M. Jourdain ne sont pas des pauvres; ce sont des riches, très-riches, gros fermier et gros marchand, la graine de la féodalité industrielle aujourd'hui triomphante, dont le génie de Molière flairait l'exaltation ignoble, ivraie qu'il fustigeait en herbe. Ce n'est pas en tant qu'hommes de roture qu'ils sont raillés. Encore moins faut-il penser que Molière ait voulu refuser aux bourgeois « la connaissance de ce qui est beau, » pas

1. I, 12; III, 1; V, 2; et *passim*.

plus que « vouer tout entière la femme à repriser des bas et à surveiller le pot-au-feu. » Tout cela est pure diffamation contre le plus juste esprit d'entre nos grands poëtes. Henriette n'est pas une rapetasseuse de bas; Chrysale n'est point Molière; et qui veut savoir ce que pense le cœur de Molière sur l'éducation de la femme doit lire et méditer *l'École des femmes*, l'un des chefs-d'œuvre du généreux penseur.

Quant aux diverses classes sociales, Molière en a salé l'échelle entière, et, du haut en bas, sanglé toutes les jambes d'un fouet impartial; mais l'on peut dire, au contraire de la proposition de M. Sarcey, que son respect augmente à mesure qu'il descend les degrés.

Le roi est-il épargné? J'admire que la Colombine de Figaro, esprit mâle si pénétrant, ait pu voir, un jour, dans *Amphitryon*, un hymne aux impuretés royales...

Il y avait au XVIIe siècle, comme au XIXe, une censure royale : quand le poëte écrit à la lueur de cet éteignoir, sous ces lâches et cruels ciseaux, il faut chercher bien à fond dans son œuvre pour découvrir l'amère pensée du cœur sous le persiflage plaisant.

Molière, en 1668, au temps le plus dur de ses épreuves conjugales, aurait songé à glorifier les grands seigneurs adultères!... Qui peut croire cela? Écoutez bien :

La Nuit s'avoue scandalisée de tout ce qui se passe à la Cour des Olympiens,

> Et de voir Jupiter taureau,
> Serpent, cygne ou quelque autre chose;

et elle répugne à prêter la faveur obscure de son manteau à la nouvelle escapade du dieu :

> Voilà sans doute un bel emploi
> Que le grand Jupiter m'apprête!
> Et l'on donne un nom fort honnête
> Au service qu'il veut de moi.

Le chargé d'affaires du roi des rois lui répond :

> Pour une jeune déesse,
> Vous êtes bien du bon temps!
> Un tel emploi n'est bassesse
> Que chez *les petites gens.*
> Lorsque dans un haut rang on a l'heur de paraître,
> Tout ce qu'on fait est toujours bel et bon;
> Et suivant ce qu'on peut être
> Les choses changent de nom.

Ainsi parle dans le prologue Mercure le diplomate, l'entremetteur impur ; mais ce n'est pas Molière! Et voici, au dénoûment, la majestueuse conclusion, non pas du poëte, mais du royal et divin adultère :

> Un partage avec Jupiter
> N'a rien qui déshonore;
> Et sans doute il ne peut-être que glorieux
> De se voir le rival du souverain des dieux.

Ces belles doctrines avaient cours à l'ombre du Roi.... Mais, finalement, voici ce que pense de toute cette comédie des grands, par l'organe de Sosie, le chœur des petites gens, avec Molière.

> Le seigneur Jupiter sait dorer la pilule....
> Le grand dieu Jupiter nous fait beaucoup d'honneur,

Et sa bonté sans doute est pour nous sans seconde...
Tout cela va le mieux du monde.
Mais enfin coupons aux discours,
Et que chacun chez soi doucement se retire :
Sur telles affaires toujours
Le meilleur est de ne rien dire.

Ne semble-t-il pas entendre le mot de La Fontaine :

Vous leur fîtes, seigneur,
En les croquant beaucoup d'honneur?

M. Taine, cependant, a prononcé que notre fabuliste se souciait fort peu de la morale. C'est le sentiment de M. Sarcey sur Molière. Taine et Sarcey, deux empennés universitaires de première volée!...

L'ironie aurait-elle été, par décret récent, rayée de la rhétorique normale? ou serait-ce que l'oiseau de Minerve a cessé de voir aussi clair que la Nuit?

Molière a donc, autant qu'il lui était possible, livré à la risée publique et le Jupiter, majestueux jusque dans ses scandales, et ses courtisans, glorieux jusqu'au plus profond de leur honte. Chacun sait, d'ailleurs, que, sous le nom de marquis, tous les grands ont expié leurs ridicules sur le théâtre de Molière. Toutefois le poëte discerne partout, même à la Cour, des gens de bien ; mais il les trouve en plus grand nombre au sein de la bonne bourgeoisie.

Quant aux bas échelons, Molière les peuple de braves gens. Il prête à Maître-Jacques lui-même, parmi ses défauts, de grandes qualités : le mépris des flatteurs, l'amour pour ses chevaux, la tendresse pour son maître.

Combien de ses pauvres diables de valets de comédie valent mieux encore que les riches, leurs diables de maîtres! Molière est-il impitoyable pour Marinette et pour son Gros-René? pour Dubois, serviteur distrait, mais dévoué? pour la nourrice Jacqueline, si bravement rebelle aux médecins? Molière a-t-il prêté des sentiments ignobles à Dorine et à tant d'autres servantes où l'on sent le reflet de la bonne La Forêt? Molière a-t-il traîné dans la boue Toinette, la servante sensée, « l'ambassadrice de joie? » Molière nous fait entrevoir une âme plus digne encore de sympathie dans « la pauvre Françoise, » épuisée de travail, victime résignée, meilleure que Toinette même, parce qu'elle est plus loin reléguée hors de la sphère corruptrice. Le plus parfait enfin, parmi les petites gens de Molière, c'est son Pauvre, parce qu'il l'a observé, comme Livingstone ses bons Noirs, tout à fait hors du monde, « retiré tout seul dans les bois depuis dix ans. » Et Francisque n'est pas le seul bon pauvre du drame de *Don Juan* : il y a encore Guzman, ce modèle de simplicité et de droiture; si excellent, que don Juan ne peut pas s'empêcher de lui rendre hommage : « le bon Guzman de dona Elvire. »

Ceci nous ramène à la question capitale. M. Francisque Sarcey va-t-il supposer que cet hommage : « le bon Guzman » n'est qu'une moquerie, comme le mot de don Juan au Pauvre une orgueilleuse insulte à Dieu même? Deux pures hypothèses! Mais nous, qui croyons fermement entendre, avec M. Louis Moland, avec MM. Paul de Saint-Victor, Édouard Fournier, avec Magnin, avec

Villemain, avec cent autres, « la note morale résonner » dans la scène du Pauvre, et vibrer du cœur de Molière au cœur même de l'impie, nous avons un troisième mot de don Juan pour nous confirmer dans notre confiante et consolante espérance. Ce n'est pas même ce trait qui couronne la scène du Pauvre, cet élan de générosité : « Mais que vois-je là? un homme attaqué par trois autres! La partie est trop inégale, et je ne dois pas souffrir cette lâcheté. » M. Francisque Sarcey, qui est subtil et alerte comme un maître de l'École d'Athènes, aurait de belles raisons pour nous battre sur ce point : mais nous appelons la réflexion de son libre esprit sur ce mot déjà cité : « Ce Carlos est assez honnête homme; il en a bien usé; et j'ai regret d'avoir démêlé avec lui. » Voilà incontestablement « un hommage à la vertu. » Si donc la note cordiale peut résonner une fois, pourquoi pas trois?

Nous avons enfin, pour nous donner raison contre Sarcey, Sarcey lui-même, puisque dans son analyse, d'ailleurs très-originale et très-fine, il accorde à notre don Juan cette généreuse méditation sur le Pauvre : « Un fier homme, tout de même, et qui a du caractère! j'aime cela, moi, qu'on ait du caractère! »

C'est justement vu et bien dit. Il faut, pour frapper don Juan, devant lui des âmes fortes, des résolutions nettes et fermes. Mais ce n'est point assez : don Louis, son père, est une âme haute, énergique; et pourtant don Juan se moque de lui et maudit sa résistance. Si un gamin de Paris, drôle hardi, fier et batailleur, Tortillard ou Gavroche, rivait son clou à don Juan, don Juan riposterait, soit par un coup de pied, soit par un mot sanglant, car il a plus d'esprit froid qu'aucun Parisien d'esprit pétillant; ou bien répondrait-il, en levant les épaules, par la pitié méprisante. Et pourquoi? Parce que l'enfant spirituel de Paris aurait lutté de moquerie et d'orgueil.

Or, rien de semblable dans Francisque. L'âme est candide, le regard doux, la parole humble : et c'est pourquoi don Juan accepte sa défaite sans dépit, sans aigreur. C'est là l'objection puissante : la vérité humblement soutenue! c'est là ce quelque chose à quoi, fût-on don Juan, on est forcé de rendre hommage, ce doux rayon où l'œil humain retrouve et contemple sa lumière, et par lequel l'homme se laisse vaincre, illuminé, touché!

Voilà d'où vient ce miracle : don Juan cédant devant le Pauvre! Le Pauvre victorieux! un bonhomme naïf jusqu'à prononcer devant l'impie ces mots qui ont le privilége ordinaire de soulever la tempête de ses dédains et de ses moqueries : *ciel, prière, péché!* un vieillard qui a été, évidemment, toute sa vie, s'agenouiller et fêter le jour du Seigneur, à l'église, où il a appris à ne point blasphémer.

Malheur à qui ne comprend pas qu'une force surhumaine réside dans ces deux choses : prier, ne point blasphémer, quand elles sont enveloppées de l'humilité et de la douceur! Le plus grand des miracles, en nos temps modernes, a eu pour unique objet de rappeler à l'humanité oublieuse et refroidie les deux simples pratiques qui préservent du péché le Pauvre de Molière : l'invocation du ciel pour le prochain, et le respect du nom de Dieu!

Gloire à Molière, le plus grand de nos écrivains dramatiques, précisément parce qu'il s'est soucié de cette morale-là, et parce qu'il en a mis humblement la parfaite expression sur les lèvres du Pauvre!

VII.

LE DON GIOVANNI DE MOZART.

Le génie vigoureux de Molière a divinement agité nos esprits en mode majeur : nos âmes vont vibrer en *mineur*, sous le souffle suave et tendre de Mozart, le plus touchant des artistes dans l'art le plus émouvant.

Avant Mozart, son maître, son émule, presque son égal, Gluck avait traité le sujet de *Don Juan* en ballet. Gluck et Mozart ont eu le grand malheur de vivre dans un siècle où les fabricants de poëmes dédaignaient les sujets évangéliques. Le sublime auteur d'*Alceste* et d'*Orphée* a demandé du moins à l'Antiquité païenne ses inspirations les plus pures; mais quant à *Don Juan*, il paraît n'y avoir rien vu, comme Gabriel Tellez, qu'un impie à faire passer sans pitié de la salle de festin et du menuet dans l'abîme et dans la ronde des enfers. J'ai entendu la partition de Gluck sur l'un des pianos de Paris où les maîtres de l'art trouvent leur expression vraiment magistrale, digne de leur génie[1] : et je n'y trouve rien qui rappelle l'inspiration divine d'*Alceste* et d'*Orphée* : la Statue et le monde infernal y ont le beau rôle, à donner le frisson au public et la rage à don Juan... J'aurais été curieux de voir si notre don Juan qui dit si diaboliquement : Non! aux tonnerres du Commandeur, aurait chanté sur le même ton sous la lyre charmeresse et ravissante d'un Orphée chrétien, lui soufflant dans le cœur cette prière victorieuse :

Laissez-vous toucher par mes pleurs!

Gluck composait ses chefs-d'œuvre en roulant un chapelet entre ses doigts. Mozart, comme Weber, écrivait à la fin de ses partitions : « A la gloire de Dieu! » A qui offre sa gloire à Dieu, Dieu donne la sienne.

Mais l'Orphée de Gluck ne s'est pas, hélas! arrêté devant don Juan. Heureusement qu'autour de ce cœur maudit chante la dona Anna de Mozart...

« C'est à Molière et à Mozart, dit M. de Puibusque, qu'il faut attribuer la plus intime et la plus complète intelligence de don Juan, avec cette différence toutefois que Molière s'est contenté d'indiquer le but, et que Mozart l'a touché. » Je doute que Mozart ait eu autant que Molière l'intelligence de l'intelligence de don Juan ; mais il lui a donné une note de son propre cœur, et le cœur desséché, insufflé par lui de chaleur, a chanté. Tous deux, Molière et Mozart, soit en agrandissant, soit en

1. Celui de Besozzi.

émotionnant leur héros, tous deux surtout en purifiant l'atmosphère autour de lui, ont accru puissamment l'intérêt dramatique et moral du sujet. Aucun d'eux a-t-il touché le but? Oui, si le but de l'art est simplement d'intéresser à un drame humain; non, si l'art doit, comme la science, la philosophie et la religion, résoudre harmonieusement, divinement le problème de la destinée de don Juan. Tous deux ont, du moins, admirablement indiqué les voies de la solution miséricordieuse. Molière avait parlé raison à don Juan, divine raison : Mozart a rempli l'oreille rebelle des vibrations de l'amour divin.

Nous ne parlons pas du poëme de Da Ponte. Au point de vue scénique, le librettiste italien a fait une œuvre de mérite; son introduction, dont les éléments lui étaient fournis par Cicognini, est originale et pathétique, et les situations s'enchaînent habilement pour fournir des thèmes variés au musicien. Mais au point de vue moral, social et religieux, l'œuvre de Da Ponte est détestable, autant que son titre est ridicule : *dramma giocoso;* singulier drame joyeux, plaisant, badin, facétieux, qui s'ouvre par le viol et le meurtre, et se ferme par l'infernal abîme!

Molière nous avait laissé « le libertin d'idée, immoral plus que sensuel, une figure titanique d'une profondeur et d'une noirceur effrayantes, » dit, en 1863, au *Moniteur,* Théophile Gautier, dont la palette, en 1847, à la *Presse,* s'illustrait de couleurs plus tendres et caressantes; et il ajoute, broyant le Titan sous sa noire foudre : « Le don

Juan de Molière ne poursuit pas l'idéal de beauté, le féminin éternel; il satisfait cette cruauté à laquelle arrivent tôt ou tard les grands débauchés. Les pleurs et les gémissements de ses victimes l'amusent; il a la luxure du mal... C'est un monstre... Et vraiment le Commandeur a bien fait d'entraîner tout de suite don Juan dans sa trappe au milieu d'un jet de flammes sulfureuses, car il serait devenu, avec le temps, un Tartuffe bien autrement formidable que le pauvre cuistre qui se glisse dans le ménage d'Orgon, un Tartuffe grand seigneur, doublé de méchanceté satanique. »

Voici, pour le dire en passant, un phénomène d'évolution de la pensée assez plaisant à observer : Théophile Gautier finit par anathématiser don Juan qu'il déifiait presque en notre jeune temps, tandis que Jules Janin, adorant ce qu'il brûlait en ses beaux jours, aboutit à célébrer le vrai don Juan, « ami de Molière et de Mozart et de Byron, » et par se faire une fête de suivre en ses sentiers ce bon gentilhomme « qui promène en riant dans les bois, dans les villes, sur le bord des fleuves, son libertinage innocent[1] ! » Et ne voyons pas, dans ces revirements, légèreté d'esprit et contradiction de jugement : non; mais le vrai don Juan est un caractère si complexe, si vaste et si varié, que la figure du héros se modifie du tout au tout, avec le point de vue du juge.

Quoi qu'il en soit, l'anathème de Gautier sur « l'ami

1. 30 mars 1863, étude remarquable sur le *Don Juan* d'Alexandre Dumas.

de Molière, » sauf notre bénéfice d'inventaire, est juste : don Juan est un monstre.

Depuis Molière, c'est pis encore ; et, sous la plume d'aigle et de vautour des poëtes sacristains de la Cour et de la Ville, don Juan est devenu de plus en plus grossier et impie, au milieu d'une société plus dure et moins croyante, un monstre ignoble, ignoblement sacrifié. L'abbé Da Ponte, sans avoir l'excuse du zèle fanatique mais sincère du poëte penseur espagnol, achève d'immoler son héros au milieu d'adversaires plus glacés et plus violents. Le don Juan du prêtre philosophiste est bien loin de valoir l'énergique enfant du moine mozarabe. Ce n'est plus qu'un viveur léger, un Almaviva leste et hennissant en public, sec de cœur, lascif, lubrique, n'ayant rien dans sa chair entêtée au mal qu'un reste de courage insolent.

Voici, vers l'idéal, l'allure de ce *gentil cavaliere :*

Ah ! la mia lista
Doman matina
D'una decima
Devi aumentar.

Et voici la dernière galanterie adressée à une femme par ce *galantuomo :*

Laschia ch'io mangi !
E, se ti piace,
Mangia con me !
Vivan le femine !
Viva il buon vino

Sostegno e gloria
D'umanita !

Le don Juan italien finit sur le tonneau de Silène... En pouvait-il être autrement? le poëte Da Ponte était un de ces abbés de ruelle et de cour qui servent César plus que Dieu. Scudo dit de lui : « Libertin effréné, il a représenté dans don Juan sa propre image, et incarné dans son œuvre la poésie et les mœurs de Venise. Devenu poëte lauréat de l'empereur d'Autriche, il a composé son libretto, ayant sur sa table, avec *l'Enfer* du Dante, une bouteille de tokai, et derrière lui sa jeune maîtresse. » Voilà bien les deux Renaissances : la terre dissolue se couronnant de l'enfer! Où donc le ciel? où les anges, pour verser sur don Juan les rosées de l'amour purifiant et consolateur?...

Heureusement que, sous son aile d'ange, Mozart, couvant le mauvais sujet, ranime, renouvelle et raffine en lui la vigueur originelle.

Pour se faire une idée de la transfiguration du poëme par le génie du musicien, il suffit de jeter les yeux sur la scène VIIIe du Ier acte, où le langage du héros italien, sèchement voluptueux, ne s'élève pas même au ton de l'Almaviva, et de la comparer au duo de Mozart : *Là, ci darem la mano*. Bien plus profondément encore que ne l'a fait Rossini dans la phrase ravissamment élégante : *Ecco ridente il cielo...*, Mozart a passionné et attendri, et conséquemment relevé l'âme vivante dans le libertin. Émile Deschamps et Émilien Paccini ont eu, dans leur version du *Don Giovanni*, le tact poétique de restituer aux paroles la grâce et le charme que Mozart, en notes sonores et suaves, éparpilla sur les lèvres de son héros.

Jusqu'à Mozart, nous trouvons, dans celui que Mérimée nomme le fils de Jupiter, l'odeur âcre de tous les animaux dont Ovide, en ses *Métamorphoses,* a célébré les ébats olympiens : voici que, pour la première fois, parmi les coquericos et les hennissements, nous entendons, au lieu des cris rauques du cygne amoureux, d'inouïs roucoulements. Comme fit le maître des dieux chez Phtia, don Juan se transfigure en ramier. Les roucoulants sont placés, par Moïse et Salomon, à la tête des animaux purs, à l'opposé de l'aigle et de l'orfraie [1] ; et Mozart nous remet ainsi aux mains un fil de la bonne nature par lequel don Juan se rattache directement à son Dieu, Créateur et Sauveur.

Mozart a trouvé le moyen de faire chanter, avec l'amour, la pitié même dans le cœur ému de don Juan. Allez entendre une centaine de fois, pour bien vous pénétrer des choses infinies, le trio du duel : quinze mesures qui valent tous les poëmes, le tableau le plus parfait que l'artiste sans rival ait créé dans l'art sans égal ; l'une des merveilles du génie humain, à laquelle je vous permets de comparer, pour la grandeur, quelques figures d'Homère, du Dante, de Shakspeare, de Michel Ange, Victor Hugo, Beethoven ; pour la noble pureté, quelques traits de Virgile, Racine, Raphaël, Lamartine, Haydn; mais pour la profondeur de l'expression pathétique, rien !

1. Lévitique. Cantique.

Écoutez bien :

Chez le Commandeur, le cri du blessé désolé : « Ah ! soccorso ! » l'amertume : « son tradito ; » l'iniquité du sort accusée au moment de l'affaissement : « l'assassino m'ha ferito ; » le regret attendri de la vie, avec les forces qui s'épuisent et s'éteignent :

E del seno palpitante
Sento l'anima partir.

Chez Leporello, la stupéfaction : « Quel méfait ! quel abus de la force ! » et puis l'horreur, l'épouvante, l'hébétement :

Io non so che far, che dir...

Et maintenant, chez don Juan : remarquez que tout ce qu'il y a de spécialement attendri dans ce trio prodigieux lui est attribué par Mozart, que le poëte, ici du moins, n'a point trahi :

Ah ! gia cade il sciagurato,
Affannoso e agonizzante ;
Gia dal sen palpitante
Sento l'anima partir.

L'émotion profonde de don Juan, jaillissant dans les deux premières phrases, éclate, plus pénétrante et presque éplorée, dans les traits qui suivent, sur les mots « *gia dal seno veggo l'anima partir,* » sur ces quatre notes bémolisées (mi si ut fa), où l'on croit entendre des pleurs tomber avec le chant ineffable.

Nous voilà bien loin de ce monstre cruel qui « s'amuse aux gémissements de ses victimes... »

Oui, Mozart nous fait sentir des larmes dans la voix de don Juan, comme il fait venir cette perle d'amour :

Il mio tesoro,

aux lèvres d'Ottavio, que Da Ponte avait conçu en demi-dieu vengeur, ne parlant que de recours à la justice, de vengeance, d'exécutions et de morts : « Un riccorso !... Vendicar !... strati et morti !... »

Tel est le génie de Mozart, transfigurateur miraculeux de l'eau sale en vin pur, de la haine en amour !

Mais, avoir animé les hommes d'airain et de marbre de l'abbé Da Ponte, ce n'est pas le plus grand miracle de l'evangélique compositeur. « La grâce de Mozart, dit avec une suprême justesse M. Jouvin, tient de l'ange et de la femme. » Aussi n'est-ce point l'homme que l'auteur de *Don Giovanni* met à l'unisson des Séraphins ; c'est la femme. Et si le musicien caresse ses héroïnes d'un souffle de suave respect qu'on dirait venir du cœur de saint Jean, ce n'est toujours pas grâce à son librettiste.

L'Elvire de Da Ponte entre dans le drame en criant : « Ah ! qui me dira où est le cruel que j'ai aimé pour mon malheur ? Si je le retrouve, il ne s'en ira plus, je le jure. car je le coucherai mort à mes pieds et je lui écraserai le cœur,

Gli vo' cavar il cor !

Et voici le dernier adieu (à Dieu) de ce cœur inépuisable en dévouement :

Rimanti, barbaro,
Nel lezzo immondo !

Esempio orribile
D'iniquita!

La légère Zerlina « le sourire de ce sombre poëme religieux, » sourire qui dépasse en charme les sourires même de Léonard de Vinci, Zerline, elle aussi, fait sa partie de tigresse dans le rugissant finale :

Odi il tuon della vendetta...
Sul tuo capo in questo giorno
Il suo fulmino cadra!

L'Anna n'est guère plus accommodante. A l'attendrissante consolation de Mozart :

Laschia, o cara,
La rimembranza amara :
Hai sposo e padre in me;

Elle ne sait que répondre :

Ah! Vendicar giura quel sangue ognor!

Et finalement les trois femmes, à l'appel de Leporello, sur l'abîme de don Juan, entonnent, avec allégresse, le vieux refrain mozarabique de la justice et de la vengeance :

E noi tutto i buona gente,
Ripetiam allegramente
L'antichissima canzon!

L'abbé italianissime n'a donc rien offert à Mozart que les créatures du moine castillan. Elvire et Anna sont bien encore « ces femmes hautaines, passionnées, vindicatives, auxquelles Tirso de Molina donne le beau rôle au point de vue de la domination morale. »

Gabriel Tellez, assurément, ne pouvait pas ignorer que les esprits de hauteur et de vengeance sont les antipodes mêmes des deux esprits de l'inspiration chrétienne qui ouvrent les cieux. « Bienheureux les humbles, bienheureux ceux qui supportent la persécution à cause de la justice, car à eux seuls appartient le royaume des cieux! »

Philarète Chasles a mieux su discerner le vilain rôle des héroïnes de Tirso : « Les victimes du moine Tellez sont de vraies Espagnoles, et non les tendres Allemandes de Mozart : elles ouvrent au séducteur un enfer anticipé, en attendant l'autre. »

Si les femmes, de l'aveu de Voltaire, « ont christianisé l'Europe, » qui peut croire que ce soit par une pareille domination païenne et mortelle? et que celles-là soient de force à fléchir et sauver don Juan, qui ne savent lui ouvrir rien qu'un double enfer?

Mozart a compris ces grands mystères du cœur. L'élève de Pulci et de Machiavel avait ranimé les types féminins antiques, superbes et impitoyables : le bon Allemand catholique a tout réformé à la mesure de son cœur, il a tout angélisé.

Dona Elvire était sortie des mains de Molière adoucie, mais quelque peu ennuyante. Da Ponte, qui a décoché sur elle cet excellent trait de satire : « Elle parle comme un livre, » l'a restaurée dans sa dureté originelle sans la rendre plus amusante. Mozart en a fait plus qu'une bonne âme, plus qu'une Allemande, il en a fait une chrétienne. Vainement le poëte, dans le trio des masques, lui fait invoquer un ciel vengeur :

Vendichi il giusto cielo
Il mio tradito amor!

Mozart, dans cet incomparable chef-d'œuvre, n'élance ses belles âmes éplorées que vers le ciel miséricordieux.

Un grand artiste me dit n'avoir éprouvé à la vue et aux accents d'Elvire qu'une impression de fatigue : Oh! *caro mio,* vous n'avez donc pas écouté la *poverina abbandonata* avec patience et charité? Assurément, la femme dont la douloureuse sollicitude inspire à Mozart cette phrase:

Non ti fidar, o misera,...

cette majestueuse plaintive est digne de respect et de commisération, et l'on se sent, avec la noble dona Anna, entraîné à chanter, presque en larmes :

Cieli! che aspetto nobile!
Che dolce maesta!
Il suo dolor, le lagrime
M'empiono di pieta.

Cependant, je vous l'accorde, cette Elvire, un moment sublime, ne se soutient pas; sa douleur amoureuse est trop bien peignée pour toucher don Juan, *nimis compta,* nous dit un Père de l'Église; et ses plaintes se développent en trop savantes roulades sur ce persistant soupir d'amour :

Provo ancor per lui pieta.

Zerlina est la plus tendre, la plus charmeresse des filles d'Ève; mais fille d'Ève, c'est angé déchu.

Mozart a créé plus qu'une Zerlina enchanteresse et une Madeleine mélodieusement gémissante : il a créé l'ange blessé, mais au sang pur, une fille de Marie, dona Anna !

Dona Anna est prédestinée dans la vie de don Juan. C'est la seule femme en qui Tirso de Molina ne prolonge point le cri de la haine sauvage : les autres vont au Roi justicier; elle, va à la Reine consolatrice. Les Italiens réchauffent en elle le feu de la vengeance : Mozart l'éteint amoureusement. Mozart, supprimant dans la figure de son héroïne toute trace des légèretés sensuelles et des rudesses orgueilleuses que lui attribuaient les Italiens et même le poëte religieux espagnol, nous présente, en face de don Juan, un type de la femme pure, aimante, forte. « Dona Anna est vraiment la forte conception de Mozart, et le charme souverain de *Don Giovanni* [1]. »

Jules Janin a dit excellemment : « Si la comédie a perdu beaucoup de son esprit noble et vaillant, cette misère vient tout simplement de l'absence des honnêtes femmes dans la comédie... Pourquoi donc, lorsqu'une seule femme forte suffirait à la grâce, à l'ornement, à la protection, à la vraisemblance, au conseil, à l'autorité, à l'excuse même de votre comédie, vous priver volontairement de ce pardon, de cet ornement, de ce porte-respect, éloigner à plaisir les belles âmes, les nobles cœurs, le courage, le bon sens et le salut du foyer domestique?... En ceci seulement, vous trouverez toute la différence entre

1. B. Jouvin.

l'ancienne comédie et la comédie nouvelle! Au temps de Molière, la comédie croyait à la grande dame, à la femme honnête et sérieuse, à la femme forte[1]. »

La femme forte est rare même dans l'ancienne comédie. Je ne crois pas que Molière eût accordé à un très-indulgent collaborateur de Jules Janin qu'Elvire « n'a aucune espèce de faute à se reprocher, » Elvire qui s'est laissé enlever par-dessus l'obstacle sacré d'un couvent! Molière a des créations plus pures : Marianne est une âme voisine des saintes perfections.

Quant à Mozart, plus dévotement élevé que Molière, il reçut, sous le rayon de la Sagesse divine, l'impression plus pure et plus profonde du type poétique parfait, et il reproduisit dans Anna une image de la femme forte.

La femme forte, ce n'est point ce monstre équivoque, qui, répondant d'une voix hautaine au tendre appel de la *femme libre,* s'habilla quasi en homme parmi les *Bloomeristes* anglo-saxonnes, et qui se fit, vers 1830, avec les *gigots,* des épaules herculéennes. Celle-ci est l'hommasse révolutionnaire, à laquelle a succédé, depuis 1850, la femme à l'impériale *crinoline,* ballonnée des reins, étalant ses hanches hottentotes : *vanitas vanitatum!...* Ces deux héroïnes, que la Mode, divinité railleuse, livre aux risées des Anges sous le double accoutrement monstrueux de l'orgueil exalté et du sensualisme bas, ne pourraient que servir de jouets à don Juan.

1. *Débats*, juin 1858.

La femme forte de Mozart, la dona Anna, c'est un cœur pur, tout rempli et de l'esprit de justice et de l'esprit de miséricorde, une âme puissante à la fois pour aimer et pour supporter dignement la souffrance.

La noble grande dame de Mozart nous prend le cœur, comme le noble pauvre de Molière nous saisit l'esprit. Comme Francisque est, pour don Juan, le coup d'œil de la vertu qui n'irrite point, Anna est le coup d'œil de l'amour qui, bien loin d'irriter, touche, émeut doucement, attendrit.

Don Juan peut-il recevoir de dona Anna, aussi bien que de Francisque, une impulsion vers le bien? Ceci ne fait pas question, don Juan étant l'homme des femmes, « un cœur que la beauté séduit, et qui cède facilement à cette douce violence dont elle nous entraîne. »

Certes nous n'avons rien à attendre de salutaire pour don Juan des femmes faibles et plus que légères que Tirso et ses successeurs jettent aux bras du libertin. Pour concevoir le possible des effets produits sur lui par ses aventures, observons nos propres impressions.

Don Juan est-il aux pattes des filles de Vénus? — Coquines et coquin : à deux de jeu!

Don Juan est-il aux mains des filles d'Ève? — Ah! le maudit homme! Pauvre Zerlina! pauvre Rosalba!

Devant ces deux groupes de folles et de faibles, on peut dire au libertin volage, avec Catalinon : « Vous êtes le châtiment des femmes! »

Mais voyons-nous don Juan briser le cœur d'une fille

de Marie? — Oh! la noble âme! Oh! le misérable! Quel malheur! s'il avait su!... il ne sait pas!...

Tirso et Da Ponte, n'ayant pas conçu l'héroïne sublime, font cruellement descendre à don Juan, sur l'échelle de ses délits, une progression du noble à l'ignoble, au point de le faire aboutir, à tâtons, jusqu'aux restes de Sganarelle :

Leporello mio caro!...
Allor m'accorsi
Ch'era qualche tua bella...

Ainsi, l'homme, fût-il poëte, est impitoyable à assommer le prochain sous ses pierres. Mais croyez-vous, mes frères du sexe dur, qu'aucune femme puisse, sans douleur, considérer don Juan déchéant, animalisé, abruti? car enfin don Juan est un homme; la dégradation mortelle d'un homme est chose grave, surtout quand le malheureux que les bas lieux avilissent est un homme charmant.

« Le cœur des femmes, avoue le sceptique Byron, est une terre féconde en tendres sentiments. Partout, toujours, comme le bon Samaritain, elles s'empressent à verser le vin et l'huile dans les blessures[1]. »

Le souffle d'une amante noble, s'il condescend à embaumer le cœur décomposé de don Juan, peut-il le faire battre encore et l'alimenter d'amour vrai? Nous, hommes,

1. Don Juan, V, 120.

faibles de la mamelle gauche, nous aurions douté toujours, si la femme qui est forte et nourricière d'amour, n'avait incessamment, au fond de nos cœurs ravivés, chanté : Don Juan peut aimer encore!

S'il peut, étant aimé d'une âme haute, aimer, il peut donc être relevé, redressé, restauré, sauvé, converti, exalté!

C'est un miracle, sans doute, miracle de saint amour, que n'opéreront jamais une Ariadne ni une Didon, amantes voluptueuses ou frénétiques, dont les yeux ne sont aptes qu'à percer et clouer au sol le cœur de don Juan précipité vers l'abîme. Il y faut des lueurs divines, et quelques traits de ces yeux qui ne sont qu'à toi, Reine des miséricordes, *hos tuos miséricordes oculos!*

Dans le drame évangélique, le disciple que Renan a le malheur de ne point aimer, saint Jean nous fait, par deux fois, rayonner de ces regards du Féminin parfait, qui, par cela qu'ils s'élèvent, font descendre la résurrection et la vie, et la transfiguration miraculeuse [1].

Mozart a cette gloire d'avoir fait sentir à nos cœurs pénétrés la possibilité du miracle. Les Italiens du XVIIe siècle, dégradant toutes les âmes, avaient fait jeter par don Juan à la face de la Statue insultée une injure contre dona Anna. Gabriel Tellez, au contraire, en qui toute

1. Évang. II et XI.

force vive frémit malgré ses excès de zèle, arrête vivement son valet qui ose, devant le père mort, prononcer le nom de la fille outragée; et le don Juan espagnol, à l'heure de sa mort, répare autant qu'il peut son crime, en déclarant que « l'honneur de dona Anna est intact. »

Dès lors, on pouvait entrevoir, dans ce fond de respect, le germe de l'amour.

Est-ce donc impossible? Où sont les cœurs de marbre, pour n'incliner sur don Juan que leur souffle de glace? Le grand moraliste Richardson, impitoyable s'il en fut, a cependant fait exhaler à Lovelace, avec son dernier souffle, ce cri de suprême regret: « O Clarisse! » Si Lovelace, « ce nouveau don Juan [1], » entre tous le plus infernalement corrompu, n'est pas mort sans donner un soupir à Clarisse, quelle impression ne doit pas laisser au cœur de don Juan une dona Anna!...

Aussi le dernier des don Juans, si léger, sec et brutal que l'ait conçu son poëte, ce libertin sacrilége assez diaboliquement insufflé pour inviter le Commandeur, l'époux mort, à venir souper chez sa femme séduite, le damné de Pouchkine meurt en criant: « Anna! »

C'est ce germe d'inévitable amour, frémissant sous le regard sans tache de dona Anna, que Mozart a fait sourdement épanouir dans son drame lyrique tout imprégné de parfums mélodieux.

O musique! voix des amours célestes! art exaltant et

1. Villemain.

consolateur, comment s'est-il pu faire qu'un grand poëte, d'habitude si haut planant dans les saintes hauteurs, n'ait vu en toi qu'un instrument de corruption? Autant vaudrait damner la poésie, l'art dramatique, la nature tout entière, à cause des abus qu'en font les hommes rampants... Musique, à toi revient justement la gloire d'avoir attendri don Juan, art délectable, attrayant, charmant, enchanteur, art féminin! car la Femme par excellence, dans l'Évangile, ne parle qu'à peine, mais elle chante à Dieu son *Magnificat*[1].

O Mozart! « musicien de l'idéal, » dit excellemment l'enthousiaste Scudo; Mozart, fils de la Colombe, guide plus sûr que le cygne de Mantoue, heureux qui suit ton aile mélodieuse à la découverte du ciel et de l'amour infini!

Quella dolce armonia di paradiso
Che a un estasi d'amor mi aprî il sentiero,
Mi risuona nel cuor, e d' improviso
Mi porta in cielo a contemplare il vero[2]!

Mozart, suave enfant de Marie, qu'eût donc été ton éternel chef-d'œuvre, si, au lieu de la haine rugissante, le poëte eût offert à ton âme amoureuse l'Amour et ses flots d'harmonieuses suavités?...

Toutefois, Mozart en a dit assez pour que son admira-

1. Toujours dans ce saint Luc, dont Renan, un poëte, devrait entendre la musique.

2. Vers de Corilla à Mozart. Scudo. *Frédérique*. *Revue des Deux Mondes*, 15 novembre 1863.

teur Hoffmann ait, parmi les délires de ses rêves fantastiques, vu, dans le cœur d'Anna, l'amour pour don Juan, et, avec l'amour, la force salutaire. « Mais don Juan l'a connue trop tard !... »

Il n'est jamais trop tard pour la femme, comme pour Dieu, quand il s'agit d'aimer et de sauver.

Dieu, la Charité, est toute-puissance; et la femme, l'Amour, est toute confiance en Dieu.

VIII.

DON JUAN ENTRE L'ATHÉOS DE HÉGEL ET LE DÉMON DE LUTHER.

La femme toute confiante en Dieu tout-puissant, voilà le salut pour don Juan.

Mais, d'abord, y a-t-il, décidément, un Dieu pour aider la femme en ce grand œuvre de l'amour? Voyons ce qu'en pense l'Allemagne, et demandons à M. Taine ce que la Critique nous autorise à espérer des poëtes et penseurs d'outre-Rhin.

« L'Allemagne, dit ce vigoureux critique, depuis cent ans, donne une impulsion nouvelle au monde. Les deux plus grands penseurs du siècle ont tout embrassé, tout compris sous un regard nouveau : Hégel saisissant la formule de toute chose, Gœthe se donnant la vision de toute chose... Ainsi le sens des dogmes a été renouvelé; Dieu s'est vu relié au monde, à l'homme, à la nature, l'esprit à la matière [1]. »

1. *Débats*, 6 novembre 1860.

Nous allons voir quelle formule et quelle vision donnent à don Juan Hégel et Gœthe. Mais pour pouvoir s'expliquer les solutions spéciales de l'Allemagne sur notre héros, il faut tenir compte d'un troisième grand penseur, poëte aussi, et même musicien, dont l'influence pèse encore singulièrement sur la société et la littérature des rêveurs, bons, mais rigides Allemands, — Luther.

Avec Hégel, Dieu se diffracte entre le Moi et le Tout jusqu'à s'évaporer. Quel appui la femme trouverait-elle sur l'égoïsme et sous l'abstraction? Avec Luther et son démon, Dieu reparaît sinistrement réfracté dans la Statue : le cœur de la femme va-t-il se faire marbre et tison d'enfer? Avec Gœthe, le panthéisme est mené à se retrouver réfléchi dans le Christ, chef de la hiérarchie catholique, et l'humanité se regarde consolée, aux yeux miséricordieux de Marie, miroir de l'infinie Charité.

Malheureusement le dénoûment de Faust n'était pas publié, lorsque Grabbe, poëte énergique, au bout de sa tragédie entassa, sous un même démon chevaleresque, Faust et don Juan dans un même abîme; et l'Allemagne protestante en était encore à se scandaliser devant le ciel où Faust trouve enfin le repos, lorsque Wiese, Hauch, Lenau, Brun de Brunthal, d'une main fouillant le cerveau de don Juan sous le flambeau de Hégel, de l'autre main taillèrent leur Statue dans la froide lave de Luther.

Les erreurs de l'Allemagne sont toujours graves, fortes et profondes, comme le génie de la race teutonne, et ce grand peuple ne s'égare point sans secouer de vives torches sur l'humanité.

Richardson avait accumulé les faits à la charge de l'érotique impie : les éminents poëtes allemands accumulent, à sa charge et à sa décharge, les thèses et les raisonnements, et ils creusent en lui et autour de lui tous les abîmes de la psychologie et de la sociologie.

L'Allemagne rationaliste donne la parole à don Juan, l'épicurien et le panthéiste, avec la liberté de conscience et le libre examen de soi-même et du monde, ce que l'Espagne mozarabique n'eût point toléré.

Don Juan raisonne subtilement son affaire, creuse toute la métaphysique de son droit individuel, et démonétise le droit social dont il est opprimé. J'ai été créé et mis au monde, dit-il, pour aller à mes attractions et prendre mon bonheur où je le trouve, à l'infini. Malheur à l'homme qui me barre passage : je le tue ; malheur à la femme qui ne sait pas alimenter mon ardeur inextinguible : je la rejette et la brise ; malheur à qui, se disant Dieu Créateur et Providence, ne sait pas satisfaire en moi, indéfiniment, la soif qu'il m'a donnée : je le méprise et je le nie ! J'ai droit d'être, de me mouvoir et de vivre dans mon caractère fatal ; et c'est aussi une fatalité de ce caractère de résister à outrance, éternellement.

Cette thèse de Titan était déjà puissamment posée dans le premier *Don Juan* français, celui de Dorimon :

> C'est au gré du Destin que nous venons au jour.
> La Nature est ma mère, et le sort m'a fait naître,
> Et le Ciel est tout seul et mon père et mon être...
>
> LA STATUE.
>
> Demande donc au Ciel pardon de tes méfaits !

DON JUAN.

Ne parle point du Ciel : qu'il punisse ou pardonne,
Je ne me repens point! Il n'est rien qui m'étonne;
Et quiconque a le cœur aussi bon que le mien
Ne peut s'épouvanter pour toi qui n'es qu'un rien...
(Tirant son épée contre le Ciel.)
Si le Ciel m'attaquait, je lui ferais la guerre;
Tout au moins je mourrais dans cette volonté.

Mais le don Juan-Marionnette allemand remue plus à fond la question et la pousse à ses plus hautes extrémités.

« Repens-toi! crie le Commandeur d'Ulm.

« — Non! Que m'as-tu appris de nouveau? Rien. Laisse-moi tranquille! Je suis don Juan encore!

« — Eh bien! me voici! dit le don Juan d'Augsbourg à son hôte de pierre. Quel mets extraordinaire et surhumain as-tu à me servir?... Des reproches, des menaces?... Je viens pour manger à mon plaisir quelque chose de neuf et de plaisant : et voilà que toi, un mort, tu ne me sers qu'une morale de parrain!... Mange tout seul! Penses-tu que j'ai peur de toi et de ton ciel avare et ennuyeux? Vous n'êtes pas de force à me nuire, n'étant pas de force à me donner un original et bon souper. Allons, mort, viens plutôt à mon festin, plus riche que le vôtre, et convenant à l'homme... »

Rosenkrantz résume en ces termes forts et nets le procès que don Juan fait aux morts de la terre et du ciel : « J'ai parcouru toute la surface de la vie du monde : y a-t-il des profondeurs où l'on puisse s'abîmer, des hauteurs où l'on puisse s'épanouir? Morts, je vous ai invités à mon banquet sensuel : n'avez-vous rien à m'offrir, vous, pour aliment spirituel [1]?

Et, de fait, jusqu'ici, qu'ont offert et donné les gens du Monde haut et bas à leur enfant terriblement gâté?

Les jeunes hommes l'ont enveloppé de mauvais conseils et de mauvais exemples; les hommes mûrs et vieillis, de bons conseils hautains et de blessures; et, à la tête du sexe fort, le roi se fait aider par le surnaturel infernal pour n'octroyer rien que la mort avec la damnation éternelle. En vérité, tous ces mets-là sont aussi peu spirituels que peu succulents.

Quant aux femmes de la légende et du drame, elles n'ont jamais alimenté don Juan que de leur chair, étant de cette généraion de la Renaissance qui dit avec l'Hélène antique à sa vieille mère, pour s'excuser : « Ce n'est point ma faute. Prends-t'en à Vénus. Es-tu plus forte toi-même que Jupiter? le maître des dieux est esclave de Vénus. J'ai dû céder au dieu intérieur. » Et nous n'avons même pas rencontré sur le chemin de don Juan la vieille Hécube d'Homère, pour répéter plaintivement, avec d'amères larmes : « Les passions impudiques des mortels, voilà la Vénus qu'ils adorent. »

Si donc le jeune Titan, relâché par la Renaissance, est redevenu cet « homme de la nature » pressenti par le Dante, effrayamment décrit par Taine [2], en qui tout n'est plus que sensation volcanique et assouvissement

1. *Histoire de la Littérature allemande*, 1836.
2. Le théâtre anglais de la Renaissance. *Revue germanique.*

féroce; non plus au repos, mais en quête de la proie :

A guisa di leone!

il faut aussi l'avouer, le Monde et les poëtes qui l'enchantent n'ont jeté au rôdeur dévorant que femmes de la nature et de la nature déchue; et ce n'est point assez pour commander le respect.

La femme par excellence, dans le drame espagnol, *Muy Muger*, n'a aucun rapport avec Celle en qui l'Homme-Dieu salue la perfection féminine : MULIER! « La *Muy Muger*, qui a servi de modèle à Corneille pour ses *Adorables furies*, ressemble, dit M. Damas-Hinard, à ce que nous appelons *une Lionne*. » Il y a loin de là à la Colombe : et pourtant cette belle bête farouche est encore ce que don Juan a rencontré de plus noble sur le chemin de ses repaires. Il semble entendre devant lui rugir d'amour ces filles d'Ekhidna, autour desquelles

Les grands lions errants rugissaient de plaisir,
Les hommes accouraient sous le fouet du désir,
Tels que les meurtriers devant les Érinnyes.

Et le poëte, voyant toujours le sceau de la bestialité au front de l'humanité chrétienne, ajoute douloureusement :

Les siècles n'ont changé ni la folie humaine,
Ni l'antique Ékhidna, ce reptile à l'œil noir;
Et, malgré tant de pleurs et tant de désespoir,
Sa proie est éternelle et l'Amour la lui mène [1].

Faut-il l'avouer? la dona Anna espagnole n'est surprise

1. Leconte de Lisle.

que parce qu'elle attend dans sa chambre, après minuit, sans lumière, un autre amant, le marquis de la Mota, plus corrompu que don Juan même[1]... Les héroïnes des autres scènes du Monde sont presque toutes ainsi des vierges folles de leur corps; filles d'Ekhidna, d'Amalthée ou de Pasiphaé, peuvent-elles offrir à don Juan plus que la nourriture humaine dont il est rassasié? y a-t-il en elles ce quelque chose de surhumain, dont tout homme a faim et soif?...

Les Allemands exposent, avec un libéralisme effrayant, le droit léonin du ferme don Juan au milieu de ces lionnes furieuses, en face des vieux lions qui grondent depuis qu'ils sont édentés. La bête féroce ne se tait en lui et l'humanité ne reparaît un instant que lorsqu'il rencontre enfin une femme, une vraie femme, la dona Anna de Mozart et d'Hoffmann, « belle de corps comme lui, forte d'âme autant que lui, et, de plus, ayant conservé l'auréole de l'idéale pureté. » Mais l'impulsion diabolique est si forte, et l'essor subversif si vaste, qu'il faudrait plus même qu'Anna pour restaurer l'homme originel.

Dans le *Don Juan* et *Faust* de Grabbe, les deux héros, « poursuivant le même but sur deux voitures différentes, l'une montant, l'autre descendant vers l'idéal, » sont tous deux ensemble épris d'Anna : elle souffre sous leurs atteintes diverses également cruelles. Pour elle, « Don Juan est l'éclair, et Faust, le nuage qui contient l'éclair. »

1. 2e journée, sc. v et vii.

L'un peut l'éblouir ; l'autre l'assombrit et l'effraye. Faust la tue, et va faire part à son rival de son désespoir.

FAUST. Dona Anna est morte !

DON JUAN. Ah !... Mon âme est profondément ébranlée.

— Désespère avec moi.

— Désespérer ? la beauté n'est-elle pas en tous lieux éparpillée, innombrable comme les étoiles ? Le désespoir, c'est bon pour toi, Faust, qui vas toujours détruisant devant toi tes cieux.

— Je veux suivre dona Anna à travers tout, fût-ce l'enfer. La pensée éternelle de la Beauté supprime l'éternelle réalité de l'enfer. »

Faust, bravant ainsi l'enfer, est enfoui par le Chevalier de pierre sous toutes les montagnes d'huile bouillante, celle de Sion comprise ; et don Juan reste seul à jouir sur la terre en face du Démon insulté.

— La vie n'est rien si elle n'affronte pas tout ce qui s'oppose à elle.

— Repens-toi !

— Non ! Que je sois ce que je suis, ou que je ne sois rien ! Je suis don Juan ; j'aime mieux être don Juan dans l'abîme infernal, que d'être un saint dans la clarté de ton paradis. »

L'orgueilleux insurgé apparaît ici dans toute sa grandeur sauvage à la fois et raisonneuse, fort de son droit et incorrigible, tel que l'ont conçu Schiller, dans ses *Brigands*, et Byron, dans presque tous ses poëmes. Mais tandis que Manfred meurt en son incrédulité placide et dominatrice, le don Juan de L. Wiese (1840) agonise dans le désespoir, et, par un trait de robuste analyse qu'avait déjà indiqué Grabbe, le poëte nous fait voir le monstre se disséquant lui-même dans son abîme, dédoublant son moi, et découvrant avec stupeur, à l'heure dernière, le secret de sa perversion.

« J'ai voulu l'Être : et j'en suis à voir souffrir, mourir mon moi. Spectacle horrible!... Cependant, je suis libre, je suis moi!... Non : ce n'est pas moi! Le prophète avait raison : je me suis cru un dieu épanouissant mon être par la jouissance; et je n'ai été que l'esclave d'une force désordonnée. »

On le voit, l'Allemagne de Hégel accorde à don Juan la liberté de conscience et de parole; mais au moment où le libre examen le conduit enfin à voir clair en lui-même, au moment où, fuyant les ténèbres de son cœur inoccupé de Dieu, il doit nécessairement, avec le Faust de Gœthe, rouvrir ses yeux à la vision du ciel, l'Allemagne de Luther survient, coupe le sifflet au libre penseur et beau parleur, et perpétue contre lui le dénoûment impitoyable de la Statue. Si l'enfer faiblit, si la vindicte publique échoue, le désespoir supplée avec un triomphant suicide, comme dans le don Juan allemand du Hongrois Lenau; et l'épicurien impie du Midi, quand il n'est pas écrasé par le stoïcien réformé du Nord, ennuyé d'attendre en vain son devenir meilleur, renonce de lui-même à régner et à vivre sur la terre comme au ciel. Mais, le plus souvent, c'est la société justicière qui abîme et enterre don

Juan, avec son droit, sous les rudes pieds des uns tué, entre les douces mains des autres empoisonné.

« Donne-moi ta main, dit le démon de Luther, désespérant de l'Enfant prodigue.

— La voici.

— Reçois donc, abomination de l'humanité, ta récompense! »

Alors don Juan, abîmé, brûlé, damné, se tournant vers le public pour lui faire la leçon :

« O Créateur! tu es juste : j'ai été le valet du Diable, je suis son esclave pour l'éternité... » [1]

De l'abîme de la licence à l'abîme de la contrainte, voilà l'exercice de bascule auquel se livre le génie allemand sous les mains de Hégel et de Luther. Chose curieuse, dont j'ai été saisi, toute simple cependant : il s'est trouvé que les deux traducteurs excellents, qui m'ont rendu le grand service de me faire connaître la pensée de l'Allemagne sur don Juan, tous deux hommes instruits, graves, généreux, représentaient devant moi les deux esprits dont s'inspirent, contradictoirement remués, le cerveau et les entrailles de leur féconde race. Le plus jeune, plus calme, m'a dit maintes fois sous des formules variées : « Don Juan, absolument parlant, est dans son droit. Toutes ces grandes antinomies se résoudront finalement dans l'harmonie. » Le plus âgé, plus fougueux, s'est exprimé en ces termes textuels : « D'abord, don

1. *Nota, nota bene,* que les protestants ont eu l'heureuse idée de protester contre le Purgatoire. Mon pauvre don Juan, ton affaire est claire!...

Juan, *chez nous*, doit nécessairement devenir un coquin achevé, un scélérat, parce que nous ne lui pardonnons pas son libertinage. Vous autres, catholiques, vous n'avez pas la sévérité de nos mœurs... En second lieu, il faut que don Juan périsse. Cela ne peut pas se passer autrement *pour nous Allemands*. »

Si donc la Renaissance affirme, avec Hélène et Vénus, le droit divin de l'individu, la liberté désordonnée fût-elle impitoyable à la société, la Renaissance affirme aussi, contradictoirement, avec Agamemnon et Jupiter, le droit divin de la société, l'ordre fût-il impitoyable à l'individu. Ces deux essences ennemies circulaient dans la société juive dégénérée. Les Sadducéens poussaient au relâchement; et le Pharisaïsme, dont la Réforme est une pousse vigoureuse, donnait les mêmes fruits rigides et implacables. Toutes les religions d'État, plus ou moins schismatiques, ont demandé le salut social à des remèdes verts et acerbes, purgatifs jusqu'au sang, écrasants jusqu'à l'abîme infernal.

Carlyle, qui offre à l'humanité, pour héros sauveurs, Luther et Cromwell, son prêtre et son roi, dit M. Taine, Carlyle loue avec un farouche enthousiasme les Puritains d'avoir arrêté le libertinage croissant par l'insurrection, la mort du roi et la guerre européenne, opérations grandioses et divines, qui ont, à son avis, mérité à l'Angleterre la domination des mers et l'humiliation des peuples libertins. Pour Carlyle, le Monde, « c'est un enclos à bétail, et une bonne maison de correction. » Ici doivent tomber abîmées les brutes qui ne sont pas sages suffisamment.

En Angleterre, pour exterminer les cavaliers épicuriens, des reines ont été poussées à rougir leurs mains au sacrifice : en Allemagne, on a suscité, contre don Juan, pour justicières, ses amantes !

Cette séve du sacrifice forcé est tellement inhérente à l'arbre réformé qu'elle transsude même du rameau libéral de la *Revue germanique*, où j'ai lu : « Molière a pu livrer à la justice des exempts et de l'enfer Tartuffe et don Juan ; personne ne réclame en leur faveur[1]. »

Je vous abandonne, pour le moment, Tartuffe : il est trop gras ! mais don Juan, non pas, s'il vous plaît ; et je nie qu'aucune femme, fût-elle de sang germain, prenne ainsi tranquillement son parti de sa damnation, pour peu qu'elle soit fille de Marie. Astarté ne voit pas sans émotion Manfred foudroyé ; elle répond à son appel par un mot d'affection et de regret : « Farewell ! » C'est que Byron avait répudié l'anglicanisme, pour se convertir, par moments, à la bonne nature. Oh ! la bonne nature, que c'est bon ! *Valde bona*, a dit le Créateur ; et pourquoi faut-il que le poëte grec en ait mieux le sentiment que nos faiseurs modernes de drames prétendus sacrés. Œnone, trahie par Pâris, le panse, le soigne, le comble de tendresses et soulage saintement l'agonie de ce plus lâche des libertins. Dans tout le poëme de don Juan, nous ne trouvons, penchées sur lui, que des Furies...

1. M. Soldi, *Étude sur le poëte dramatique danois Holberg*, février 1859.

Si Luther, une oreille inclinée vers son démon, n'avait pas fermé l'autre à l'ange de la miséricorde, les poëtes allemands n'auraient pas rétrogradé à sa queue, jusque-là de faire de la femme l'exécutrice des hautes œuvres sociales. Luther a voulu qu'on entendît les Écritures « au sens le plus prochain » : c'est pour l'avoir écouté qu'Ernest Renan, coupant ses ailes, n'a pas plus compris l'*Épouse* du Cantique des Cantiques que *Job* et que *Jésus;* c'est pour l'avoir suivi que les poëtes allemands ont suscité contre don Juan le fantôme homicide de Judith, et entonné, sur l'impie exterminé, le cantique de Déborah, en choral : *Conculca, anima mea, robustos!* O mon âme, foule aux pieds les esprits forts; cassons les jambes aux chevaux entiers en déroute;... et choisissons le meilleur endroit dans la tête du Chananéen pour y enfoncer le clou vengeur... Qu'ainsi périssent tous tes ennemis, Seigneur[1] ! »

Tirso et Da Ponte s'étaient bornés à faire crier et hurler vengeance par leurs héroïnes : Wiese et Brun de Brunthal leur mettent les mains à l'œuvre. Alexandra et Rosa empoisonnent don Juan, pêle-mêle avec tous les convives de sa dernière fête, et elles remettent elles-mêmes leur amant infidèle aux griffes du Diable. L'Inès de Lenan, plus douce, le sollicite au suicide et par une étrange subtilité d'amour : « O don Juan, meurs, pour ne pas être tué par notre fils que j'ai dressé à la vengeance. » Les lionnes du règne animal n'ont jamais donné de ces idées-là à leurs petits...

1. Juges, v.

« Toi qui fais mourir, meurs! crient ces pieuses Euménides. Je suis la femme qui cherchait en toi la consolation, et que tu as plongée plus avant dans le désespoir. Viens avec moi souffrir pour l'éternité! »

Nos poëtes français, faut-il l'avouer, ont bu à ce courant âcre et délétère. Molière avait fait apparaître, avant la Statue, un spectre « en femme, » comme si la femme seule devait jusqu'à la dernière heure tenter don Juan. Le doux et grave Paccini, le doux et riant Émile Deschamps ont abîmé don Juan, avec l'impitoyable accompagnement du convoi d'Anna et des plaintes de tout le sexe en souffrance. Mélesville a poussé à bout le renversement de toutes choses. Son Zampa, le vrai don Juan condottiere de la basse Italie, a directement affaire à la statue de la femme qu'il a trahie, et notez que ce démon vengeur est une sainte, et une sainte que l'on invoque à la fois et pour laquelle on prie :

D'un pareil maléfice,
Sainte Alice, délivrez-nous :
Nous prierons Dieu pour vous.

Voilà, en vérité, un *mystère* de l'opéra comique français, et c'est le cas de chanter :

Je n'y puis rien comprendre!

Car cette ballade et ce finale discordent avec les dogmes catholiques et détonnent avec la miséricordieuse intercession des saints. Surnaturel du Bas-Empire!...

Les Allemands ont inventé mieux encore; ils ont

trouvé le moyen de compromettre même les Anges. Ce n'était pas assez que leur démon engloutît dans sa pluie de feu le méchant : il faut encore qu'il dévore les rosées du ciel. Un Ange appelle don Juan; et don Juan lui répond par une belle phrase sur le désespoir. L'Évangile n'a pas suggéré cette énorme idée de montrer le désespéré accessible encore aux voix du ciel. Au lieu de se tourner vers l'Homme-Dieu, Judas pénitent court se confesser aux faux dévots qui viennent de livrer leur Dieu et leur Roi à Ponce-Pilate : « Que nous fait ton crime et que nous importe ton repentir? c'est ton affaire! » Sous le coup de cette parole désespérante, digne de ceux qui n'ont d'autre roi que César, Judas désespéré va naturellement se pendre[1]...

Ne faire intervenir dans le drame de don Juan un Ange du ciel que pour constater son impuissance et lui offrir le spectacle du désespoir et de la damnation de l'homme, voilà une imagination monstrueuse. Elle appartient à une société et à une littérature qui avaient fait divorce avec le ciel miséricordieux et perdu le sens de la communion des saints.

Tout cela est bien plus que de ferment judaïque; tout cela est de vieil esprit païen. J'en prends à témoin le dernier et le plus charmant de nos Grecs, Louis Ménard. Ce poëte de *Prométhée,* bénédictin d'Hellénie, savant ingénieux, expose pieusement le tableau de la moralité grecque.

1. Saint Matthieu, XXVII.

« La légende terrible des Labdacides enseignait le respect des liens sacrés de la famille... Ce qu'on n'admirera jamais assez, c'est la profonde moralité d'Homère, de la Grèce. L'un des poëmes homériques nous montre l'invariable fidélité de deux époux pendant vingt ans, et l'autre une guerre de dix ans soutenue par les peuples conjurés de la Grèce pour venger les droits violés de l'hospitalité et la sainteté du mariage... Toute la lugubre légende des Tantalides porte l'empreinte d'une haute moralité : partout la punition suit le crime;... et, comme dans la vendetta corse, chacun est bourreau et victime tour à tour [1]. »

Assurément Pénélope et Andromaque sont de belles et nobles créatures, et j'accorde que Ménélas, *aréios, aréiphilos*, serait un assez bon mari teuton, *Hermann*. Il est très-honorable de respecter l'hospitalité et la sainteté du mariage; mais autre est le but honnête, autres les voies et moyens pour obtenir et forcer le respect. Or, est-il sensé que, pour réparer l'honneur et purger le fiel de Ménélas, tout un peuple s'en aille verser le sang et violer les femmes de tout un autre peuple? et n'est-il pas absurde et grotesque que la direction de cette grande entreprise morale et moralisatrice de l'Europe dorienne contre l'Asie ionienne se trouve confiée à Agamemnon, ce digne gendre de Jupiter, qui siége, grand juge des adultères, ayant sur un genou Briséis, et sur l'autre Cassandre? Et vit-on jamais le cercle vicieux de la morale païenne mieux enroulé que dans ce poëme merveilleux,

1. *La Morale avant les philosophes*, p. 122, 123.

œuf de la société et de la littérature grecques, qu'ouvrent les cornes naissantes de Ménélas et que referment les cornes rentrées d'Agamemnon? Le premier mot de l'*Iliade* est la colère, fait excellemment observer Ernest Hello, μῆνιν : le courroux du concubinaire Achille; et le dernier, c'est la tombe : les funérailles d'Hector, de l'époux vertueux, parmi les hurlements d'Hécube, les désolations d'Hélène, les larmes de l'inconsolable Andromaque, au sein de l'humanité en lambeaux : ταφὸν!

Il est donc évident que l'olivier sauvage de Jupiter et de Minerve est l'arbre du bien et du mal : il n'a fait, à vrai dire, la lumière que sur un idéal de justice vainement poursuivi par une politique inique. Les anciens ont le désir de bien vivre; mais, faute de connaître la Vérité, ils s'avancent vers le Dieu inconnu par la voie diabolique. Hors du Principe de l'ordre et de la liberté, ils ne progressent que d'un abîme à l'autre abîme[1].

Sainte-Beuve était donc mieux illuminé que de l'huile attique, le jour où, à la lueur du seul saint Matthieu, du haut de la montagne du *Constitutionnel,* adressant son meilleur sermon à notre bas-empire édifié, il confessait que la morale évangélique est « non point le développement, mais à certains égards le contraire de la morale grecque et romaine. » Et Louis Ménard est un cœur trop doux et un esprit trop délié pour ne pas sentir et comprendre que la moralité de Ménélas et d'Agamemnon n'est pas celle de Joseph et de Jésus. Joseph, cet époux miséri-

1. Saint Jean, VIII et XIV, toujours l'évangéliste que Renan n'a point digéré.

cordieux, se croyant trompé, se préserve de toute colère, évite le scandale, veut reconduire doucement l'épouse au foyer protecteur, et pardonne, dans le pressentiment d'une justice nouvelle et parfaite : *cum esset justus*. Jésus, vrai Roi des rois, condamné à mort par le lieutenant de Tibère, au milieu de sa nation asservie, au lieu de songer à venger tant d'injures et de rassembler les légions du ciel vengeur, accepte le martyre et boit son calice, en priant pour tous ces monstres déicides, lesquels, certes, ne valaient pas don Juan!...

Il est impossible de ne pas reconnaître, si l'on a des yeux pour voir, qu'il y a, dans ces exemples, deux mondes opposés et deux morales contraires : là, le cercle vicieux de la vendetta, avec son abîme; ici, le pardon des injures, le respect et l'amour de l'ennemi et le soin pieux de sa restauration, avec le refuge au sein du Dieu clément et consolateur.

Et il est impossible de ne pas s'avouer que si la Renaissance a restauré l'art dramatique sur le modèle antique, le théâtre a dû nécessairement s'inspirer de ces vieilles morales qui opèrent à l'encontre des voies évangéliques : la morale des Labdacides et des Tantalides, ou tout au plus celle d'Élie et de Joad exterminant Jézabel et Athalie. La scène moderne n'a donc pu réfléchir que ce vieux monde tout peuplé de victimes, de criminels et de bourreaux; et c'est pourquoi nous n'avons pas eu le spectacle de ce monde contraire, où la victime innocente se dresse entre les criminels et les bourreaux, pour le salut des uns et des autres.

Ce nouveau monde, heureusement, a retrouvé son poëte dans l'héritage de saint Winfrid, et, à son appel, la miséricorde est revenue sur Faust et sur don Juan.

Mais avant d'atterrir à ces rivages hospitaliers, voyons comment, dans notre France, sous le souffle combiné de Byron et de Hégel, est mort, désespéré, le plus lamentable des don Juans.

IX.

LE DON JUAN D'ALFRED DE MUSSET.

Grabbe et Lenau nous ont montré don Juan juge de lui-même et désespéré.

Alfred de Musset a creusé ce filon du désespoir, mais il a perdu le fil du jugement savamment ourdi par les poëtes penseurs de l'Allemagne. Ce n'est pas que le poëte des *Nuits* se soit fait illusion sur les noirceurs de son héros; malgré toute son idolâtrie, finalement le juste juge dit son mot :

Maintenant, c'est à toi, lecteur, de reconnaître
Dans quel gouffre sans fond peut descendre ici-bas
Le rêveur insensé qui voudrait d'un tel maître.

Mais Alfred de Musset, épuisant son héros dans le progrès indéfini d'un priapisme idéalisé, n'a pas su retourner les yeux de don Juan sur lui-même, sur la base étroite de ses désordres et de ses servitudes.

L'épisode de *Namouna,* admirable dans la forme, au fond est malingre et déplorable. Le poëte s'est mis à aimer son héros frénétiquement, avec la conviction superbe que lui seul l'avait aimé.

Grande ombre, d'où viens-tu pour tomber jusqu'à moi?
C'est qu'avec leurs horreurs, leur doute et leur blasphème,
Pas un d'eux ne t'aimait, don Juan, et moi je t'aime,
Comme le vieux Blondel aimait son pauvre roi.

Blondel tire d'affaire Richard Cœur-de-Lion : Musset laisse à l'abîme son roi et son lion.

Alfred de Musset n'a rien écouté du Pauvre de Molière, comme il n'a rien entendu au don Juan français :

C'est l'ombre d'un roué qui ne vaut pas Valmont.

Ni vu, ni compris : parce que le poëte, enivré de la marquésa d'Amaëgui, entêtait son œil à ne chercher dans le faisceau de lumière que le rayon d'azur, et encore bleu faux teint, bleu sale [1].

Mallefile a cru voir dans Musset le continuateur d'Hoffmann : génération peu apparente, car Hoffmann songe à sauver don Juan sur le cœur d'une femme pure, et Musset le noie dans un océan de sirènes poissonnières. Blaze de Bury s'est beaucoup plus inspiré de l'admirable vision d'Hoffmann, et l'exagération de Hans Werner, mariant don Juan avec dona Anna dans la Sainte-Trinité, est une aberration hégélienne grosse du désespoir, mais que l'on peut encore, par une voie prudente, ramener

1. L'azur est, je crois bien, la couleur de l'amour.

vers la vérité et la vie. Le poëte du *Souper chez le Commandeur* auprès de l'amante place Dieu, le Père céleste : le poëte de *Namouna* ne voit et ne fait voir à don Juan que la femme : hélas! et ce n'est pas dona Anna!

Musset a aimé son héros en enfant gâté, le flattant dans son caprice unique et monstrueux. Ce don Juan, que son père nous dit :

> Plus vaste que le ciel et plus grand que la vie,

n'est, au contraire, qu'un très-étroit caractère. Sans s'élargir jamais, il s'allonge indéfiniment. C'est un maigre aspirateur à l'infini par une seule corde de l'âme, l'amour sexuel ; et le poëte, déroulant sans mesure le catalogue de Sganarelle, ne peut mener son don Juan, sur ce dada indéfini, qu'au désespoir. Plus il s'alimente à ce courant rétréci et brûlé, et plus il s'appauvrit en s'exaspérant : c'est un grandiose monomane ; ce n'est plus un homme, il n'y a plus rien en lui à la ressemblance du fils de l'Homme, qui est l'humanité en sa plénitude intégrale.

« Lorsque la passion est excessive, l'homme disparaît, » dit l'ingénieux auteur des *Études sur les passions dans le drame ;* et il ajoute : « C'est là le fond, la philosophie des *Métamorphoses* d'Ovide. » Je crois que c'est la philosophie d'un bon chrétien du *Journal des Débats ;* mais elle est vraie. Nos maisons de santé sont pleines de lamentables humains changés en boucs.

Le don Juan de Nimbsch de Lenau s'arrête, un jour, en ses bondissements, suspend ses hennissements, cesse de flairer l'idéal aux lieux bas, s'interroge, s'écoute, et, honteux de ses débordements, se parle enfin et se dit : « Ne serais-je plus qu'un animal [1] ?

Le don Juan de Musset ne paraît pas avoir le soupçon de son égarement. C'est un virtuose prodigieux qui joue son idéal sur le *blue devil*. Paganini faisait des tours de force étourdissants sur la quatrième corde et sur une âme de Stradivarius ; mais il savait bien que s'il s'en fût tenu là, il aurait infailliblement fatigué l'oreille publique et ennuyé même la sienne jusqu'à l'écœurement. L'âme humaine n'est pas le seul rayon de l'amour azuré : c'est l'arc-en-ciel, c'est le spectre solaire ; l'âme humaine est plus qu'un violon, plus qu'une lyre ; c'est un orchestre : il y faut la diversité des couleurs, des touches, des timbres, pour produire les accords harmonieux et divins.

Lord Byron est bien plus large, et moins décourageant. C'est lui qui « d'une main délibérée posa la première pierre en marbre rose du séminaire des don Juans à venir [2]. »

« Le chef-d'œuvre de Byron, c'est *Don Juan,* dit notre vénérable maître en critique, Villemain ; poëme plein de feu, d'esprit, de grâce, d'énergie, mais sans règle, et sans frein, comme son héros,... promenant par toute l'Europe ses fantaisies licencieuses. »

On dit souvent que le *Don Juan* anglais, c'est Byron lui-même : il n'est pas inutile d'ajouter que Byron c'est

1. 1851. Œuvre posthume, malheureusement inachevée, comme l'*Invité de pierre* de Pouchkine.

2. J. Janin.

don Juan encore, notre don Juan de la légende et du drame, égayé « avec le cynisme du vieux Voltaire. »

« Je choisis pour héros notre ancien ami, né à Séville, envoyé au diable un peu avant son temps, mon ami don Juan. » Le don Juan byronien, tenté avant l'âge par Julia, passe, à seize ans, aux bras de Haydée, déjà inconstant! Qu'y faire? « Le cœur est, comme le firmament, une partie des cieux, mais, comme lui, il change nuit et jour. » Don Juan méprise les femmes : « Après avoir aimé leur premier amant, elles n'aiment plus ensuite que l'amour, l'homme au pluriel. » Quant au mariage, « il naît de l'amour, comme le vinaigre du vin. » Aussi, don Juan, si Byron avait eu le temps de le marier, aboutirait vite à la séparation de corps et à l'impitoyable moquerie de son Elvire : « Inès! une femme parfaite, que rien ne peut surpasser en régularité vertueuse et en suavité, excepté les mathématiques et l'huile incomparable de Macassar! » Ce qu'il y a de plus triste, c'est que, sous ce portrait de sa femme, diaboliquement spirituel, Byron met la mère de son héros... Sous l'aile de cette pauvre femme, don Juan « a crû en grâce et en perfection, propre à l'amour, à la guerre et à l'ambition. » Pour ce jeune galant, comme pour Chérubin, « toutes les femmes sont des femmes, et, comme Apollon, il aspire à éteindre ses feux dans le premier flot venu de l'horizon. » Il répondrait même aux avances des vieilles sultanes (Gulbeyaz); mais il préfère la petite Dudu, et, s'il n'était jeté au Bosphore, il ouvrirait ses bras au harem tout entier : « O Briarée digne d'envie!... »

Le don Juan anglais, pas plus que l'espagnol, n'est commode à qui le gêne en ses amoureuses aventures : il rosse et étouffe, « en vrai démon qui ne se sent pas disposé à devenir martyr, » le premier mari qu'il a trompé ; et ce n'est pas de sa faute s'il ne tue pas le père de la première vierge qu'il séduit. Pour sortir d'esclavage, il médite d'assassiner un pauvre vieux noir innocent ; et s'il devient un héros militaire, c'est « en bouillon de jeunesse, » par occasion et pour occuper son activité fiévreuse. En somme, il fait l'amour et la guerre de la même manière, « à la diable, avec les meilleures intentions du monde. » Il n'est pas méchant, ni sans cœur ; non : il aime les chats et les oiseaux, et sauve une petite fille, parmi le tas d'hommes qu'il a massacrés. Tel est « le poëme de la jeunesse de don Juan. » Mais dès que ce fruit de jeunesse mûrit, le voici qui tourne à la haute corruption. Il devient, par vanité, le favori d'une autre sultane très-mûre, la grande Catherine de Russie, et nous le voyons dans le boudoir de l'impératrice « récolter danse, banquets et argent comptant. » Ceci touche à l'ignoble. Mais pour dissimuler ce bas côté de sa gloire, don Juan a son habit doré d'ambassadeur extraordinaire. Ici, à Londres, en pleine mer de l'hypocrisie, don Juan ne manquerait pas de chanter :

In Inghilterra, mille e trè !

si le poëte n'avait pas tant d'autres choses à dégoiser sur la *high life* anglaise, et ne trouvait de bon effet poétique « de tenir les choses en suspens. » Le poëme devait avoir cent cinquante chants; à la fin du quinzième, don Juan ajoute à son catalogue la duchesse Fitz-Fulke, Adeline et Aurora.

Le don Juan de Byron est donc, comme son vieil ami de Séville, incontestablement un grand libertin d'amour, fort vaniteux. Quant au libertinage religieux, il éclate partout. « Il adore, sur l'autel des montagnes, tout ce qui dérive du Grand Tout. Quant à l'âme, l'esprit, d'où viennent-ils? comment sont-ils? C'est plus que je n'en sais. Le diable les emporte [1]! »

Certes, dans ce grand poëme, l'esprit très-généreux de lord Byron perce et brille, pure lumière, entre les secs éclairs du pyrrhonisme. On sent frémir, impatient des obstacles du vieux monde, « le Cristophe Colomb des mers morales, » révélant aux hommes les antipodes de leurs âmes, faisant honte à César de sa gloire impure et homicide, et prêt à entr'ouvrir à l'humanité, loin de ses déserts et de ses antres, les horizons d'un nouveau monde social...

Mais que de séves contraires mélangées! et que de fois le poëte et son héros ne jettent sur le palais ou la chaumière que le coup d'œil de Méphistophélès!... En somme, nous pouvons dire du don Juan anglais ce qu'il a pensé de lui-même : « un bon cœur, mais gâté, pas sans remède [2]! »

Alfred de Musset sourit d'abord au jeune don Juan,

1. Ch. VI, 22; ch. XI, 6.
2. Ch. XIV, 101, 102; ch. XIII, 7; ch. XII, 40.

beau produit des universités de la Renaissance, emmaillotté dans l'*Art d'aimer* d'Ovide.

Un jeune homme est assis au bord d'une prairie,
Pensif comme l'amour, beau comme le génie;
Sa maîtresse enivrée est prête à s'endormir.
Il vient d'avoir vingt ans, son cœur vient de s'ouvrir;
Rameau tremblant encor de l'arbre de la vie,
Tombé, comme le Christ, pour aimer et souffrir...

Ce dernier trait est vraiment sacrilége, car l'image du Fils de l'Homme, qui s'est oublié lui-même jusqu'à mourir pour tous, s'y trouve confondue avec celle d'un jeune galantin concubinaire et déjà noyé dans l'égoïsme à deux. C'est une de ces fausses notes écorchantes, comme ne s'en permet jamais le franc génie de Byron; elle termine par une blessure le seul trait limpide et mélodieux du don Juan de Musset.

Byron développe son héros, lui donne plusieurs vices, mais aussi beaucoup de force, et il le lance à fond de train sur le monde, tirant de ses arçons les foudres entre-croisées de Voltaire et de Rousseau. Musset, qui maudit si éloquemment le vieil Arouët, s'arme à la Jean-Jacques, s'enferme dans sa morose amertume, et finit par renverser, sur le monde stupide et hébété, don Juan lui-même sous la pierre tombale du désespoir. Le don Juan anglais, dans le torrent de son scepticisme irrité, est du moins préoccupé de toutes choses, et il jette encore, en passant, sur les rives, avec ses mépris, des soupirs et des fleurs. Il vit largement : il a des sarcasmes et des indignations sur les hommes qui font ou subissent le mal ; et s'il n'a pas, pour les femmes qui en souffrent, l'encens d'un amour céleste, il les salue encore d'un regard souriant et même respectueux.

Le don Juan de Musset, au contraire, frénétique soliloque, ne voit rien sur son courant que lui-même, n'a pour tout le rivage humain qu'insouciance et dédain. Il ne s'est pas arrêté devant le Pauvre de Molière, et il ira, les yeux en l'air, tomber à son gouffre, avant d'avoir levé les yeux sur la dona Anna de Mozart.

Le don Juan de Byron, bien qu'invoquant toujours la *Venus genitrix*, finit par renaître sous le regard d'Aurora à un sentiment presque oublié, mais si divin, qu'il le croit réel : le désir de ce qui est beau [1]. Pour le don Juan de *Namouna*, aucune Aurore ! Poëte désolé et désolateur, Musset semble n'avoir eu souvenir ni de Julie, ni de Clarisse, ni d'Anna. Il sait bien, car il l'a écrit, que le cœur encore « chante dans la femme ; » mais son propre cœur usé, faute de l'aliment spirituel et divin, n'entend plus ce chant salutaire ; et notre infortuné don Juan de la décadence se laisse mourir sur les mamelles d'airain de la réalité basse [1].

Je ne crois pas que don Juan ait nulle part abouti, sous la main d'aucun vrai poëte, à un abîme plus sombre et plus douloureux que celui-là : l'idolâtre idolâtré, exhalant avec son dernier soupir le mépris de ses idoles. Mieux vaut encore que la femme ainsi profanée,

1. Ch. XVI, 107, 109.
2. *Namouna*.

mieux vaut la femme féroce des Mozarabes d'Espagne et d'Italie, poussée à bout de cruauté par les poëtes luthériens...

O poëte infortuné! gloire de notre France, que nous ne pouvons considérer sans rougeur; car s'il est mort misérablement, c'est que nous l'avons laissé mourir misérablement! Lorsque cet enfant du ciel eut réalisé la cruelle prophétie qu'il semble avoir portée contre lui-même, lorsque, rassasié de l'hydre éternelle et refermant ses ailes, il s'abattait, tremblant et les yeux ternes, aux bas lieux indignes de son génie, et lorsque cette voix magnifique, destinée à chanter la Madeleine, la Vierge et Dieu, s'éteignait dans le gosier contracté, en se murmurant, amertume suprême :

Sostegno e gloria
D'umanita!...

combien d'âmes en pleurs ont songé à prier pour l'Enfant prodigue. Combien de saints ont été vers lui, l'amitié dans les mains et l'amour sur les lèvres? Combien de groupes pieux, chœurs célestes, se sont formés en associations de prières, pour rappeler à la vie cette âme désespérée, pour rendre au culte de l'amour divin cette voix mélodieuse et sublime? Il attendait sans doute, car il avait confessé son mal : « J'ai été atteint, dans la fleur de la première jeunesse, d'une maladie morale abominable... Je suis né dans un siècle impie, et j'ai beaucoup à expier. » Il espérait, au fond de sa désespérance, car il s'était retourné vers le Crucifié, lui parlant avec une douce amertume : « Pauvre Fils de Dieu qu'on oublie, on ne m'a pas appris à t'aimer. Je ne t'ai jamais cherché dans les temples ; mais, grâce au ciel, là où je te trouve, je n'ai pas encore appris à ne pas trembler. Une fois avant de mourir je t'aurai du moins baisé de mes lèvres sur un cœur qui est plein de toi. Protége-le, ce cœur, tant qu'il respirera : restes-y, sainte sauvegarde ! Souviens-toi qu'un infortuné n'a pas osé mourir de sa douleur en te voyant cloué sur ta croix ; impie, tu l'as sauvé du mal ; s'il avait cru, tu l'aurais consolé. Pardonne à ceux qui l'ont fait incrédule, puisque tu l'as fait repentant ; pardonne à tous ceux qui blasphèment ! ils ne t'ont jamais vu, sans doute, lorsqu'ils étaient au désespoir... O Christ, les heureux de ce monde peuvent n'avoir jamais besoin de toi : pardonne-leur, quand leur orgueil t'outrage ; leurs larmes les baptisent tôt ou tard ; plains-les de se croire à l'abri des tempêtes, et d'avoir besoin, pour venir à toi, des leçons sévères du malheur... De toutes nos misères d'une heure, la pire est pour nos vanités qu'elles essayent de t'oublier. Mais, tu le vois, ce ne sont que des ombres, qu'un regard de toi fait tomber... C'est un instrument de supplice qui t'a porté dans les bras ouverts de ton Père glorieux : et nous, c'est aussi la douleur qui nous conduit à toi ; nous ne venons que couronnés d'épines nous incliner devant ton image ; nous ne touchons à tes pieds sanglants qu'avec des mains ensanglantées, et tu as souffert le martyre pour être aimé des malheureux [1] ».

1. *Confession d'un enfant du siècle.*

Il l'aimait donc, lui, car il pardonnait, car il priait; car il aimait, aux heures où, se repliant sur lui-même, il retrouvait son cœur, et dans ce cœur l'image divine éplorée.

Nous ne l'avons point aimé ; nous avons tous, presque tous, l'œil sec et le cœur sec, regardé notre don Juan agoniser !... De ce beau spectacle que nous nous sommes donné nous rendrons compte à Dieu ; et, dans sa juste balance, au poids de nos confusions, Dieu relèvera don Juan soulagé.

Mais aussi Dieu, faisant son compte au poëte, lui dira, retournant contre lui ses beaux vers, et lui demandant compte du peu qu'il a fait pour sauver don Juan :

> Homme désespérant, tu doutas de la femme;
> Prêtre désespéré, tu n'as point cherché Dieu!

X.

FAUST CONVERTI. L'IDÉAL DE GŒTHE.

M. Taine nous a fait apparaître, sur la scène du *Journal des Débats,* Hégel et Gœthe comme deux grands sacerdotes révélateurs de l'union du ciel et de la terre.

Il serait vraiment bien étrange que l'humanité eût été bercée, durant dix-huit siècles, aux bras de sa mère l'Église, sans avoir lu dans ses yeux que le Verbe incarné c'est la chair reliée à Dieu, la matière pénétrée de l'Esprit, et la terre mariée au ciel. Je ne sais si Hégel a eu la vaniteuse illusion de se croire le premier inspirateur de cette compréhension et le premier auteur de cette embrassade harmonieuse, dont il n'a d'ailleurs fait qu'une abstraction ; mais il est certain qu'avant de mourir l'illustre poëte, son confrère, se donnant enfin la vision du ciel, s'est borné modestement, sur ce point, à rendre à Dieu ce qui était de Dieu.

« Gœthe, dit son commentateur savant, M. Blanchet, Gœthe a déposé dans *Faust* sa pensée tout entière; sa pensée, disons-nous, mûrie par un demi-siècle d'études, d'expérience et de méditation, sa pensée arrêtée et définitive... C'est le testament philosophique, en quelque sorte l'Apocalypse du plus grand poëte de l'Allemagne. »

« Faust, dit à son tour le plus jeune de nos érudits fouillant aux profondeurs de la légende, M. Rittelhuber, Faust, dans l'histoire comme dans la légende, c'est l'idée de l'humanité emportée par un mouvement sans relâche, soit dans le champ de l'esprit et de la recherche scientifique, soit dans la sphère de la vie et de la sensibilité. De ce que cette activité à outrance offre des périls, faut-il la proscrire, la condamner? — Oui, a répondu la légende. — Non, répond Gœthe; car il pense que l'humanité, malgré ses échecs et ses défaillances, reprend à la fin son équilibre[1]. »

C'est bien là, en effet, la pensée de Gœthe, mais ce n'est pas toute sa pensée. La voici tout entière, avec sa double conclusion :

L'homme, intelligence vive, ardente, vaste, mais égarée et corruptrice, inassouvie et éperdue, a besoin, pour se compléter, du sexe dévot et cordial, de la femme, jusqu'ici séduite, dédaignée et torturée; la raison, pour être

1. *Le Faust de Gœthe expliqué d'après les principaux commentateurs allemands*. Strasbourg 1860.
Faust dans l'histoire et dans la légende. Strasbourg 1863.

pacifiée et éternellement illuminée, a besoin de l'amour humble, doux et patient, qui survit à l'injure et à la mort ;

Et l'amour, ranimant la défaillante humanité, lui fait reprendre son équilibre en Dieu, au sein de la hiérarchie où la terre se marie au ciel, hors de laquelle point de salut.

« Pour exprimer cette idée de l'ascension de l'âme à travers l'infini, Gœthe emprunte à la théologie catholique ses plus sublimes symboles, à la vie monastique sa hiérarchie mystique, ses images et jusqu'à sa langue. On le lui a vivement reproché en Allemagne ; mais Gœthe, étranger à toute polémique religieuse, appréciait en poëte, sinon en croyant, ce caractère d'ineffable tendresse qui fait du catholicisme la religion de l'amour ; c'était, nous l'avons vu, celle de Marguerite [1]. »

Voici donc que Gœthe, vrai croyant ou poëte inspiré, c'est tout un ! Gœthe restaure au ciel du théâtre l'idéal chrétien qu'en avait chassé l'inspiration du Bas-Empire, de l'État mozarabique ou olympien.

Sur le Thabor de l'art luthérien, on s'était habitué à regarder Élie et Moïse, et l'on avait perdu de vue le doux Sauveur. « Sur le sol allemand, ne marchait plus la mère de Dieu, la libératrice [2]. » Et voici que Gœthe, rouvrant le ciel, nous rend la vision du triple idéal : l'Homme-Dieu, la Femme divine et le Paradis.

Depuis les deux renaissances du judaïsme et du paga-

1. Blanchet, ancien élève de l'École normale.

2. Rittelhuber, autre élève de l'Université.

nisme, le Diable emportait impitoyablement Faust : et voici qu'au lieu de la Statue de marbre et de son bras impur et vengeur, apparaît, au dénoûment, la Femme revêtue du Soleil, couvrant l'humanité à bout de force et d'erreurs de ses deux bras immaculés et miséricordieux! Et tel est le testament poétique et cordial de Gœthe. Combien de lecteurs rationalistes n'ont pas encore raisonné sur ce dernier mot du plus grand poëme de l'Allemagne rationatrice!

On a voulu croire que la Béatrix du poëte, c'était Hélène. Si Faust s'enamourait d'Antigone, on pourrait douter : mais Hélène! la fille de Léda et de cet animal de Jupiter, génération de la Vénus sans cœur, une beauté de la famille des oies, une poupée!... C'est calomnier le génie. Que Gœthe se soit fait d'Hélène une vision plus généreuse qu'Hamilton, je l'admets : celui-ci n'y voyait « qu'une de nos déesses d'opéras [1]. » Que Gœthe ait rêvé d'incarner la Grèce antique dans cette belle Statue et de lui insuffler son vaste esprit de vie, c'est l'utopie que poursuivent nos poëtes érudits. Vain labeur! Hélène, c'est le sensualisme provoquant les conflits de l'orgueil, et faisant de l'humanité olympienne un enfer homicide. Gœthe s'éprit d'Hélène aux jours brûlants de son été, comme Michelet, sur la fin de son automne et pour se ragaillardir, s'amourache d'Isis; Gœthe, à l'heure des suprêmes conclusions du génie, répudie cette amante

1. Le docteur Faustus.

véreuse. Ainsi le poëte de la *Sorcière* finira par envoyer au diable sa vieille divinité.

Si Gœthe s'était inspiré du Féminin antique, vieilli et passé, son héroïne, exaspérée par la tromperie et l'outrage, aurait les fureurs rancunières de la Vénus d'Homère et d'Euripide, de Diane, Junon, Iris, et elle eût anticipé l'enfer à Faust, comme les lionnes espagnoles à don Juan. Le dernier mot de Marguerite mourante ne serait pas l'appel de l'amour : « Henry! Henry! »

Si Gœthe avait voulu emprunter à l'Antiquité l'idéal de la bonne nature amoureuse, il eût pris Œnone : et encore, pour peu qu'on voulût chicaner, combien cet idéal serait misérable[1] ! Mais Gœthe choisit la rivale d'Œnone, son contraste, Hélène, qui se console si vite de Pâris mort avec Déiphobe, et tue son nouvel époux, pour s'aller, à l'âge du retour, réintégrer au premier domicile conjugal...

Pour bien comprendre l'Hélène de Gœthe, il faut voir par quelle voie Faust arrive à elle.

Faust, après avoir, d'un pied dédaigneux, repoussé la terre ferme qu'éclaire la Lumière du monde et que charme le sourire de la Libératrice, fait accueil, pour trouver mieux, au Lucifer infernal ; sous la conduite de Méphistophélès, il creuse les ténèbres, afin d'atteindre à l'idéal intangible.

Le premier grand résultat de cet égarement, la péri-

1. Jacobi, *Dict. de mythologie.*

pétie du *premier Faust*, c'est le sacrifice cruel de Marguerite, le cœur simple, l'âme fidèle, la femme cordiale et dévouée. L'intelligence s'est écrasé le cœur.

Le nœud du *second Faust*, c'est l'adoration d'Hélène; et qui conduit le héros à cet idéal? César, la royauté païenne de la Renaissance...

Vous n'allez pas croire, cher lecteur, que j'invente à plaisir et prête mes idées à Gœthe pour autoriser notre thèse. Au contraire, ici comme tout au long de cette étude, comme au fond même du drame qui la suit, vous verrez mes pas fidèles s'adapter docilement aux traces des vrais poëtes, des inspirés d'en haut.

Faust, d'après la légende populaire, va à la cour de Charles-Quint : c'est bien l'empereur de la Renaissance et du sang mozarabique, protecteur et falsificateur de l'idéal chrétien. Gœthe supprime le nom propre, pour généraliser sa critique. Son César est Germain, ce qui veut dire guerrier; Allemand, c'est-à-dire de toutes les nations : tous les potentats de la Renaissance peuvent, dans ce miroir, étudier leur face olympienne.

Le prince est flanqué de ses deux conseillers, l'Astrologue et le Fou. L'Astrologue, serait-ce le docteur catholique? Écoutons bien ce qu'il enseigne : « La nature est péché; l'esprit est le diable. » Voilà qui sent terriblement le cuir roussi, l'acide prussique ou gallique; ce n'est pas là le fruit de l'olivier franc que l'Église cultive dans l'*Agro romano*. Saint-Thomas d'Aquin, fidèle écho de toute la tradition apostolique, parle une tout autre langue que l'astrologue impérial et royal. « L'esprit, dit l'Ange de l'École, l'esprit et la science sont de Dieu... Le mouvement de la nature vient de Dieu. Toute créature veut le bien. Tout appétit n'a pour objet que le bien [1]. »

L'Astrologue, conseiller d'État de la Renaissance, est donc un hérétique.

L'Empereur du drame est l'un de ces princes d'en bas qui s'inspirent de l'hérésie et de la folie.

Le Fou de la cour, c'est Méphistophélès.

Entre ces deux griffes, l'Empereur « acquiert tous les talents possibles pour perdre son empire, à quoi il réussira, avec l'aide des Juifs, généreux écorcheurs du souverain et des sujets. » Sous ce beau régime de la vie nouvelle, le culte de Plutus et la culture des finances deviennent la grande affaire de l'État. Faust, qui a débuté au service de l'empereur moderne, sous les ordres du feld-maréchal Méphisto, « par égorger ses semblables pour mieux procéder à faire leur bonheur et à réaliser la fraternité universelle, » Faust finit, grand industriel, par flamber la cabane de Philémon et Baucis et écraser sous la roue de sa fortune les pauvres petites gens innocentes.

Alors, sous les yeux de Faust émerveillé, passent, en cinq groupes résumés, les masques de l'humanité nouvelle, renouvelée du grec et du romain.

1° La Poésie de l'empire, avec ses fleurs artificielles multicolores, mais sans parfum ; 2° la Société, le beau Monde, où tout est gracieux mensonges, mortelles caresses

1. *Somme théologique,* II, 2, q. VIII, IX ; II, 1, q. VI, 1.

et jalousies furieuses : Grâces, Parques et Furies; 3° la Prudence rusée, l'administration policière tenant en bride d'une main la Crainte et de l'autre l'Espérance, domptant et menant Zoïlo-Thersite, la démagogie envieuse et injurieuse; 4° la Folie faisant le jeu à la spéculation, à Mammon et à son Veau d'or, que convoite l'Amaigri, dont l'œil enfiévré étincelle de révolutions sociales; 5° enfin, foyer de ce royaume, la Cour, composée de Faunes lascifs, de Satyres insolents, de Géants, despotes préfets du maître; et, pour l'agrément des grands, le parc aux cerfs peuplé de Nymphes complaisantes. Au sommet, l'Empereur : l'État, c'est lui, et le vaste peuple des Gnomes laborieux n'est rien. L'empereur prend les traits du dieu Pan, et se fait appeler le Grand Tout!

Pour quiconque a jeté les yeux sur les prophètes grands et petits, sur toute la tradition des mystiques, le tableau de Gœthe est, trait pour trait, la peinture de l'Antechrist et de l'ancien régime païen renaissant, la Bête remontant de l'abîme!

Or, c'est ce César de la Renaissance antichrétienne, c'est lui, pour se distraire au sein de son bas-empire, lui qui, à bout de fantaisies, demande à contempler ce qu'il appelle « le plus beau des hommes et la plus belle des femmes, » Pâris et Hélène. Hélène, à la suite d'opérations d'astrologie et de folie, de magie et de magnétisme, apparaît dans ses fonctions de voluptueuse adultère; et Faust, qui a évoqué la Beauté antique pour le plaisir de l'empereur, s'éprend, pour son propre compte, de l'idéal des cours de la Renaissance, s'étonnant d'avoir pu admirer l'humble et innocente Marguerite. A l'idéal de la bonne nature allemande et chrétienne, Faust préfère l'idéal de la nature antique et déchue ; et il s'élance à sa poursuite.

Ce n'est point assez que Faust soit entraîné à l'idolâtrie de la vieille beauté sensuelle par le prince du vieux monde galvanisé : pour achever de caractériser la conquête nouvelle de son héros, Gœthe lui donne pour guide vers le pays de la Beauté, qui? *Homunculus,* l'avorton, la créature embryonnaire de Wagner; Wagner, « ce philistin, » le pédant sans intelligence et sans cœur, le type de la science morte productrice de la mort, la propre caricature de l'intelligence en déroute!...

Comprendrons-nous enfin la grande apocalypse de Gœthe, la parole de vie du poëte? Rien n'est plus clair, ce me semble. — Faust, vaste esprit, aspirant à la vie, ne touchant à l'amour que pour en mésuser, se laisse pousser par Satan à la cour de César, et rétrograde jusque-là de féconder le fantôme de l'idéal antique; et n'ayant engendré de la Beauté païenne qu'Euporion, un nouvel Icare, homme à peu près aussi manqué que l'Homunculus de Wagner, Faust, à bout de champ et de déboires, ne se sauve et redresse, à l'heure de la mort, qu'en retrouvant son cœur dans les bras de l'amante chrétienne et dans l'ordre du ciel catholique.

C'est ainsi que Gœthe, en arrachant par l'intercession des saints son héros au suicide, au bourreau, à l'enfer, a, en effet, tout compris et tout fait comprendre sous un regard nouveau; et il donne assurément, par sa vision du ciel, une impulsion nouvelle à la terre retournée vers le vrai Dieu.

Nous insistons sur cette interprétation des symboles du plus grand des poëmes modernes, parce qu'il s'agit de restituer à l'art, comme à la société, avec l'idéal divin, un idéal de sentiments humains que les Renaissances mauvaises avaient presque éteint sous le rideau de leurs nuages funéraires.

Molière, dans son Elvire, avait adouci le cœur féminin; Mozart avait éteint l'esprit de vengeance et fait prédominer l'amour plaintif, doux, profond : Gœthe réalise ce qu'Hoffmann a rêvé sur le cœur d'Anna, l'amour éternel et sauveur.

Tirso et Marlowe, les Italiens et les Français, et les Allemands, tous, mozarabes et anglicans, joséphistes, gallicans et luthériens, Molière et Mozart eux-mêmes, avaient maintenu, dans la sombre comédie humaine de Faust et de don Juan, pour unique élément surnaturel, le Diable, à la fin triomphant. En vérité, la présence réelle du seul Satan, ce n'est point assez au sein de l'humanité militante. « Le Diable, dit l'Allemand Görres, le Diable est dans le Monde; mais il n'est point en Dieu. » A dater de la conclusion du *second Faust,* sur la scène dramatique soulagée apparaît Dieu; et, dès lors, s'éloigne et disparaît derrière la coulisse Méphistophélès en déroute, et sa face sinistre et son ricanement maudit s'éteignent devant la présence réelle du Verbe candide et mélodieux.

Gœthe a-t-il, comme on dit, renouvelé le sens des dogmes? Il n'a rien fait dans son dénoûment de Faust, comme l'expose M. Blanchet, que renouveler ou faire renaître, pour sa grande race égarée, la vision des dogmes catholiques. Il n'y a rien changé, rien modifié. Jésus-Christ, l'Homme-Dieu, splendeur du Père céleste invisible, unique sauveur; la Vierge-Mère, corédemptrice, médiatrice entre les hommes pécheurs et son divin Fils; la réversibilité des prières et des bonnes œuvres; l'intercession des saints; les grandes pénitentes et les ascètes ensemble conjurés pour sauver l'Enfant prodigue: et enfin (ceci est plus fort) le Franciscain Duns Scott intercédant pour Faust *au nom de l'Immaculée Conception :* telles sont les idées resumées dans l'*Ascension de Faust au ciel.*

Peut-être, à la rigueur, pourrait-on soupçonner que le tranquille optimisme de Gœthe a laissé persister en lui, à l'excès, l'idée luthérienne du salut gratuit. Faust ne nous est montré ni pénitent, ni agissant en voie nouvelle pour sa restauration : il faut deviner; ou bien faut-il croire que Faust doit son salut aux indulgences gagnées par la dévote Marguerite? Ce serait un trait de plaisante malignité, d'avoir tiré des griffes du Diable le héros de cette laborieuse Allemagne comme elle-même s'y est jetée, à propos d'indulgences!...

Quoi qu'il en soit, un fait incontestable, c'est que

Gœthe, « cet olympien, » dit à cette heure même l'héritier de Gustave Planche à la *Revue des Deux Mondes*, ce génie incomparable, dont le vaste et limpide cerveau avait recueilli toutes les lumières de la nature, depuis l'humble rayon de la plante jusqu'aux grandes lueurs de la métaphysique, depuis les orbes lumineux des astres jusqu'aux irradiations de l'art, Gœthe, portant dans ses bras son *Faust*, après s'être un moment posé sur les petites hauteurs du paganisme, un pied sur le Caucase et l'autre sur l'Olympe, repoussant de ses deux pieds dédaigneux ce double monde des victimes au fiel éternel et des bourreaux aux foudres immortelles, s'est élancé, placide, jusqu'au ciel miséricordieux, pour y reposer et transfigurer, avec son trésor de science, son héros dans le foyer de la paix, Jésus-Christ, Soleil des intelligences et des cœurs.

Le panthéiste et polythéiste Gœthe a médité son abjuration poétique et rédigé sa confession de foi nouvelle de 1824 à 1832. Le socialiste Charles Fourier, en 1822, écrivait : « Jésus-Christ est le Messie; » et, en 1836, on l'a trouvé, dans sa pauvre chambre, mort, à genoux contre son lit de misère. — Et lorsque de tels génies, les plus audacieux aventuriers de la libre pensée que le siècle ait connus, ont ainsi salué avec humilité l'Homme-Dieu, conçoit-on que des hommes d'esprit s'en viennent encore, en 1863, perdre leur temps à découronner de Dieu Jésus, et à dévêtir la Femme de son Soleil !...

Avec Renan et sa *Vie de Jésus*, au diable le dénoûment

de *Faust!* Plus de ciel, plus de Sauveur, plus de Libératrice! Plus de saints génies intercédant pour nous! plus de saintes femmes priant et pleurant jusqu'à faire pleurer Dieu sur notre humanité ensevelie! Plus rien que la Statue, le Commandeur, l'ambassadeur des rois mozarabes, le lieutenant de César, l'homme de marbre froid, impitoyable, debout sur notre tombe à tous!... Mais non; pas même la Statue, il n'y a plus d'enfer! Pas même le Satan surnaturel, pour inspirer à Mozart cette symphonie prodigieuse où l'on sent tout l'enfer dérouler son sabbat, monter et s'abattre sur Don Juan, au pas de la Statue implacable. Pour exprimer fortement les choses, il y faut croire. Pourquoi la Statue, portée par l'orchestre de Mozart, atteint-elle des proportions poétiques si grandioses dans les abîmes de la terreur? c'est que Mozart avait plus qu'aucun autre artiste, avec une foi plus naïve, une pensée plus profonde des Enfers.

Ainsi donc, avec la *Vie de Jésus* selon Renan, plus de surnaturel, ni ciel ni enfer : de l'espace sans doute, quelque largeur, terre à terre; mais aucun infini en profondeur, ni en hauteur. Or, comme Faust et don Juan sont de ces natures auxquelles il faut dans tous les sens l'essor sans mesure, comme il leur est besoin de sentir l'infini partout, autour d'eux, sur leur front, sous leurs pieds, vous n'aurez, sur le mètre du nouvel évangile humanitaire, rien à offrir finalement à ces colosses inassouvis et irréductibles que les deux bons gendarmes de Goldoni, couronnés par le bourreau du roi de Naples ou de Piémont...

Voilà, voilà l'idéal qu'offre à la poésie, à l'art dramatique, à la société humaine, la Critique de Tubingue passée à l'eau lustrale de l'Église française; la Critique, monstre désolant et désespérant, plus glacial et plus mortel que la Statue de marbre mozarabique!

Et le Monde est plein de Sadducéens pour admirer et chanter cela!...

Et l'Église, hélas! est pleine de Pharisiens, qui, ne sachant pas distinguer l'homme de son erreur, le possédé du possesseur, traitent Renan comme les poëtes ont traité don Juan, avec la médecine de l'injure et des malédictions! Chrétiens à l'œil aveugle, qui ne font guère leur chemin de la croix, car ils auraient vu, là, que ni l'Homme-Dieu, ni la Mère de Dieu, ni son amante Madeleine, ni son ami Jean, n'ont rendu crachat pour crachat, abandon pour abandon! Chrétiens à l'oreille dure, autant qu'à la lèvre téméraire : puisqu'ils mettent en doute la loyauté de l'adversaire (ce qui est une cruauté), et puisqu'ils ont évoqué le souvenir de Judas, ils devaient se souvenir que le dernier mot de Jésus trahi au traître est un mot d'amitié plaintive : « Mon ami, pourquoi es-tu venu ainsi armé contre ton Roi et ton Dieu? »

Que ce vrai Roi et vrai Dieu, source de tout pardon, foyer de résurrection, principe unique de toute vérité parfaite, de toute vie pleine, terrestre et céleste, de toute voie harmonieuse, donne aux yeux sincères qui le cherchent aux horizons d'en bas la vision de ce ciel resplendissant d'amour, où Gœthe, vrai poëte, baignant son front majestueux, attire et fixe nos yeux dessillés et ravis!

Gœthe donc, comme saint Paul, a enseigné, restauré de fait, avec son *Faust,* l'art dramatique en Jésus-Christ : *omnia in ipso ;* et, à dater de ce coup de génie, le théâtre moderne reprend séve aux *Mystères* romantiques du moyen âge.

Dans le *Don Juan* espagnol, le roi mozarabe régnant et gouvernant au-dessus du Christ effacé, l'Enfant prodigue n'échappe à une atmosphère satanique que pour retomber dans l'enfer éternel.

Dans le *Don Juan* de Molière et de Mozart, le roi rigoureux disparaissant, l'atmosphère s'épure, des âmes divines respirent sur le coupable, et lui-même aspire quelque peu l'air du ciel, mais sans y puiser encore la résurrection et la vie.

Dans le *Faust,* de Gœthe, où le César tentateur est résolument attaqué, fustigé par le poëte, le héros échappe à Satan et à ses illusions, et retrouve son idéal à la cour céleste du vrai Roi et vrai Dieu. « L'inénarrable est réalisé : l'Éternel Féminin nous attire en haut. »

Dans ce dernier mot du poëme s'exprime une poétique nouvelle, avec une nouvelle société. Rompant avec les Renaissances mozarabique et païenne, le plus grand poëte penseur de la fin des temps renoue la tradition de la Renaissance évangélique, et prophétise le triomphe de l'Église, mère des miséricordes.

C'est dans cet esprit ancien, renouvelé par Gœthe, que Blaze de Bury, Alexandre Dumas et Zorilla ont écrit leur *Don Juan.*

XI.

LE DON JUAN DE HANS WERNER, D'ALEXANDRE DUMAS, DE ZORILLA.

ANNA, MARTHE, INÈS.

Jusqu'ici, le Monde et l'Enfer ont crié sur don Juan abîmé, comme Méphistophélès sur Marguerite : « Il est jugé ! »

Mais il est une Église et un Ciel plus forts que le Monde et que l'Enfer, pour répondre : « Il est sauvé! »

Hans Werner est le premier poëte qui ait ouvert les ailes miséricordieuses au souffle de l'Esprit consolateur, pour emporter don Juan au ciel. Hans Werner, c'est Henry Blaze de Bury, le fils de Castil-Blaze, cet Amphion original qui accomplit de nos jours un vrai travail d'Hercule : chasser de l'oreille française nos ponts-neufs pour y faire entrer les inspirations de Mozart, Weber et Rossini.

Hans Werner a mis sur les lèvres de la Statue cette question nouvelle, étrange : « Où donc est la femme qui prie à genoux sa patronne de préserver don Juan des piéges et des maléfices? » Et c'est le Commandeur lui-même, en statue, qui se présente à l'impie, à son ennemi, à son meurtrier, sous cette figure imprévue : « Écoute : lorsque le condamné quitte sa prison pour marcher à l'échafaud, un prêtre l'assiste et l'accompagne; ainsi j'ai fait pour toi, don Juan. »

Nous voici loin du terrible revenant de Tellez, qui disait : « Il est trop tard! » et refusait un prêtre à sa victime suppliante! Au cercle vicieux de la haine et de la vengeance succède l'enchaînement des cercles de l'amour, et dans des proportions grandioses et fantastiques.

Hoffmann avait rêvé de faire sauver don Juan par dona Anna : Henry Blaze imagine de faire sauver dona Anna par don Juan. Voilà qui est fort!... L'idée, ébouriffante au premier aspect, est hardie et vigoureuse, et trouverait pour se justifier l'autorité des Pères de l'Église.

Dona Anna, « cette douce topaze de la couronne de Marie, s'est vainement cramponnée à la pudeur, à la religion, au crucifix... Sa chute s'est consommée entre deux signes de croix. Elle expiera sa faute par dix mille ans de purgatoire, à moins que son urne ne soit remplie avec les pleurs d'un vivant. » C'est alors que vient à la Statue du Commandeur cette idée qui n'est pas assurément d'un cœur de pierre, de demander le salut de sa fille au Burlador lui-même, à l'impie, au sacrilége. Et voici le raisonnement de cet esprit de l'autre monde, bizarre, aventureux et transcendant, qu'un poëte mozarabique ou païen n'eût jamais inventé : « Ce n'est pas don Ottavio qui la sauvera : prière sans haleine! De tels hommes n'obtiennent rien de Dieu!... Mais le pécheur ardent qui bondit au ciel du fond de son abîme, âmes en peine, vous pouvez vous cramponner à lui, car il frappe tellement du pied, qu'il s'élève au-dessus du néant et traverse l'espace, et va droit au Seigneur, qui l'absout avec tout ce qu'il porte sur ses épaules. Don Juan, c'est toi que je charge de racheter ma fille par tes prières et par tes larmes. »

Le chœur des Statues, unanime espérance, appuie l'appel du Commandeur :

> Don Juan! don Juan! fais trêve à ta rébellion;...
> Par grâce! charge-toi de l'expiation,
> Rends Anna, notre fille, à l'heureuse existence!

Don Juan, tout naturellement, ne voit d'abord là qu'une imagination fantasque et saugrenue. Il envoie promener ces fantômes de bénignité, et les provoque à l'anathème, à l'extermination. Mais Anna survient, comme l'âme du purgatoire de Casimir Delavigne et de Niedermeyer, lui chanter si plaintivement :

> Mon bien aimé, dans mes douleurs,
> Je viens de la cité des pleurs
> Pour vous demander vos prières,

et lui entr'ouvrir si doucement la cité spirituelle des béatitudes, où « à eux deux ils feront un ange, » que don Juan est enfin touché et retourné.

Ici, dona Anna, transportée par son succès, tombe

dans l'erreur des Origénistes : « Je suis sauvée! O mon Dieu! Les larmes de don Juan rachèteraient Lucifer de sa damnation éternelle. » Sur quoi, la pauvre bonne âme, pour se clarifier, s'en retourne au purgatoire...

Quant à don Juan, par effet naturel de réaction, il jette d'abord sur la nature matérielle la malédiction de l'*Astrologue* de Faust : « Maudit soit ce corps de chair et d'os! L'âme de don Juan se révolte à la fin ; elle te repousse, te foule aux pieds, misérable!... » Mais, la conversion accomplie, dès que l'âme est transfigurée par la pénitence, don Juan, de son œil purifié, va contempler la nature entière avec respect et célébrer le Créateur dans la création radieuse.

Aux accents des Statues chantant le *Gloria in excelsis*, don Juan sort du tombeau :

« C'est donc moi qui suis le ressuscité!... Salut, terre! salut!... O merveille! l'Éden refleurit autour de moi... Double miracle! le chaos s'est illuminé : plus de nuit, plus de doute ; et le soleil a fait de la terre un jardin et de mon âme un paradis. Deux ennemis irréconciliables, la terre et don Juan, en sont venus à se donner la main pour leurs fiançailles. Nous nous sommes transfigurés, toi par la rosée du ciel, moi par les larmes!... Terre! te souvient-il d'hier au soir, de cet homme insensé qui brisait tes plantes sous ses pas, et dont le bruit empêchait tes morts de dormir? Eh bien! le voilà, ce don Juan, heureux, et comme toi plein de fraîcheur et d'harmonie! O merveille!... Le chœur des statues se tait : celui des hommes va commencer sur la terre qui se réveille à l'explosion des soleils... Je vais prendre ma partie dans le chœur des hommes... Don Juan, rédempteur de dona Anna, aura sa statue dans la cathédrale de Séville! »

Le *Souper du Commandeur* de Blaze de Bury est le renversement de la vieille table de pierre mozarabique, où Tellez ne nous servait qu'ongles crochus et vipères; et c'est aussi, dans l'esprit du ciel nouveau de *Faust,* une protestation contre l'idéal protestant. Dogmes étroits, morale sèche, rites glacés, tout est jeté bas; et les sinistres spectres de la nuit judaïque et païenne s'effacent dans l'aurore des vérités catholiques.

L'écrasement fanatique du coupable et l'insolidarité mortelle font place à la communion des saints réconciliateurs.

> Réversibilité! mot sublime et profond !
> Réversibilité! loi de vie et d'amour!
> Verbe qui réunit au même sanctuaire
> Le vivant et le mort, la cape et le suaire!...
>
> O saints transfigurés, Dominique, Bernard!
> O Sancta Maria, rose blanche et mystique!...
> Céleste Jésus-Christ!... hosanna! gloire à toi!

Tel est, dans son esprit, le drame de Hans Werner: la forme en est parfois extravagante, hétéroclite, amalgame des formules du double romantisme germanique et français; le fond, généreux toujours, profond et sublime. Cette œuvre a été publiée, en 1834, par le frère de l'auteur, dans la *Revue des Deux-Mondes,* qui nous alimente, en 1864, de la religion terre à terre de MM. Ernest Renan et Havet. Plus d'enfer! mais aussi, plus de ciel infini! Ni convive de pierre, ni convive d'amour! Pour tout potage, la tiède raison, et pour dessert Cupidon en sucre de pomme au confessionnal de l'Hymen en pain d'épices, sous la voûte d'un Ciel presbytérien...

C'est avoir fait, en trente années, sur le terrain de l'idéal, un prodigieux progrès à reculons. A qui la faute? A tout le monde un peu; à vous, à nous; à Blaze de Bury lui-même, qui n'a pas suivi sa veine, et laisse tant d'or pur enfoui dans le filon divin.

Un mot encore sur la conception de Henry Blaze. Nous voyons bien, au fronton de ce monument singulier, le nom du héros ainsi mis en vedette :

DON JUAN RÉDEMPTEUR.

Mais, en réalité, c'est toujours, comme l'auraient conçu Mozart et Hoffmann, c'est toujours dona Anna qui convertit don Juan. Blaze de Bury sent bien, au fond, que la femme est le refuge des grands pécheurs, la libératrice, et, avec Dieu, la corédemptrice. O Christ! chante le poëte,

Une femme essuya ta face avec ses voiles,
Une femme pour toi souffrit les sept douleurs;
Une femme t'ouvrit ses paupières en pleurs
Lorsque le firmament éteignait les étoiles.

Quand tu fus mort, ô Christ! une femme essuya
Ton cadavre divin et le mit dans la tombe,

Et quand tu t'envolas, ô céleste colombe!
Une femme chantait encore alleluia.

C'est parce qu'il est dévot au Dieu Sauveur que le sexe dévoué a puissance de sauver les criminels. Aussi notre Alexandre Dumas a-t-il vu dans la femme un Ange.

La critique a récemment assez maltraité le *Don Juan de Marana,* avec peu de bienveillance et beaucoup de précipitation, j'ose le lui dire. Dumas, ce prodige de la nature, selon Michelet, n'écoute pas assez la Grâce et la nature elle-même, qui, toutes deux ensemble, pour leurs œuvres durables, procèdent lentement. Dumas improvisait déjà en 1834 : l'exécution de son drame en a souffert; mais la conception est originale et grande. Plus charitablement attentif, le feuilleton, dans ce grand bois touffu de Marana, eût trouvé le bon grain.

Dumas, comme Gœthe, croit au surnaturel, aux mauvais et aux bons esprits, agents de la vengeance fatale, anges de la miséricorde de Dieu; mais Dumas n'attend pas, comme Gœthe, l'épuisement du drame et du héros sous la tentation diabolique pour songer au salut miséricordieux.

Don Juan de Marana commence où le *second Faust* finit, dans le ciel, et là, l'ange des Marana s'offre au céleste Conseil pour aller sur la terre chercher et ramener l'enfant prodigue. L'ange prend naturellement les formes d'une femme, et d'une amante. Mais, hélas! en combattant tous les démons tentateurs, mâles et femelles, de ce bas Monde, l'angélique Marthe succombe elle-même aux séductions de don Juan; avec lui elle se damne, et à peine lui reste-t-il la force, avec son dernier soupir, sur don Juan expirant, d'exhaler une prière vers le ciel déconvenu, qui descend gratuitement, et prononce, sur le beau couple mal aventuré, ces trois mots suprêmes :

Vengeance ! JUSTICE ! *Miséricorde !*

La conclusion morale est vague ; et Marthe, bien qu'elle vienne des chœurs célestes, est loin d'être à la hauteur de l'Anna de Mozart. Toutefois, et jusqu'ici, nul n'a autant osé que Dumas pour le salut de don Juan : Henry Blaze lui envoie une âme du purgatoire; Dumas, un ange!... Dumas dépasse même la conception religieuse du grand poëte allemand ; car il a eu l'idée de marier délibérément le ciel avec la terre, d'incarner le bon ange sur le cœur de don Juan : Gœthe n'avait incarné que le mauvais ange autour du cerveau de Faust.

Encore Dumas n'a-t-il pas fait pour don Juan tout ce qu'il aurait voulu.

« Vous savez ou vous ne savez pas (m'écrit-il, avec cette humeur charmante qui fait de cet Hercule africain, en qui se résument don Juan, don Quichotte et Faust, le plus séduisant, bon et spirituel des chevaliers de l'errante chrétienté), vous ne savez pas que c'est la lésinerie d'Harel qui a damné don Juan.

« Don Juan était prédestiné par moi à être sauvé et à finir dans une auréole de lumière, au lieu de finir dans les ténèbres.

« Au moment où la voix de l'archange lui dit qu'il a encore sept heures à vivre, et où il s'écrie que sept heures sont sept siècles, le théâtre représentait l'entrée du ciel, et une horloge de feu, celle de l'éternité, dont un battement dit Jamais, et l'autre Toujours! Alors, chacune des femmes qui étaient mortes pour don Juan, sous l'aspect d'un fantôme, s'avançait vers l'horloge et avançait l'horloge d'une heure, en menaçant don Juan. Mais Marthe venait à son tour, et, au lieu de menacer, priait. Don Juan tombait à genoux, criait : Grâce! et était pardonné.

« Seulement la décoration coûtait 2,000 fr., et Harel a prétendu que c'était racheter trop cher l'âme de don Juan...

« Vous voyez, bon ami, que mon idée première se rapprochait tellement de la vôtre, que je ne puis que me féliciter de m'être presque rencontré avec vous.

« Mille et mille tendres et vieilles amitiés.

« A. DUMAS. »

Je ne connais pas un homme plus plein de lui-même que ce grand et bel esprit, mais aussi plus rempli des autres, d'une ouverture plus cordiale, d'une compagnie plus bienveillante, d'un entretien plus caressant, l'âme par excellence d'un *bon enfant,* dans la divine acception de ce titre qui donne entrée au royaume des cieux. Dieu l'appelle et l'attend; j'en ai pour témoin saint Luc, cet ami des petits et des grands enfants, que le grave Ernest Renan n'aime point, que le léger Alexandre Dumas aime, j'en fais le pari : parce que tout grand poëte, fût-il assis au Pausilippe, sur la tombe de Virgile, entre les fumées du Vésuve et les vapeurs qu'exhalent la Solfatara, Cumes et la Sibylle, a toujours, planant sur lui, comme sur l'enfant, son Ange, fidèle à lui réfléchir la face de l'éternelle Vérité[1].

Le *Don Juan Tenorio* de Zorilla revit, en 1844, dans le même esprit de clémence, et remonte converti dans le ciel ouvert par Gœthe à son Faust apaisé. Le nouvel *Auto sacramentale* de l'Espagne abonde en splendeurs poétiques, et la cloche chrétienne, timbre indulgent, y sonne à toutes volées la miséricorde. « C'est beau, très-beau ! » m'écrit le jeune ami qui m'a révélé ce trésor, poëte lui-même et fort épris de la Beauté; et il ajoute : « C'est catholique, plein de foi[2]. »

Le *Don Juan Tenorio* de Zorilla est un drame en vers,

1. Saint Matth., XVIII.

2. J'ai dû une connaissance plus complète du drame de Zorilla à M. James, que M. Germain Delavigne, bon juge, m'a désigné comme un excellent traducteur de l'espagnol.

M. Valens a eu la bonté de me traduire un poëme de Zorilla dont notre don Juan est le héros : *Un testigo de bronce*. La conclusion en est originale, mais terriblement mozarabique. Don Juan, par vendetta de famille et d'amour, a tué en duel don German de Ozorio, la nuit, dans une rue déserte, sous une lanterne, au pied d'un crucifix de bronze. Il est soupçonné par l'oncle Osorio, qui lui défère le serment. Don Juan, par devant l'Évêque, la main sur les saints Évangiles, proteste de son innocence, lorsque, tout à coup apparaissant, un étrange personnage saisit la main droite de don Juan et dit : « Je suis l'unique témoin du mort; le meurtrier, c'est toi, don Juan. On en sept actes et deux parties, ou deux nuits : la première nuit, celle du débordement scandaleux, se passe en 1545 ; la seconde, celle du retour et de la réconciliation, en 1550.

L'exposition est savamment conçue et saisissante.

Don Juan, devant une table d'auberge, écrit à dona Inès d'Ulloa qui est au couvent et prête à prendre le voile. Cependant son père, don Diego de Tenorio et le Commandeur don Gonzalo d'Ulloa, projettent d'empêcher Inès d'entrer en religion, pour lui faire épouser don Juan. Mais don Juan n'est pas homme à recevoir une femme des mains paternelles.

Sa lettre écrite et envoyée par Ciutti (valet insignifiant) à la duègne Brigide (diabolique entremetteuse), don Juan force rudement la foule tremblante à vider l'auberge, et il fait place libre à la jeunesse dorée de Séville pour une orgie d'un nouveau genre.

Le Commandeur, ayant eu vent de ce rendez-vous mystérieux, y vient masqué, afin de savoir au juste ce qu'il doit penser de son futur gendre. Don Diego de Tenorio, lui aussi, assiste caché à cette étrange scène où l'honneur de son nom est engagé.

Don Juan et don Luiz, les deux plus mauvais sujets de toutes les Espagnes, ont parié à qui des deux, dans le cours d'une année, ferait le plus de mal aux hommes et de plaisir impur aux femmes.

n'invoque jamais en vain le témoignage et la justice des cieux. Je suis le crucifix de la Antigua ! » Don Juan crie : Hélas ! et tombe mort aux pieds du crucifix de bronze, qui seul, du fond de sa niche, avait assisté au duel.

Les licencieux viveurs de la Castille arrivent, font galerie, et les deux champions comparaissent devant les juges du pari. Chacun d'eux déclame le poétique récit de ses triomphes, et en dépose les pièces justificatives, authentiquées par les grands vauriens de toutes les cités scandalisées. Don Juan a la parole :

« J'ai choisi pour champ de bataille l'Italie, terre féconde de la guerre et de l'amour. L'empereur et le roi de France y sont aux prises ; là où il y a des soldats, il y a querelles et intrigues galantes : j'ai donc cherché et trouvé en Italie le feu, les duels et les exploits amoureux. A Rome, j'ai mis sur ma porte cet écriteau :

« Ici est don Juan pour quiconque, homme ou femme, voudra lui demander quelque chose. »

« Rome tout entière y a passé... A Naples, verger de l'amour, je variai ainsi mon enseigne :

« Ici est don Juan. Pas un homme n'est homme pour lui. Pour lui toute femme est femme, depuis l'altière princesse jusqu'à la fille du pêcheur. »

« Tout Naples m'est venu quereller ou embrasser. Les hommes que je n'ai pas tués, je les ai ruinés au jeu, avec autant de loyauté que j'ai mis de fourberie à attraper leurs femmes.

« Ma règle générale de conduite avec les femmes, la voici :

Une journée pour séduire,
Une, pour jouir,
Une, pour éconduire,
Deux, pour remplacer,
Une heure pour oublier !

« Partout j'ai bafoué la vertu, joué la justice, profané les femmes, de la cabane au palais et jusqu'au fond des cloîtres; et partout j'ai laissé de moi un amer souvenir. Le ciel et la terre sont là pour me rendre ce témoignage que rien n'a été sacré pour moi, ni clerc, ni laïque. »

Don Luiz raconte à son tour son odyssée diabolique. Finalement, et sur pièces, le tribunal proclame don Juan vainqueur, don Luiz ayant de moins que lui, sur son catalogue, neuf hommes tués et seize femmes déshonorées.

— Voilà votre honneur perdu, mon cher don Luiz. Voulez-vous une revanche? Je parie qu'avant la fin de cette nuit même j'aurai enlevé à Dieu une novice à la veille de prendre le voile, et à un gentilhomme la fiancée qu'il est à la veille d'épouser.

— J'accepte le pari, don Juan, et je vous défie de réussir.

— A propos, don Luiz : dona Anna n'est-elle pas votre fiancée?... Reste à trouver la novice.

Alors se lève, menaçant, un énergique vieillard.

— Infâme jeunesse! que je châtierais du bâton, si l'âge laissait quelque force à mon bras.

— Va te promener, vieillard; au diable!

Don Juan lui arrache le masque, et reconnaît le père d'Inès. D'abord décontenancé, il se ranime sous le fouet de l'injure, s'irrite, s'emporte, et finit par jeter au cœur de don Gonzalo ce trait terrible :

— Pour gagner mon pari, c'est votre fille que je choisis, et je l'aurai !

L'autre vieillard se lève, désolé.

— Ne sens-tu pas, misérable, que la foudre va t'écraser? J'espérais qu'on m'avait menti... Enfant maudit, poursuis, loin de ta noble race qui te répudie, ton chemin fatal : au bout est le Dieu vengeur.

— Que m'importe! et qui ose me parler ainsi? (*Il arrache le masque*) Dieu! mon père!

— Tu mens! je ne le fus jamais. Ton père, c'est Satan... Commandeur, nos conventions sont nulles. Fuyons la présence de ce monstre. Don Juan, tu m'as tué : que Dieu te pardonne à l'heure de ta mort!

— Bon! j'ai du temps devant moi.

Don Juan redouble de fanfaronnades impies. Il jure qu'à la barbe des deux vieillards et au déshonneur de don Luiz, il aura, avant l'aurore, possédé dona Inès et dona Anna.

— Don Juan, l'honneur était l'enjeu du premier pari : pour celui-ci, le perdant payera de sa vie.

— J'accepte, don Luiz. Bonne nuit! et à l'œuvre!

Don Juan est saisi par une escouade d'alguazils.

Don Luiz, éclatant de rire :

— Voilà mon premier coup, don Juan. Pour cette fois, la partie est à moi. Bonne nuit!

Don Luiz se voit enveloppé d'alguazils.

Don Juan, riant à son tour :

— A deux de jeu, don Luiz!

Les deux rivaux sont conduits en prison.

Tel est le premier acte de Zorilla. Don Juan nous apparaît ici dans sa grandeur satanique, au plus profond de ses perversions et à bout de tout excès. Il a toutes les énergies avec tous les vices du type méridional : noble et libéral, dit son valet qui, à la différence de Catalinon et de Sganarelle, se trouve bien à son service ; franc, hardi, adroit, brave comme un pirate, avec toutes les hautes allures aristocratiques d'un pur-sang espagnol ; sensuel et orgueilleux, impatient, brutal, impitoyable, et de plus vaniteusement fanfaron de scélératesses.

Ce qu'il veut, il le veut bien : il gagnera son pari.

Les deux rivaux sont parvenus à échapper aux alguazils. Don Juan fait de nouveau arrêter don Luiz par ses valets, gagne à prix d'or la servante d'Anna qui le fera entrer, de nuit, chez sa maîtresse, à la place de don Luiz qu'on espère. En attendant l'heure du rendez-vous, don Juan court au couvent d'Inès.

Inès, au rapport de la duègne, qui l'aime et qui la vend, est belle et douce comme un ange. Petite colombe née en cage, elle n'a jamais vu briller ses plumes au soleil, et, jusque-là, n'a aimé que sa cellule et son Dieu. Mais la vieille Brigide, vipère subtile, est parvenue à lui mettre l'amour dans l'esprit, et à lui faire baisser l'œil vers le fruit défendu. Inès a vu don Juan à travers sa jalousie. Voilà le plus beau, le plus spirituel et le plus tendre chevalier de l'univers ; il vous était destiné pour époux par le ciel ; mais des parents cruels, contrariant la volonté de Dieu, vous étouffent dans le cloître et vouent à une mort certaine cet adorable don Juan que dévore une passion unique, ardente et respectueuse, sublime !... La traîtresse fait si bien que l'enfant est prise par l'imagination et par le cœur avant même d'avoir parlé à don Juan. Des lettres trouvées dans le livre d'heures poursuivent l'œuvre d'attraction secrète. Enfin, la présence du séducteur, sa parole, sa toute-puissante fascination, jettent un tel trouble dans la pauvre âme, que, partagée entre Dieu qu'elle invoque et don Juan qui la charme, entre la Vierge qu'elle supplie et son petit cœur qui l'embrase, elle perd connaissance. L'évanouissement favorise le rapt. Don Gonzalo n'arrive, avec l'abbesse, que pour voir la cellule vide. La colombe est enlevée de son nid; la profanation du saint lieu est accomplie.

Inès se réveille dans un beau château de l'Andalousie dont le Guadalquivir baigne les tourelles. Elle s'étonne, s'effraye. Pour la rassurer, la duègne lui invente un drame pathétique : le feu a pris au couvent, et don Juan lui a sauvé la vie.

— Mais pourquoi ne suis-je pas chez mon père?... Je ne sais rien du monde; mais je suis noble, et l'honneur secret me dit que la maison de don Juan n'est pas un séjour convenable pour dona Inès d'Ulloa. Viens, fuyons.

— Mais remerciez au moins don Juan : vous lui devez la vie.

— Oui, et l'empoisonnement de mon cœur.

— Vous l'aimez.

— Je ne sais. Toujours cet homme, dont le nom seul m'arrache le cœur! Brigide, il faut qu'avec sa lettre tu m'aies donné quelque philtre qui me dévore. Tu me dis que c'est l'amour. Qu'est-ce cela, aimer? Ah! mon Dieu! je l'aime! et je sens que je me souille par cet amour.

Mon cœur me porte à lui; mon honneur et mon devoir m'éloignent. Viens, viens; sortons avant son retour!... Un bruit de rames... Partons!... C'est lui!...

Don Juan, je vous supplie, laissez-moi sortir. Rendez-moi à mon père!

La colombe est sous l'œil du serpent; l'œuvre de fascination va s'achever... Mais don Juan rencontre dans Inès une puissance inconnue. Le valet vient de dire à la duègne : « Mon maître n'a pas seulement à ses ordres un démon familier; lui-même est le démon incarné. » Mais voici que ce fils de Satan se trouve sous le regard d'un ange. C'est le titre du quatrième acte : *Le Diable aux portes du ciel;* et c'est l'idée fondamentale du drame, poétique, touchante, vraiment chrétienne.

Le ciel est bien fort, et le ciel est dans le cœur d'Inès. Chez elle, ni coquetterie ni emportements passionnés; point de luttes calculées, point de défaite laborieusement ménagée; mais, avec une suprême candeur, elle dit : Don Juan, je me sens par vous absorbée, comme le fleuve par la mer. Je me fie à vous; au nom de Dieu, je demande pitié à votre honneur.

Don Juan a trouvé son maître : l'amour vrai dans un cœur pur. Tout le vieil homme en lui s'arrête paralysé; et l'aurore d'une vie nouvelle lui apparaît dans les yeux limpides d'Inès, avec la vision du ciel même et le ressouvenir de Dieu. Satan est vaincu, et va être jeté dehors.

Mais voici que surviennent pour obscurcir l'aurore les éruptions des volcans de l'honneur castillan et de la colère vengeresse. Il n'est dette qui ne se paye.

— Je viens vous tuer! crie le fiancé d'Anna déshonorée.

— Tu vas être livré au Roi et payer ton forfait! crie le père de la novice enlevée.

Don Juan, tout à coup, par un trait de vaillance héroïque, humilie son orgueil :

— Don Gonzalo d'Ulloa, je n'ai jamais courbé le front devant un homme, jamais supplié ni mon père ni mon roi. Voyez-moi, Commandeur, à genoux, à vos pieds.

— Tu as peur de ma justice.

— Écoutez-moi, pour que je ne redevienne plus ce que j'ai été, et ne voudrais plus redevenir. J'aime Dona Inès, Dieu l'envoie pour me sauver. J'aime sa vertu. Ce que tous les tribunaux et les évêques avec leurs prisons et leurs sermons n'ont pu faire et ne pourraient, sa candeur l'a fait. Par son amour régénéré, le démon veut devenir un ange.

— Mensonge!

— Je serai l'esclave de votre fille, et votre pupille. Prenez ma fortune, et l'administrez à votre gré. Enfermez-moi dans un de vos châteaux, j'y resterai votre prisonnier, tant que vous voudrez. Toutes les preuves de la soumission la plus absolue, vous les aurez de moi; et lorsque vous me jugerez digne de votre fille, vous me la donnerez; elle, me donnera le paradis!

— Don Juan, tu n'es qu'un lâche. Dans le danger, tu rampes. J'ai honte de ta bassesse. Elle, ton épouse? Je la tuerais! Rends-la moi, ou je te tue.

— Don Gonzalo, vous allez me faire perdre l'espérance de mon salut.

— Que me fait ton salut!

— J'ai supporté vos insultes à genoux; à genoux je suis, devant témoin.

— Bravo, don Juan! dit en éclatant de rire don Luiz, triomphant de l'humiliation de son rival.

— Qui est cet homme?

— Un appui pour vous, Commandeur, un ennemi pour moi, don Luiz.

— Eh bien donc! puisque la colère de Dieu rassemble ici contre toi le vengeur d'Inès et le vengeur d'Anna, tu vas payer entre nos mains, que soutiennent, là dehors, la justice et la force du Roi!

DON JUAN (*Se relevant*). — Assez! le vieux don Juan reparaît donc. Que l'enfer triomphe! Ulloa, tu replonges mon âme dans le vice : quand Dieu m'appellera à son jugement, tu seras là pour répondre de moi. (*Il lui brûle la cervelle.*)

— Assassin! (*Le vieillard meurt.*)

— Toi, tu devrais mourir sans combat, car tu as perdu la gageure, dont l'enjeu était ta vie. Mais tu as perdu deux fois ton honneur, et moi je ne suis pas un exécuteur. Tu es de force à te défendre face à face, je vais te tuer. (*Duel rapide.*)

DON LUIZ (*Tombant mort*). Jésus!

— Ah! il faut que tu sois mort pour te souvenir de Dieu!...

Les alguazils envahissent la scène. Don Juan saute par la fenêtre dans le fleuve. Une barque le recueille et l'emporte.

Dona Inès rentrant en scène se heurte au cadavre de son père, et pousse un cri d'horreur et de suprême désolation.

TOUS LES GENS DE JUSTICE. Justice pour Dona Inès !

INÈS (*Dans son dernier soupir*). Pas contre don Juan, mon Dieu !

Voilà enfin une héroïne qui n'a rien des débilités charnelles et des aigreurs orgueilleuses que le moine Gabriel Tellez et l'abbé Da Ponte, et tous les poëtes laïques à la suite, prêtent à leurs blessées. L'Inès de Zorilla dépasse en candeur la Marguerite de Goëthe, en force la Marthe de Dumas et l'Anna de Blaze. La charmante créature du poëte espagnol est tout entière dans ces trois paroles de vie : Amour, douceur, prière !

La première nuit du poëte n'a enfanté qu'un jour sinistre, n'a entassé que monstres sur victimes, et, par dessus les justiciers confondus, Satan triomphe avec don Juan, tout couvert de sang et de boue. La seconde nuit, effrayant cauchemar, se dissipera-t-elle à l'aurore des cieux cléments?

Cinq années se sont passées. Un soir, dans Séville, par un temps calme, sous une lune brillante, un homme embozado [1] entre dans un vaste cimetière tout peuplé de grands mausolées majestueux. C'est don Juan. Et quelle est sa surprise? Il venait au splendide palais de ses ancêtres : il ne trouve qu'un champ de mort, peuplé

1. Enveloppé du manteau à l'espagnole.

de noirs cyprès et de pâles statues. Le sculpteur qui est là, admirant, aux lueurs de la lune, son chef-d'œuvre achevé, dit à don Juan, sans le connaître, le mot de l'énigme.

Don Gonzalo de Tenorio, mort de chagrin, a, par testament, consacré ses biens à fonder cette sépulture, monument expiatoire de son honneur, sorte de Panthéon où dormiront, apaisées, les victimes de son fils don Juan.

— Ah ! l'idée est grande, et le défunt ne pouvait mieux employer ses richesses.

— Aussi ai-je fait là de vrais chefs-d'œuvre. Avez-vous connu, monsieur, les victimes de ce scélérat de don Juan? vous les trouverez ressemblantes. Tenez, là-bas, au fond, contre les cyprès, le père, don Diego, présidant à l'assemblée funèbre. J'aurais voulu avoir à sculpter aussi le fils, ce Lucifer ! Vous n'êtes certainement pas de ses amis... Ici, à droite, en marbre de Carrare, c'est don Luiz; à gauche, pour pendant, don Gonzalo d'Ulloa : il est très-bien mon Commandeur !... A genoux, tous deux, n'étant pas sans péché...

— Me voici, mes amis, pour vous saluer sur vos tombes !

— Il est fou... Quant à celle-là, au milieu, sous le saule pleureur, seule debout...

— Ciel ! que vois-je ! Inès ! est-elle morte aussi ?

— De douleur, la pauvre abandonnée.

— Ici est son cadavre ?

— Oui.

— L'avez-vous vue morte? comment était-elle ?

— Elle semblait endormie.

— La mort ne pouvait enlaidir celle dont les Anges enviaient la beauté. Que ce marbre est vivant! C'est votre ouvrage? vous méritez beaucoup pour un tel chef-d'œuvre. Tenez... un souvenir de moi.

— Mais je suis payé.

— Pas assez.

— Grand merci! Seigneur... Mais partons, il faut que je ferme.

— Laissez don Juan Tenorio veiller sur ces morts.

— Don Juan! mais à lui surtout est interdite l'entrée de ce Panthéon.

— J'ai mon épée... Dehors, ou je te fais faire un tombeau pour toi-même!

DON JUAN, *seul*. J'aurais, moi, placé le bien de mon père sur une carte... Magnifique idée! Vous que j'ai tués, au moins vous ai-je procuré une noble sépulture... Solitude qui soulage!.... La belle nuit! combien de nuits aussi pures, par moi troublées! que de vies arrachées, d'honneurs saccagés, sous la lune tremblante!... Ces souvenirs m'épouvantent et remuent en moi des pensées inconnues. Viennent-elles du ciel, où elle habite maintenant?... Marbre, où repose le corps, non l'âme de dona Inès, permets que tombent sur tes pieds les larmes d'un malheureux. J'ai conservé au-dessus de tant d'aventures ton image sans tache. Je t'ai tuée : vois mon chagrin. Je n'ai pensé qu'à toi, songé qu'à revenir vers toi ; et je ne trouve qu'un tombeau! O douleur! avoir enfermé là tant de jeunesse et de beauté! Si tu sens ce que je souffre,

Inès, prépare une place à don Juan dans ta couche funèbre. Dieu t'a créée pour mon bien : de toi m'est venue l'idée de la vertu ; en toi j'adorais la grandeur de Dieu ; par toi je soupirais pour son saint paradis. En toi, encore, j'espère. Fais que j'entende des paroles qui calment les douleurs. O Inès de ma vie ! s'il y a un Dieu au-dessus de ces étoiles, dis-lui de jeter un regard sur don Juan, pleurant contre le marbre de ton sépulcre. (Don Juan, la face dans ses deux mains, s'appuie contre le piédestal. Un nuage lumineux s'élève de la tombe, passe devant la Statue, qui disparaît avec lui.)

Don Juan. Ce marbre froid assoupit ma tête vigoureuse. Je crois sentir autour de moi un être surnaturel... Ciel ! la Statue... Ai-je rêvé? Inès était bien là...

(Les arbustes s'illuminent, et l'ombre d'Inès apparaît entre les fleurs, rayonnante.)

— Don Juan, mon âme t'attendait dans le tombeau... Je suis Inès, je t'ai entendu.

— Tu vis donc?

— Pour toi. Ce sépulcre est mon purgatoire. Don Juan, j'ai offert à Dieu mon âme en échange de ton âme impure. Si tu persévères, avec toi j'aurai le malheur éternel. Cette nuit seule nous reste. Dans la lutte qui va t'assaillir, écoute la voix de ta conscience : elle s'éveille ; pense bien, et je serai à tes côtés. Adieu !

(Le transparent s'obscurcit ; Inès disparaît.)

Après l'agitation du doute qui suit la stupeur de l'apparition, don Juan réfléchit, sent fortement que l'âme d'Inès, triste et plaintive, a parlé à son cœur. Mais à cette idée qu'une seule nuit lui est donnée, il regimbe contre l'aiguillon.

Évanouissez-vous, vapeurs de mes amours perdus! Ah! ces rêves me brisent... Dieu! tous ces marbres semblent frémir et s'ébranler sur moi...

En effet, pour contrarier le doux appel de l'amour, les esprits de l'air agitent autour du front de don Juan les spectres cruels de la haine et de la vengeance. Les statues des hommes tués se meuvent menaçantes.

— Revivez donc! don Juan ne tremble pas. Levez-vous, et mes mains vous recoucheront dans vos lits de pierre! Ni morts ni vivants, vous n'humilierez mon courage, et ce m'est une fête de vous braver encore!... J'entends leurs pas... Qui va là? Hors d'ici, ombres vaines, loin de moi!...

(Entrent deux anciens amis.)

— Eh bien! qu'avez-vous, homme?... Eh! mais c'est don Juan... Ce cher ami!... On vous disait mort... Mais votre main tremble...

— Effet de la lune.

— Que faites-vous ici? à qui parliez-vous?

— A eux!

— Venez-vous les insulter jusque dans leur tombe?

— Eh! non, les visiter poliment. Et ne voilà-t-il pas qu'ils se sont ébranlés, dressés contre moi!...

— Ah! ah! ah! don Juan a peur des morts. Ne seriez-vous que le fantôme de don Juan?

— Je suis toujours don Juan, messieurs, et prêt à vous le prouver, capitaine!

— Mais d'où sortez-vous ? et comment ici, à Séville ?

— J'ai paru si brave à l'Empereur, et j'ai si largement tué le prochain à son service, qu'il m'a pour récompense autorisé à rentrer en Espagne.

— Allons souper, vous nous conterez vos aventures.

— La table est dressée chez moi : venez ; nous serons seuls, à moins que quelqu'un de ces messieurs qui m'ont tant fait peur ne veuille être de la partie.

— Don Juan, laissez donc en paix ceux qui sont avec Dieu !

— Oh ! oh ! capitaine, vous faites votre cour aux morts ! Eh bien ! j'en veux inviter un pour le mettre à table à vos côtés.

— Pas de mauvaise plaisanterie !

— Ah ! vous doutez de mon courage ? moi qui boirais dans des crânes humains !... O toi, le plus offensé de tous, Commandeur ! je t'invite à souper. Que tu viennes ou non, ton couvert sera mis. Viens, tu me diras s'il est un autre monde, une autre vie à laquelle je n'ai jamais cru.

— Don Juan, ce n'est pas là courage, c'est folie !

— Ce que vous voudrez ! — Commandeur, n'oublie pas mon invitation !

Au second acte, les trois jeunes gens sont à table, chez don Juan ; une place est réservée à l'invité de pierre.

— Capitaine, versez donc à boire au Commandeur !

— Toujours cette folie !

— Il peut venir encore.

— Que Dieu le garde dans sa gloire!

— Bast! moi je ne crois qu'à la gloire de ce bas monde; mais pour vous faire plaisir, je réponds : Soit le Commandeur dans la gloire de Dieu!

(On frappe.)

— Vois, Ciutti.

— Personne, Seigneur.

(Suit une scène, habilement ménagée, où, parmi des propos de table, d'insouciance et d'incrédulité, des coups frappés successivement *crescendo* annoncent la lente et progressive approche du fantastique visiteur. Enfin, au moment où la querelle va éclater dans le trio, don Juan accusant ses convives d'avoir machiné quelque fantasmagorie pour l'effrayer, un dernier coup violent ébranle la porte de la salle du festin.)

— Entrez donc, Messieurs, et, si vous êtes des morts, apparaissez : les esprits traversent les murailles.

(Aussitôt, sans bruit, apparaît, traversant la muraille, la statue du Commandeur. Les deux convives tombent sous la table sans connaissance.)

— Est-ce rêve? réalité?... C'est bien sa figure, son geste.

— L'invité vient à ton festin, don Juan.

— Dieu! sa voix!...

— Tu ne m'attendais pas!

— Tu mens! voilà ta chaise. Si j'ai douté un instant, pas une seconde je n'ai tremblé... Serais-tu Ulloa lui-même!

— Tu doutes encore? homme impie! mets ta main dans le marbre de ma main,

— Je t'entends : il suffit. Soupons donc!... Si tu n'es pas mort, tu ne sortiras pas d'ici vivant... Hé là! debout, Messieurs!

— Ils ne reviendront pas à eux que je ne sois parti. Dieu ne veut d'autre témoin de sa clémence que ta raison et ta conscience. Il m'a permis de répondre à ta sacrilége invitation pour que j'éclaire ton esprit. Je viens, en son nom, t'enseigner la vérité. La voici : Il y a une éternité au delà de la vie de l'homme. Ta vie, don Juan, est courte : tu mourras à la première aurore. Dieu t'accorde un moment pour mettre en règle ta conscience. J'attends de ton courage que tu viennes me rendre ma visite et me donner réponse. Viendras-tu?

— J'irai! mais je veux d'abord me convaincre de l'inanité de ton être. (*Il tire son épée.*)

— Ton orgueil t'égare. Regarde. (*La statue disparaît dans la muraille.*)

— Ciel! son essence a traversé la pierre... Non! c'est une illusion. Quelque vin empoisonné m'aura donné le délire... Mais, si c'était réellement un esprit envoyé de Dieu pour rappeler mon cœur à la pénitence? Le terme est court : une nuit! Dieu me donnerait plus de temps. « Songe que je serai à tes côtés, » m'a dit l'ombre d'Inès. Elle n'est pas ici : c'est donc un rêve.

L'ombre d'Inès, apparaissant dans le mur :

— Je suis là. Réfléchis à ce que t'a dit le Commandeur. Aie le courage d'aller à son rendez-vous. Un instant suffit pour mourir saintement. Demain, don Juan, nos deux corps dormiront dans le même tombeau. (*Elle disparaît.*)

— Arrête, dona Inès, attends! Si tu m'aimes, fais-moi distinguer la réalité de la chimère. Toujours des ombres! Serait-ce un jeu de ces messieurs? et font-ils semblant d'être endormis. Pardieu! ils s'en repentiraient. Eh! assez! Levez-vous! Assez de plaisanteries!

Suit une vive querelle, don Juan les accusant d'avoir monté une fantasmagorie pour lui faire peur; eux, accusant don Juan de les avoir endormis avec un narcotique pour faire accroire à son aise qu'il a eu la visite des morts et se vanter d'un courage qu'il n'a pas.

— Vous en avez menti tous deux!

— Don Juan, vous allez payer votre injure à la pointe de l'épée de tous deux, l'un après l'autre.

— Tous deux à la fois, si vous voulez.

— Nous sommes gentilshommes.

— Vous donc le premier, capitaine. (*Ils sortent pour se battre.*)

Le dernier acte se passe dans la sépulture expiatoire, et n'a pour acteurs que des ombres.

Don Juan, enveloppé, à pas lents, affaissé :

— Ce n'est pas de ma faute. J'avais le délire, et le délire a besoin de victimes. Je les ai immolés tous deux l'un sur l'autre... Pourquoi ont-ils bravé ma chance?... Un vertige infernal m'emporte, comme un tourbillon la feuille sèche. Je doute, je tremble; un volcan bouillonne dans ma tête. Je crois que je n'ai plus conscience de mes actes; un je ne sais quoi de grand humilie mon orgueil. Jamais je n'ai rien compris au-dessus du courage; j'ai cru que l'homme périssait avec le corps, et voici que mon cœur hésite. Je n'ai jamais cru aux fantômes, et j'ai beau faire, partout autour de moi j'entends les pas du fantôme de pierre. Un pouvoir mystérieux, irrésistible, m'amène ici, parmi les morts... Que vois-je? Le Commandeur n'est plus là!... Il est donc venu!... Rêve affreux! Laisse-moi enfin, fatidique illusion! Puérils épouvantails, vous n'abattrez pas mon courage surhumain! Si tout cela était vrai, comment apaiser la colère du ciel? Rêve ou réalité, j'en aurai raison. Commandeur, me voici, don Juan!

Il frappe sur le tombeau, qui se change en table, semblable à celle du précédent festin, sauf qu'à la place des fleurs il y a des serpents et un sablier; à la place des mets exquis un plat de cendres et une coupe de feu.

Tous les tombeaux s'ouvrent, et laissent échapper des squelettes dans leurs suaires. Toute la scène se remplit d'ombres vagues et de spectres silencieux, immobiles.

Seule la tombe d'Inès reste fermée.

La Statue jaillissant de son tombeau :

— Me voici, don Juan, et, avec moi, tous ceux qui réclament de l'éternelle justice ton éternel châtiment.

— Jésus!

— Tu trembles enfin, toi que rien n'étonne, toi qui es homme à boire dans des crânes humains.

— Malheur à moi!

— Le cœur te manque.

— Ce n'est pas un rêve : ce sont eux! Une crainte inouïe me gagne, mes forces me trahissent.

— C'est que ta vie est finie, et que le jugement approche. Tu as oublié ce qu'Inès t'a dit, ce que je t'ai répété. Prends place : ton couvert est mis pour ton suprême festin.

— Que me sers-tu là ?

— Ici des cendres, là du feu, ce que tu seras : jeunesse, courage, pouvoir, aboutissent à n'être que cendres, sur le feu de l'éternelle colère.

— Les cheveux se dressent sur ma tête. Cendres, passe ; mais feu !... Il y a donc une autre vie ? C'est donc vrai, ce que je n'ai jamais voulu croire ? Fatale vérité ! Mon sang se glace... Et ce sablier ?...

— La mesure du temps qui te reste.

— Il touche à sa fin.

— Oui, chacun des grains de sable emporte un moment des restes de ta vie.

— Ah ! Dieu injuste ! tu ne me fais connaître ton pouvoir que lorsque je n'ai plus le temps de me repentir.

— Un instant suffit pour le repentir et le salut.

— Impossible qu'un instant de bonnes pensées efface trente années de crimes.

— Le terme va expirer. Entends les cloches sonnant pour toi ; les coups de la pioche creusant ta fosse ; les psaumes de la pénitence chantés pour toi.

— Pour moi ! Mais cet enterrement qui passe, là ?...

— Le tien.

— Je suis donc mort ?

— Le capitaine t'a blessé mortellement à la porte de ta maison.

— Ah !... La lumière de la foi pénètre trop tard dans mon cœur : je vois mes crimes sans excuse, et le Dieu courroucé. Hélas ! partout j'ai bafoué la raison, insulté la vertu, profané la justice. Tout ce que mon œil a touché, je l'ai empoisonné. Je n'ai aucun pardon à espérer... Oh ! morts, vous voilà tous me cernant de votre calme impitoyable et insolent. Laissez-moi mourir en paix, seul avec mon agonie ! Mais que m'annonce donc votre horrible tranquillité, ombres cruelles ? qu'attendez-vous de don Juan ?

— Qu'il meure, pour emporter son âme. Adieu, don Juan ! voici ton heure ! et puisque notre appel a été impuissant, donne-moi la main en signe d'amical adieu.

— Toi, de l'amitié pour moi !

— Oui. Dieu veut que je devienne ton ami pendant l'éternité.

— Prends donc ma main.

— Puis donc que tu perds l'heure du repentir, don Juan, viens avec moi en enfer !

— Loin de moi, froide pierre du mensonge ! Lâche ma main ! Il reste encore un grain dans le sablier de ma vie, et, si le dernier cri du cœur peut sauver, Dieu ! Dieu saint ! je crois en toi. Si ma méchanceté a été inouïe, ta bonté est infinie. Seigneur, aie pitié de moi !

— Il est trop tard !

Don Juan, à genoux, tend vers le ciel la main que la Statue laisse libre. Les ombres referment lentement sur lui leur cercle glacial. Tout à coup, la tombe d'Inès s'ouvre : Inès, apparaissant, saisit et soutient la main suppliante de don Juan.

— Il est trop tard! crie la Statue.

— Non : me voici! Don Juan, ma main soutient ce bras que, dans ton repentir, tu as tendu vers le ciel. Dieu pardonne à don Juan au pied de mon sépulcre.

— Dieu clément! Dona Inès!

— Fantômes, évanouissez-vous! Sa foi nous sauve tous deux. Rentrez dans vos tombeaux : telle est la volonté de Dieu. La souffrance de mon cœur a purifié l'âme impure. A mon âme qui s'est donnée à Dieu, Dieu donne ton salut, mon don Juan. Mystère que nulle créature ne peut comprendre ici-bas, et que les élus comprendront dans une vie meilleure!... Cessez, chants funéraires! Suspendez vos tintements, cloches des morts! Ombres, rentrez dans vos urnes sépulcrales! (*Les spectres disparaissent dans les tombes refermées.*)

Remontez sur vos piédestaux, statues animées! (*Les statues se reposent dans l'attitude de la prière*). Et qu'à don Juan la béatitude céleste apparaisse même parmi tous nos sépulcres!

Les touffes de fleurs s'entr'ouvrent; de petits anges lumineux en sortent, entourent dona Inès et don Juan et les parfument de fleurs et d'encens, au son d'une céleste musique, aux lueurs de l'aurore nouvelle.

Inès tombe sur un lit de fleurs qui a remplacé son tombeau.

Don Juan, à ses genoux, au milieu des anges :

— Dieu clément, gloire à toi! Demain, les habitants de Séville, effrayés, croiront que j'ai succombé entre les mains de mes victimes. Mais sache l'univers qu'un éclair de repentir m'ouvre le purgatoire, et que le Dieu de la miséricorde est le Dieu de don Juan Tenorio!

Don Juan et Inès meurent ensemble; de leurs bouches s'échappent leurs âmes, flammes brillantes qui montent, exaltées dans l'éther, parmi les concerts du ciel.

Le dernier mot de Tirso de Molina est : Telle est la justice de Dieu! Voici le dernier mot de Zorilla : Telle est la miséricorde de Dieu, et telle est la puissance de l'amour! C'est le double titre du dernier acte du nouveau *Don Juan.*

La première idée *Miséricorde de Dieu* est celle de la *Dévotion à la croix* de Caldéron, dramatisée sous une autre forme, plus complexe, dans le *Damné pour manque de foi* de Gabriel Tellez. La seconde idée *Apothéose de l'amour* est celle du *second Faust,* du *Souper chez le Commandeur* et de *Don Juan de Marana.* Ce qui appartient en propre à Zorilla, c'est la conception évangélique du rôle d'Inès, la femme pure devenant l'instrument du salut de don Juan; ce sont les péripéties profondément calculées de la lutte de don Juan entre les trois figures contrastées de don Luiz, don Gonzalo et Inès.

Le poëte moderne espagnol va plus loin que Caldéron: l'acte de foi sauve don Juan après la mort apparente. Zorilla semble poursuivre miséricordieusement son héros dans le mystérieux trajet du coup de la mort au tribunal de Dieu. Il est probable qu'il avait dans le cœur l'adorable parabole de saint Augustin, qui compare le pécheur mourant à un homme tombant à l'eau : entre le pont et l'engloutissement, il y a un espace : ainsi entre la mort et le jugement, place pour la divine miséricorde. C'est dans cet extrême et crépusculaire passage, que le don Juan de Zorilla échappe au Convive de pierre, en poussant un cri vers Dieu. Ces hardies inventions des poëtes très-catholiques sont manifestement dirigées contre la tendance funeste à désespérer de la bonté du Sauveur. Mais il ne faut pas se le dissimuler, ce beau spectacle du salut *in extremis* a un danger, celui d'encourager les Prodigues à poursuivre jusqu'à la limite leur train de vie ; et ce dénoûment justifie en quelque sorte le mot que tous les poëtes ont mis sur les lèvres de don Juan : « J'ai du temps devant moi. »

Le génie espagnol bascule volontiers d'un excès terrible à un excès sublime : de la statue du Commandeur à la statue d'Inès. Toutefois, Zorilla a l'honneur d'avoir cherché à combler l'abîme, en déterminant, avec une savante précision, le caractère et le jeu des divers agents qui pèsent sur le cœur de don Juan. Nous trouvons dans son drame, réellement exprimés, ces trois termes :

Mènis, pundonor, caritas.

La violence jalouse du païen, dans don Luiz ; l'impitoyable point d'honneur espagnol, dans le Commandeur ; l'amoureuse charité chrétienne, dans Inès. Observons bien, et nous reconnaîtrons là, personnifiées, les trois Renaissances hellénique, mozarabique et évangélique, dont nous parlions au début de ce livre [1].

1. Mon drame est écrit depuis cinq ans, et cette étude critique elle-même achevée, lorsque j'y introduis cette analyse de l'œuvre de Zorilla qui vient de m'être traduite (8 janvier). Les concordances d'idées et de sentiments que le lecteur pourra trouver entre l'un et

Le jeune don Luiz, c'est un fils de Vénus et de Mars, qui, après avoir, en se jouant, mis à mal toutes les femmes et à mort tous leurs amants et maris, ne pardonne pas à don Juan de jouer le même jeu mieux que lui et contre lui-même, et le voue tout entier pour sa vengeance à la Némésis implacable.

Le vieux Commandeur convie à venger son injure, moins la Némésis des anciens que leur Dicé. Dicé, c'est la protectrice des tribunaux et la base solide des empires; elle étrangle les monstres, en adressant son compliment aux bonnes gens, et Jupiter l'envoie châtier les âmes qui, bien que vicieuses, peuvent cependant être rappelées à la vertu.

L'esprit du premier, purement démoniaque, ne peut rien sur don Juan : aussi don Luiz après sa mort n'agit plus sur don Juan et reste muet en enfer.

L'esprit du second, bien que mêlé d'infernale brutalité, a quelques traits de la vieille Loi, rigoureuse, mais juste; c'est la réparation sociale, terrible, mais équitable : aussi le poëte met-il don Gonzalo d'abord en purgatoire, quitte à le laisser retomber dans les enfers, lorsque, au lieu de se purger du *pundonor* cruel, il se laisse reprendre à la passion de la vengeance personnelle.

Vivant, don Gonzalo a dit à don Juan qui le supplie : « Que m'importe ton salut! » Mort, le Commandeur vient d'abord parler la vérité à l'impie : « Il n'est dette qui ne

l'autre livre sont dues conséquemment à un même courant de l'humanité progressive que des esprits divers suivent, se fortifiant les uns les autres, sous le souffle de l'Esprit consolateur.

se paye ; il y a un ciel et un enfer : telle est la justice de Dieu ! » Mais lorsqu'avec le dernier grain du sablier de vie don Juan pousse un cri vers le ciel, l'implacable justice humaine répond : « Il est trop tard ! »

Cette calme insolence des morts, qui le convient à leur festin désespéré, ne sert qu'à exaspérer don Juan et à l'épuiser sans fruit. La loi de rigueur, avec ses avertissements et ses menaces, donne la connaissance du mal à don Juan, mais elle n'est pas de force à l'en délivrer : bien loin de là, elle ne sert qu'à faire surabonder en péché l'âme rétive [1] ; et si bien que, sous le bras de la Statue mozarabique, le don Juan de Zorilla passe de la résistance sacrilége au désespoir, c'est-à-dire au plus grand des crimes, le seul que Dieu ne pardonne pas peut-être. L'homme de pierre n'est qu'un trompeur encore ; et c'est en s'arrachant à son influence et en se retournant, dans un dernier éclair d'espérance, vers le foyer de la charité, que don Juan échappe à l'abîme éternel.

Ce retournement suprême vers l'amour n'est dû qu'à l'influence amoureuse d'Inès. Dans cette héroïne du poëte habite l'esprit de vie : par elle seule l'Enfant prodigue endiablé se sent attiré irrésistiblement, et se voit enfin dépossédé de Satan. Le joug dur et pesant du Commandeur renfonçait aux lieux bas don Juan désespéré ; le joug doux et léger du Christ, par la main délicate et suave de l'amante, relève don Juan, à l'heure suprême consolé, et

1. Saint Paul, Rom., III, V.

qui peut dire, comme le Enrico de Gabriel Tellez : « La mort m'engloutit, mais dans un océan de miséricorde [1]. »

L'Inès de Zorilla, en quittant la terre où don Juan a épuisé pour elle la source des larmes, emporte au ciel son amour : elle en redescend, cœur séraphique, sur les ailes d'un Chérubin de lumière. Ses apparitions, expressions harmonieuses de la sagesse autant que de la miséricorde infinies, viennent toucher don Juan, même aux cordes basses de son humanité, pour l'élever progressivement aux concerts des attraits divins. Ombre vague et immobile, Inès d'abord semble faire passer sous les yeux du voluptueux le rêve sensuel d'une même couche mystérieuse, calme et sainte : « Don Juan, reviens à Dieu, et nos corps réunis dormiront dans la même couche éternelle. » Puis Inès, apparaissant en statue animée, en sa forme humaine en mouvement, fait venir à l'esprit curieux le songe de la résurrection : « Don Juan, tu m'as offert ton cœur pour des noces éternelles ; j'ai offert à Dieu mon âme pour racheter la tienne : si tu reviens à de bons sentiments, tu me tiendras à tes côtés, épouse bienheureuse de ta béatitude éternelle. » Enfin, lorsque don Juan va mourir, Inès, parmi les chœurs d'anges murmurant à l'oreille agonisante leurs hymnes de suave attraction, révèle, dans le souffle de l'amour, un avant-goût du ciel consolateur.

Cette scène finale est admirable, digne couronnement d'une œuvre un peu entachée d'exagérations mélodra-

1. Le damné pour manque de foi.

matiques, mais au fond saine, vraiment poétique et puissante. Cette statue de l'amour suscitée par Dieu et dressée contre la statue du *pundonor* galvanisée par Satan ; cette main de femme miséricordieuse arrêtant le bras de l'homme justicier; le monde sinistre et impitoyable d'en-bas vaincu par le ciel évangélique et glorieux : c'est là une conception d'un effet scénique grandiose, et qui dépasse en pathétique sublime le vieux dénoûment de Gabriel Tellez autant que l'idéal du Thabor, du Calvaire et de l'Ascension dépasse l'effroi du Mont Terrible et les hurlements du Caucase.

Dieu soit loué! voici la fin de ce vieux monde à bout de violences et d'intimidations impotentes; voici la moisson qui commence, et les ouvriers envoyés de Dieu, pour arracher, d'une main subtile et ménagère, du bon grain l'ivraie de l'erreur que le Satan mozarabique a semée dans le champ espagnol! Dieu soit béni! voici que, par la main féminine de la statue de Zorilla, l'Espagne secoue enfin et jette hors du théâtre le joug des idées musulmanes et païennes!

Soit loué et béni le poëte qui nous a créé la pure et forte Inès pour sauver don Juan et nous reposer de tant d'héroïnes faibles ou brutales. Il fut un siècle de sombre Renaissance, où les lionnes blessées rugissaient de si belle manière leur sauvage rancune que Catalinon, quand la statue du Commandeur frappe à la porte, pouvait s'écrier : « C'est fait de moi! ce sont peut-être les femmes mises à mal qui viennent se venger de nous deux! » Il fut un siècle de Renaissance plus sinistre encore, où les tigresses renouvelées du grec, plus froidement persévérantes dans la colère, venaient en personne, le poison aux mains et le fiel aux lèvres, exécuter leur vengeance et en jouir. Voici la femme de la Renaissance chrétienne, souffrante, résignée, militante pour qui l'a mise à mal, triomphante avec don Juan sauvé ; esprit d'amour que Mozart exhala de son cœur, ombre errante autour du cerveau d'Hoffmann, que Goëthe, Henri Blaze et Dumas ont embrassée, que Zorilla a réalisée et dressée harmonieusement sur son piédestal purifié.

Marguerite, Marthe et l'Anna de Blaze de Bury sont de bons anges penchés sur Faust et don Juan, mais des anges blessés, aux ailes maculées, et qu'il a fallu passer au feu spirituel du purgatoire.

L'Évangile commande à tout le monde, surtout aux vieux pécheurs orgueilleux et durs, de ne point jeter la pierre à l'humble et douce pécheresse ; mais il faut aussi que la Madeleine, sous le rayon de l'Étoile matinale, parmi les parfums de la Rose mystique, progressivement se purifie et se transfigure.

Les vieilles et grandes légendes poétiques nous offrent le tableau de cette progressive transfiguration de l'amour, plein de faiblesses dans le vieux monde, et, dans le nouveau, se remplissant de force en même temps que de pureté.

Dans la légende de *Virgile,* le héros, poëte enchanteur, séduit sans scrupule, et la fille du roi se laisse séduire sans peine. Nous sommes à la cour, et à la cour du roi de Babylone.

Dans la légende de *Cyprien,* où Philarète Chasles voit le double germe et de Faust et de don Juan, légende dramatisée par Calderon, Justina, devenue chrétienne, échappe au séducteur païen et se sauve du démon par le signe de la croix.

Dans la légende de *Théophile,* dramatisée par Rutebœuf, au temps où le Christ régnait encore, l'héroïne, pure, fidèle, triomphante, sauve son amant lui-même par l'*Ave Maria*[1].

Telle est la progression des mœurs sociales écrite dans l'histoire romanesque de l'humanité. Il en faut méditer la leçon.

Prenons garde de trop louer, avec les bons Allemands, qui se flattent d'avoir un idéal de pureté plus pur que les catholiques, prenons garde de trop louer Marguerite, trop bonne Allemande. La pauvre fille, faible de chair, n'est guère forte d'âme, et elle n'a rien du souffle d'une martyre chrétienne : elle perd la tête jusqu'à l'infanticide. Dieu me garde pourtant de jeter la pierre à la touchante héroïne de Gœthe, pas plus qu'à l'infortunée Marguerite de notre jeune Alexandre Dumas ; mais toutes ces dames aux camélias ou aux fleurs des champs, trop exclusivement occupées à demander leur destinée aux rayons des astéroïdées, filles de Babylone et de Magdalum, ne valent point, au sens moral, la dona Anna de Mozart et l'Inès de Zorilla. Ces vases odorants de tubéreuse et de musc ne parfument pas le cœur et n'exaltent

1. Ristelhuber, *Faust dans la légende et dans l'histoire.*

pas au ciel comme les roses et les lis du vase immaculé de Nazareth.

L'œuvre de Zorilla, au point de vue de la conception morale et religieuse, me paraît donc supérieure à toutes celles dont nous avons parlé et dont nous parlerons bientôt. Mais le drame du retour de l'Enfant prodigue est-il épuisé? L'œuvre de la conversion de don Juan est-elle achevée? Je ne le pense pas.

Il y aurait quelques réserves à ajouter après nos éloges. Le type de don Juan et le problème social de sa perversion et de son amendement se trouvent, à certains égards, diminués dans la composition de Zorilla.

Avoir supprimé Catalinon-Sganarelle, c'est éteindre toute une face du sujet: c'est effacer le grand duel humain entre la fausse morale et le libertinage, entre la fausse dévotion et l'incrédulité. C'est un très-gros problème que celui de l'obstacle que fait à la vérité vraie la vérité faussée et parodiée. Sganarelle est partout encore, à l'heure qu'il est, dans la société dite chrétienne, plus nombreux même que don Juan, se posant en défenseur de la propriété, de la famille et de la religion : on ne débarrassera pas la scène du monde de ce tiède et véreux personnage en se bornant à le voiler et en le laissant vivre comme il vit, drôlement, grotesquement, sataniquement. Il faut le traîner sur les planches, l'analyser et le combattre, pour le jeter dehors.

Avoir supprimé le pauvre, le généreux don Carlos et le bon Guzman de Molière; n'avoir représenté, auprès de don Juan, ni le Borromée, ni le Cristoforo de Manzoni; n'avoir suscité devant lui aucun ferme guide analogue au marquis de Posa de Schiller, c'est éclipser plusieurs des rayons par où la lumière du divin Soleil peut venir à l'esprit de don Juan.

Le héros de Zorilla, comme celui de Musset, n'est à peu près voué qu'à l'azur; et il faut que le rayon du cœur d'Inès brille d'une miraculeuse ardeur, pour que don Juan soit, avec sûreté, ramené à Dieu par ce fil d'une attraction unique.

Ce don Juan ne se distrait de ses exploits amoureux que par des exploits sanglants, en duel et à la queue de l'Empereur. Ce n'est pas le dieu Mars, apparemment, qui peut convertir à la vie en Jésus-Christ... Quant à l'amour, de quelque transformation qu'il soit capable par sa pure ardeur, ce qu'il a de mieux à faire, c'est d'emporter don Juan au ciel.

Inès étant morte, si don Juan revivait amendé sur la terre, il lui faudrait d'autres bonnes et belles âmes pour le soutenir, l'encourager, le confirmer. Où sont-elles?...

Si Inès survivait, comme Hoffmann l'avait rêvé de dona Anna, pour faire fonction d'ange gardien, il est évident que don Juan ne pourrait traverser la vie sous son aile abrité, et qu'il ne leur serait pas permis décemment de promener leur amour souriant parmi les tombeaux de tant de victimes, à l'ombre indignée de la statue du Commandeur.

Il est des crimes sur lesquels la seule miséricorde ne suffit point à passer l'éponge : il faut à la justice une réparation. Entre l'enfer social, où don Juan a vécu en vrai démon, et le ciel, il y a un lieu et un temps d'expiation et d'épreuves nécessaires. Pour protester contre ce dogme du purgatoire, il faut que les protestants, en vérité, aient fermé les yeux à l'évidence rationnelle. Nous serions inexcusables, dit l'Apôtre de la raison et de la science, si, hommes intelligents, nous ne demandions le secret des choses invisibles au spectacle des choses visibles[1]. Or, la nécessité pour tout criminel d'une purge et d'une purification préalable, avant de reprendre sa partie dans le chœur des hommes de bien, est un fait qui nous crève les yeux dans la vie présente. Le docteur Purgon, médical et philosophique, n'est ridicule que parce qu'il veut clystériser, purger et saigner même les bien portants, et jusqu'à leur faire rendre l'âme. L'expiation que le monde exige de Jean Valjean est antichrétienne et diabolique, parce qu'elle n'admet pas la possibilité de la réhabilitation : donc elle ne fait pas au criminel pénitent un purgatoire ; elle ne lui fait qu'un enfer, puisqu'elle lui ferme tout accès au royaume des cieux sur la terre. Voit-on que Jésus et Marie aient interdit jusqu'à sa mort à la Madeleine la consolation et la gloire de leur céleste compagnie? Le ciel lui fut ouvert dans l'entretien de ces divins cœurs. Mais si Madeleine, aux jours de ses orages infernaux, avait, buvant à la coupe des Furies antiques et germaniques, empoisonné la femme de l'un de ses amants, pense-t-on que la Vierge-Mère lui eût conseillé d'épouser cet amant, et que le Christ eût autorisé une pareille et si scandaleuse union?

1. Rom., 1, 20.

Inès, survivant à ses malheurs, pourrait-elle songer à épouser le meurtrier de son père? Cruelle question! Et c'est pourquoi nos poëtes qui, mieux inspirés que les faux docteurs, ont confessé, dans leurs drames, la croyance au purgatoire, Dumas, Blaze, Zorilla, ont tous fait partir don Juan pour l'autre monde, ne voyant pas moyen d'occuper un don Juan à autre chose qu'à l'amour, et cherchant en vain, autour de lui, une autre âme pour l'aider à vivre que celle d'Inès ou d'Anna.

Tant que le poëte, comme a fait Zorilla, n'offre à don Juan pour refuge que le cœur de pierre du Commandeur, son cri de componction, son vœu de volontaire expiation ne peuvent être entendus. Cette scène du quatrième acte de la première partie du *Don Juan Tenorio* est grandiose, palpitante de vie et de noblesse. Que don Juan, dans son humiliation, manifeste encore un levain d'orgueil, c'est tout naturel : mais bien plus grand encore est l'orgueil devant lequel il s'agenouille en vain. Pour entendre sa confession, pour fortifier cette bonne résolution, pour le conduire à la réforme glorieuse de lui-même, il fallait que le cœur du Prodigue trouvât pour y frapper le cœur d'un saint.

Tant que nous n'aurons pas dardé sur don Juan tous les rayons du spectre solaire de l'amour, tant que nous n'aurons pas fait autour de cette âme un cercle intégral de bienfaisante lumière, il arrivera que, faute d'être éclairé et soutenu dans toutes ses forces, il retombera; ou bien, s'il est sauvé, comme en Espagne, par le miracle de l'amour, il demeurera, au milieu des ruines et des obstacles du monde, sans appui, sans emploi sur la terre et sans consolation.

Faust, le don Juan de Blaze et celui de Dumas ont pour ange sauveur leur Madeleine repentie ; le don Juan de Zorilla, ce bandit, a plus même que la Madeleine purifiée, une amante sans tache : ce n'est point assez encore. Sur le Calvaire, où se dénoue le drame qui rend la vie aux morts de l'humanité, il y a, pour chacun de nous, Faust ou don Juan, l'Homme-Dieu pour nous immolé et priant ; il y a notre jeune frère, l'élu, le pur, celui que Jésus aime et auquel le Sauveur, le reposant sur son cœur, a dit comment on aime, comment on se dévoue, comment on sauve les égarés ; il y a, entre le frère céleste et le frère terrestre, la Mère, la Mère immaculée, toute en pleurs, mais ferme debout, forte dans les épreuves, persévérante dans l'amour infini, consolatrice des pécheurs.

Le don Juan de Zorilla a son Inès : il lui manque la mère et les saintes femmes de la famille, le frère et l'ami, dont le saint exemple l'aide et le fortifie, l'homme de Dieu, dont la sainteté doucement l'illumine.

XII.

LA MÈRE DE DON JUAN.

Le lecteur qui a la bonne patience de suivre ce déroulement de notre histoire poétique saisit déjà la grande évolution que l'esprit humain a faite depuis la source de la légende.

Nous avons vu don Juan, force corrompue et rebellée, entouré de forces elles-mêmes corrompues et déroutées, heurté par la conjuration du monde, à l'ombre du roi frappé, et finalement par l'Enfer abîmé.

Nous avons vu don Juan, aux rayons du libre examen, se considérer, s'étudier, se glorifier dans sa titanique grandeur, juger enfin ses juges, juifs, pharisiens ou païens; mais, au bout de sa triomphante analyse, aboutissant soit toujours à l'abîme que lui ouvre la déesse Raison d'État survivant au Diable, soit à un autre abîme plus effrayant peut-être, le désespoir et le suicide brutal, soit encore au pire des abîmes, la décomposition lente du caractère, l'aplatissement des énergies, l'avachissement de l'âme dans les marécages de nos bas empires, au pied de l'Olympe illustré et du Parnasse enténébré.

Nous avons vu enfin don Juan, restauré dans la largeur complexe de son caractère, et visité pour la première fois par de nobles et purs esprits ; âme de bronze surprise, touchée, et rendant sous le coup divin un son divin, comme la statue de Memnon (dit justement cet idiot de Thomas Diafoirus) rendait un son harmonieux lorsqu'elle venait à être éclairée des rayons du soleil. Et, dès ce moment, l'art n'a plus cessé de poursuivre et d'illuminer harmonieusement, chrétiennement, le problème social de don Juan.

Par une pente naturelle à tout poëte, et plus encore au musicien, l'action salutaire sur don Juan a été demandée au rayon de l'amour, et confiée au cœur de la femme. Mais jusqu'ici la femme n'a été invoquée que dans son titre d'amante.

L'amante, l'amante vraie, une dona Anna, une dona Inès, à bien dire, comprend en elle toutes les puissances sociales et divines de la femme. Elle est amie et sœur, elle est épouse, elle est bon conseil et guide, elle est mère, et elle est inspiratrice. Cependant, quelque vaste que soit le cœur d'une amante-épouse, elle ne saurait prétendre à supprimer ni remplacer dans un cœur les autres personnalités féminines, bienfaisantes et consolatrices. La mère surtout, voilà ce que rien ne supplée, Dieu seul excepté ; et Dieu incarné, se faisant notre frère et notre ami, s'il s'est refusé l'épouse, s'est donné une mère, comme si le Tout-Puissant Dieu ne pouvait lui-même se passer de cet incomparable appui. Il fallait sur la terre au Fils de l'homme enfant son ange gardien; au foyer maternel de Nazareth, autour du jeune Jésus croissant en âge et en grâce, la Vierge-Mère immaculée.

L'art pictural a compris ce grand mystère : Fra Angelico, Léonard, Raphaël, Luini, Allegri, tous les vrais inspirés, ont fait éclore le maternel sourire et la maternelle sollicitude dans les yeux et sur les lèvres de l'humanité. Hier encore, ranimant l'art idéal à la source catholique, Ary Scheffer nous a montré dans Monique la mère sainte et sublime conduisant de son regard profond les yeux de son fils au ciel.

Ut pictura poesis : si les saintes mères font si bien en peinture, pourquoi ne produiraient-elles pas un égal et bienfaisant effet dans un tableau dramatique?...

Il a fallu une mère à Augustin pour l'arracher à l'impureté et à l'erreur, et le tourner vers l'azur céleste et vers Dieu; n'en faudrait-il pas une à don Juan?

La mère, c'est le cœur de la famille, et c'est dans le cœur que chante l'Esprit de Dieu.

Si l'Enfant-Dieu a eu sa mère et son père terrestre, s'il a voulu avoir besoin, en tant qu'homme enfant, de leur autorité sainte[1], comment notre don Juan, simple enfant des hommes, se passerait-il de ces doux appuis, père et mère? et comment, sans eux, pourrait-il croître en force saine et en pureté?

1. Saint Luc, II, 51.

Gœthe, prince des poëtes philosophes, rendant à l'humanité la vision du ciel, lui a rouvert les bras de la sainte et divine famille.

Le Père céleste réapparaît, impatient de presser sur son cou l'Enfant prodigue qui a consommé toute sa substance jusqu'à la perversion et l'épuisement, jusqu'au désespoir.

« Dieu le Père, dit Görrès, respecte l'être qu'il a créé, non-seulement tant qu'il garde sa beauté primitive, mais jusque dans sa difformité ; il ménage la liberté de ses créatures jusque dans l'abus qu'elles en font[1]. »

Don Juan a-t-il jamais eu, devant lui, une image de ce père-là ? S'est-il vu traité avec de respectueux ménagements dans sa difforme liberté? s'est-il entendu mélodieusement rappelé à un essor libre harmonieux ?

Nous avons vu de quelle espèce de père le *pundonor* espagnol et la Renaissance mozarabique ont pourvu don Juan. Les Italiens suppriment la paternité rigoureuse, et ne laissent plus subsister autour de l'Enfant prodigue, unique échantillon de la famille de la Renaissance païenne, que l'oncle don Pietro, celui dont Mallefille a développé, dans son don Jorge, la face plaisante, race de ces parents corrupteurs qu'Eugène Sue a puissamment fustigée dans *Martin l'enfant trouvé*, qu'Alexandre Dumas brosse tout doucement dans le *Père prodigue*.

Dorimon reprit à l'Espagne son père de famille, que signale le titre du drame : *le Fils criminel ;* mais tout en

1. *Démonologie*, t. III, l. v ; et saint Luc, xv.

lui, actes et style, révèle l'essence de la paternité païenne. Contre son fils il invoque « les carreaux du ciel, » et sur lui-même il appelle la Mort.

Oui, dieux, humains, démons, la Mort a la puissance
De me donner sur vous une prompte allégeance.

De ce train-là on va droit au suicide, qui n'est pas d'essence chrétienne... Cependant, ce pauvre père désespéré a des retours de tendresse, et son dernier mot le rend intéressant, puisqu'il meurt de chagrin.

Molière a moins cédé à cette pente de l'attendrissement. Il a redressé don Louis, plus droit dans son austère amour, caractère plus entier et plus fort, moins impitoyable que le père espagnol, mais tout à fait incapable encore d'agir sur don Juan, parce qu'il porte et fait tomber les orages et les foudres de la vieille Loi, plus que les rosées et les rayons de l'Évangile. Ce don Louis, infirme dans sa foi, ne sait pas, contre toute espérance humaine, se confier en la divine espérance. C'est un brave gentilhomme qui se fie plus au Roi qu'à saint Pierre, saint Paul et saint Jean. C'est un père qui sort d'entendre le *sermon sur le petit nombre des élus*... O chrétiens de petite foi, sages qui donnez dans le travers, le Christ est toujours là, vous disant : L'incrédulité, voilà la cause de votre impuissance à chasser du cœur de vos fils le démon de leur capricieuse impiété[1] !

1. Saint Matthieu, XVII. Psaume CXLV. Rom., IV.

Voici le premier abord du père français : « C'est du Molière, et c'est beau ! » dit un grand poëte. Oui, mais allons au fond du cœur de cette beauté.

« Je vois bien que je vous embarrasse... A dire vrai, nous nous incommodons étrangement l'un l'autre... »

Suit le sermon en deux points, tout à fait digne de Bossuet pour le style, de Massillon pour l'esprit, paraphrase de ces deux mots de Jésus : « Il vaudrait mieux pour cet homme que jamais il ne fût né... Que si vous faites les œuvres du diable homicide, vous descendez en vain d'Abraham et de Dieu. »

Il y a cette différence entre le Verbe sauveur et le sermonnaire du siècle de Louis XIV, sur le premier point, que Jésus se garde bien de dire son mot (d'ailleurs plus douloureux que dur) de manière à incommoder le coupable : Judas seul entend, et il n'y a là aucun Sganarelle devant qui on étale son indignité ; — sur le second point, que ceux que Jésus appelle fils du diable, ce sont précisément ces Juifs Pharisiens, vieux jugeurs impitoyables, *seniores*, qui invoquent la vieille loi du sacrifice pour lapider la jeunesse libertine, fût-elle repentante[1].

Telle est la lumière du monde, et qui ne la suit point marche contre don Juan avec les ténèbres. Telle est la vérité, et s'il l'avait entendue, le père de don Juan eût délivré son fils des sept démons qui le possèdent, et se

1. Prière à Renan de remettre à l'étude tout le chapitre VIII de saint Jean, et de mieux chercher qu'il n'a fait les harmonies de la Parole éternelle. *In luce ambulemus,... crescentes in scientiâ Dei!* disent saint Jean et saint Paul.

fût débarrassé lui-même des esprits d'orgueil, de colère et de désespoir qui l'assiégent. Jésus invoque sur les Juifs la lumière et la vérité du Père céleste parfait, et il ne soumet que lui-même, innocence parfaite, aux foudres de César. Don Louis n'invoque sur don Juan que le roi terrestre avare, maigre bienfaiteur dont il a « épuisé les bontés; » mais comme le souverain d'en bas n'épuise jamais ses foudres, le père conclut, en sa péroraison, à y recourir contre son fils « pour prévenir le courroux du ciel, et laver, par sa punition, la honte de l'avoir fait naître. »

Ceci est à peu près le dernier mot du père mozarabe de Tellez. Le père gallican de Molière est plus que hautain, rude et maladroit : il est dupe. Après avoir quelque temps erré à distance, *a longe*, entre le Temple et le Prétoire, entre la Sacristie de sa chapelle et la police de la maison du Roi, don Louis revient vers son fils, quand il est trop tard, quand don Juan a embrassé la profession d'hypocrite. « Puis-je prendre quelque assurance sur la nouveauté surprenante d'une telle conversion ?... Ah! mon fils ! que la tendresse d'un père est aisément rappelée !... »

Molière a partout montré, dans la famille, le père, représentant de la vieille Loi, dur malgré lui-même, abusé et dupé ; la mère, organe de la loi de Grâce, clairvoyante et douce. La mère ne prendrait pas pour de bon argent les paroles dorées du menteur ; mais sa tendresse n'aurait pas besoin de cette comédie pour être rappelée, n'ayant jamais quitté son fils. Don Louis est bon au fond, comme tous les pères de Molière, sous leur rude écorce légale; mais tous ses beaux élans d'amour tardif et ses jets de larmes joyeuses et ses transports de ravissements ne servent de rien pour le retour de l'Enfant prodigue, auquel il a fait obstacle en se mêlant aux sacrificateurs.

Je m'assure que Sylvestre de Sacy lui-même aurait dit au père de Molière, au nom de son fils : « Si vous voulez me rendre meilleur, montrez-moi plus de pitié ! que je sente dans vos remarques les plus sévères *ce retour sur vous-même*, qui diminue la rigueur de la condamnation en la faisant partager au juge[1]. »

« Votre amour paternel, aurait ajouté saint Jean Bouche-d'Or, comparé à l'amour de Père céleste, n'est que malice. »

« Vos sermons, eût dit en souriant saint François de Salles, font à don Juan l'effet de fruits verts qui donnent des tranchées. »

Et le vénérable Grignon de Montfort eût conclu : « Ces enfants rebours ne peuvent pas manger sans une grande violence qui ne sera pas durable vos noix vertes d'elles-mêmes fort amères ; mais ils les avaleront joyeusement si elles sont confites, par la divine Mère, dans le sucre de la douceur maternelle et dans l'onction du pur amour[2]. »

Avec le Père céleste, qui fait luire même sur les mé-

1. Variétés littéraires et morales, non de Port-Royal, mais du *Journal des Débats* et du XIXe siècle.

2. *Chaîne d'or,* sur saint Matth., VII. *Vraie dévotion à la sainte Vierge,* II, 2.

chants son soleil, c'est-à-dire son Christ, notre divin Frère, patient sous l'injure et persévérant en bienfaisance, Gœthe a restauré sur le théâtre la divine Mère des douleurs, debout auprès du saint Fils immolé et tendant aux fils coupables ses deux mains rayonnantes d'amour et de caresses.

Entre l'Homme-Dieu et l'homme, il faut une médiatrice : *Mulier,* la Femme parfaite, la Mère virginale.

La mère que Dieu nous donne à l'image de la sienne n'attend pas le retour de l'Enfant prodigue. Tendresse miséricordieuse et prévenante, elle va chercher, ramasse, recueille en son saint giron, et rapporte à Dieu son trésor nettoyé, purgé, qu'à sa demande le Fils de Dieu réillumine, et que le juste Père, violenté et vaincu, exaltera dans sa gloire éternelle.

Chose inouïe, inconcevable dirait-on, chose instructive assurément, dans la légende de don Juan comme dans celle de Faust, il n'y a point de mère... Gœthe n'a songé à la divine maternité qu'au dénoûment de son poëme, *in extremis...*

Voyez la supériorité du drame évangélique au point de vue humain et cordial.

Saint Luc nous révèle la Mère chantant sur le berceau de son espérance le *Magnificat;* et saint Jean nous révèle la Mère des douleurs droite au pied de la croix, pleurant et priant : *Stabat Mater;* avec la tante, la *tantine* comme nous disons aux colonies : *Stabat soror matris;* et nous savons que la foule des saintes femmes s'attache avec une tendre commisération à l'homme faible, écrasé, sacrifié, depuis la Crèche et Rama jusqu'au Calvaire: *Sequebatur turba multa mulierum quæ plangebant et lamentabantur eum* [1].

Si la mère et la tante et les saintes femmes, toutes âmes maternelles, sont nécessaires pour l'aide, le soulagement et la consolation de l'Homme-Dieu, combien plus pour le support et l'apaisement et le redressement de l'homme déchu? Et, s'il est certain (la tradition l'affirme) que la divine Mère et les saintes femmes priaient, avec le Sauveur, pour les bourreaux, à plus forte raison devaient-elles prier pour les larrons associés au supplice de Jésus.

Or, don Juan, c'est l'homme déchu par excellence, c'est un des larrons, c'est-à-dire un homme d'armes, un condottiere, un chevalier, un seigneur de grands chemins, insolent, voluptueux et impie, au service du diable...

Eh bien! les larrons du Calvaire devaient avoir aussi leurs mères, leurs sœurs, se traînant, douloureuses, sur la voie maudite; et leurs gémissements, avec ceux de Marie et ceux de Madeleine et de saint Jean, touchèrent le cœur de l'Ami divin et Sauveur.

Mais, qui sait? le mauvais larron, celui qui persévéra diaboliquement, peut-être n'avait jamais entendu sur son cœur la voix sororale pacifiante et la voix maternelle glorifiante.

Aucun poëte n'a songé à jeter au cou de don Juan les bras humbles et doux d'une sainte mère en pleurs; ou de

1. Saint Luc, XIII. Saint Jean, XIX.

l'appuyer au cœur d'une tantine juste et miséricordieuse ; ou de suspendre vers ses lèvres, dans la paix du foyer maternel, comme un essaim d'abeilles, une guirlande de sœurs pures et souriantes. Aucun n'a songé à montrer ce divin groupe de la famille, avec un saint frère et un homme de Dieu, tous ensemble crucifiés par don Juan, pour don Juan, et tous ensemble concourant au salut de don Juan.

Pauvre don Juan! qu'ont-ils fait de ta mère, à qui le Christ inspire de rassembler sous ses ailes, pour toi, l'amoureuse milice des sauveurs?... Ce n'est plus la Vierge-Mère qui t'enveloppe des rayons de son cœur, et de ses mains sans tache soutient et guide ta jeunesse innocente : Mentor est ton maître, quand tu n'as pas Junon pour matrone, ou pour maîtresse d'études Vénus même!

Le système d'éducation de la Génétyllis antique se résume en ce mot complaisant, qu'elle a transmis à tous les fils de Mars et de son frère Mercure *Paidocoros, Epimelios, Psychopompos :* « Il faut bien que jeunesse se passe pour mon petit Cupidon ! »

Junon est plus pure d'essence et plus austère en pédagogie ; mais qu'elle est maladroite, avec ses gros yeux myopes, et ennuyante!... Junon revit toute entière dans la *Femme vertueuse* de Balzac et dans la mère puritaine du don Juan anglais. Écoutez ce portrait parlant du moqueur de notre Olympe : « Le regard de cette matrone vertueuse était un discours en chaire ; chacun de ses yeux dardait un sermon ; son front rayonnait l'homélie. Elle était sans défaut, laissant aux autres toutes les erreurs du sexe faible ; et à ce point supérieure à toutes les tentations infernales d'en bas, que son Ange s'en était allé de son âme, trouvant inutile d'y tenir garnison... Le modèle des épouses chastes et fidèles ! Toutefois, elle avait une diable de tête à faire enrager son noble époux. Elle épiait et surprenait tous les écarts conjugaux du volage don José, tenait le journal de ses torts, et si bien, que mari et femme se prirent de querelle et vécurent fort malheureux ensemble, désirant non le divorce, mais la mort l'un de l'autre [1]. » Ne dirait-on pas le ménage de Jupiter ? et la belle édification pour l'adolescence de don Juan !

Quant à Minerve, nous savons qu'elle n'a rien de la femme, n'ayant pas eu de mère. Apollon lui fait une gloire de ne s'être pas formée dans les ténèbres du sein maternel. « Une femme, dit ce Verbe lumineux du paganisme, une femme n'eût jamais pu porter un tel fruit. » Et Minerve elle-même s'en vante ; et elle se glorifie de ne favoriser partout que les hommes : « Le sexe viril a tout mon cœur [2]. »

Qu'attendre pour le jeune don Juan de cette génération d'éducatrices, véreuses, rogues, ou contrefaites à ce point de n'être plus femmes ? Et quelle vie nouvelle recevrait-il de cette Renaissance qui s'éloigne dédaigneusement de la Femme immaculée, divine, adorable, pour reporter son encens à des femmes manquées, idolâtrées à la fois et méprisées ?

1. *Don Juan*, I, 15-20.
2. Eschyle, *Euménides*.

Depuis le XIVe siècle, tous les poëtes, en quête de la Toison d'Or, Argonautes aventurés, ont mis le cap sur l'Olympe et sacrifié à l'Apollon reluisant. Or, ce dieu de la vieille lumière, né avant terme, paraît avoir singulièrement déprisé, non pas sa mère en particulier, mais tout le sexe en général; un fort mauvais sujet, qui épuisa moins de traits sur Python et les Cyclopes que sur les Daphnés et les Leucothoès, innombrables victimes du beau Phébus! Plaisant Musagète, drôle de dieu Sauveur, qui, pinçant de la guitare (*Phorminx*), conduit les faibles mortels à se mettre, après quelques essais d'insurrection, au pas du fils de Saturne et de Rhée, lequel roi des sacrés dieux païens n'eut jamais, avec fort peu d'égards pour son père, que beaucoup de mépris pour sa mère, ses sœurs et ses filles même.

Sous cette inspiration olympienne, les femmes, quand elles ne sont pas profanées, toujours sont sacrifiées; et la femme par excellence, la mère, dépouillée de toute influence sociale, voit passer sous le joug despotique de *son homme*, les fils qu'esclave, elle a enfantés dans la douleur, et qu'elle regarde, impuissante, faussés par les tribulations et mis en sang par les ronces de ce bas monde maudit[1]!

Sur cette perversion démoniaque, Luther et Calvin, avec Henri VIII, ont mis une étiquette chrétienne : leur société est virile; « les douceurs féminines en ont été

1. Genèse, III, 16, 17, 18.

retranchées, » dit M. Taine, un penseur du genre noble, qui s'enamourerait presque du nez aquilin et des mâchoires carnivores d'Élisabeth la Grande, l'anglicane hommasse![1]

Hélas! l'Italie de Machiavel et la France de Richelieu et l'Espagne de Philippe II n'ont rien à envier à l'Allemagne et à l'Angleterre en fait de virilité lamentable... Bien avant le *Prince*, qui codifie la politique de la Renaissance infernale, l'Europe latine avait eu le *Code de la Chevalerie,* au nom duquel les gentilshommes chrétiens, à l'instar des chevaliers de la vieille Rome, « prenaient le mâle soin de sevrer leurs fils, à l'âge de raison, de toutes les influences amollissantes du sexe faible... »

Jésus, l'enfant Dieu, s'était fait gloire de demeurer humblement sur le cœur de sa mère jusqu'à l'âge de trente ans : les gentilshommes chrétiens auraient cru compromettre leur dignité et dégrader leur héroïsme en restant sous l'aile maternelle passé sept ans. C'était le bon temps jadis, où un vrai chevalier ne descendait jamais à enfourcher une jument, « à cause de l'indignité du sexe!... » Le genre masculin était le seul genre noble dans les écuries comme dans les grammaires renouvelées du grec et du romain.

Manzoni a savamment résumé l'éducation cavalière qu'avait donnée à l'*Innominato* la chevaleresque université de la Renaissance, à son râtelier de scandales. Mérimée a tiraillé son petit Juanito de Marana entre le râtelier

1. L'Angleterre et sa religion. *Débats,* 3 novembre 1868.

de son père et la crèche de sa mère. « Partagé entre la guerre et la dévotion, l'enfant passait ses journées à fabriquer de petites croix avec des lattes, ou bien, armé d'un sabre de bois, à s'escrimer dans le potager contre les citrouilles de Rota, dont la forme ressemblait beaucoup, suivant lui (et selon l'enseignement de son père), à des têtes de Mores couvertes de leurs turbans. »

Et lord Byron a plaisamment exposé comment le mâle Mentor couronnait ces exercices de ruades guerrières en donnant au jeune et fringant Andaloux des répétitions d'amoureux hennissement, dans tous les modes des antiques Erotidies. « Les études classiques de don Juan ne furent pas sans causer bien de l'embarras à sa mère, à cause des indécentes amours de ces dieux et déesses, modèles illustres des âges antiques, qui jamais ne portèrent ni corsets ni culottes. Ovide, franchement, n'est qu'un libertin ; Anacréon vaut encore mieux ; Catulle est un impudique, et quant à Martial, il transsude le poison de la licence par tous ses petits vers. Don Juan les avala tous, dans la meilleure édition [1]. »

Toute l'essence de ces parfums de l'antiquité lascive avaient été, à l'usage des bacheliers de Salamanque, résumée dans le poëme de la *Célestine,* cassolette embrasée de tous les parfums de l'Arabie malsaine.

Byron, tout en se moquant de sa mère, reconnaît que

1. *Don Juan,* Ier livre. Il y a des éditions de tous ces aimables fils d'Eros ad usum Delphini ; mais la meilleure édition de Martial est celle *Cum notis variorum.* C'est donc là que don Juan lit et lit tout.

cet enivrement païen inquiétait la chaste matrone, et qu'il y avait de quoi. Peut-on croire, si don Juan avait eu une mère, femme vraiment forte, chrétienne, si cette mère avait eu, sur son éducation, l'influence prédominante que Dieu nous montre départie à la femme dans la famille idéale de Nazareth, peut-on croire que don Juan fût devenu le Burlador, le fils criminel et l'athée foudroyé?

MM. Mignet, Mérimée, de Puibusque, Taine, nous font connaître, avec Brantôme, que la figure réelle sur laquelle Gabriel Tellez a modelé le don Juan poétique, c'est l'infant don Carlos. C'est bien lui :

« Le sang chaud et le regard froid, élevé dans l'oisiveté la plus crapuleuse,... on le vit, avec dix ou douze enfants d'honneur des plus grandes maisons, ribler le pavé, prenant par les rues et baisant par force les dames, fussent-elles les plus grandes du pays, et faisant querelles à coups d'épée, fût-ce de jour, fût-ce de nuit... Usé prématurément par la débauche, plein de mépris pour les femmes, moqueur insolent de son père qu'enfant il avait appris à craindre, que jeune homme il haïssait, étourdi et colérique jusqu'à laisser échapper des boutades irréligieuses, il finit par inquiéter et irriter dans Philippe II le père, le roi, le dévot, l'époux même, et fut arrêté sous le triple soupçon d'intrigue avec sa belle-mère, de révolte contre l'État, d'hérétique rébellion contre Dieu... Le roi d'Espagne, appuyé sur ses deux colonnes sinistres, le duc d'Albe et l'Inquisiteur royal, fit tout à coup disparaître le libertin, le fils coupable, l'impie, mystérieusement évanoui... »

« Un exemple terrible doit convertir ceux qui s'égarent ! » dit le Philippe II de Schiller. — Mais don Carlos s'est-il égaré seul? et qui est responsable, si ce n'est le père, le roi, le chef souverain de la famille et de la société, qui tolère et permet, organise et pratique lui-même les choses qui ont provoqué don Juan à la perversion? « Est-ce ma faute, crie du fond de son âme le don Carlos de Schiller, est-ce ma faute si une éducation d'esclave a détruit dans mon jeune cœur le tendre germe de l'amour?... »

Don Carlos avait perdu en naissant sa mère chrétienne, dona Maria de Portugal... Il resta seul, entre la *Célestine*, secrète corruptrice de son cœur, et quelque royal mentor qui le dressait à s'escrimer contre les citrouilles de Rota, à l'ombre du père mozarabique que chacun sait, farouche et implacable organe de la païenne Raison d'État, flanquée de la vieille Loi du sacrifice, funèbre générateur de la révolte ou de l'hypocrisie...

C'est ainsi que, dans la légende de don Juan comme dans son histoire, n'intervient pas celle qui a mission de Dieu pour prévenir la chute, et, conséquemment, puissance pour la réparer, l'éducatrice naturelle et divine.

Molière seul, lui le premier encore, lui qui toujours a mis le cœur des mères au doux service du cœur des enfants, Molière a eu l'idée que don Juan pourrait bien avoir une mère, une mère que ses égarements font pleurer, à qui son retour donnerait « des transports de ravisse-

16.

ment. » Mais le grand poëte, par malheur, n'a pas plus mis la mère pieuse en acte dans son *Don Juan*, qu'il n'a mis le vrai dévot dans son *Tartuffe*. C'est encore beaucoup qu'il se soit souvenu, dans un temps où Racine, cet angélique génie que Dieu avait doué pour chanter Marie et Madeleine, était dérouté à ce point de n'illustrer que d'antiques furies, et, l'œil fermé à l'Évangile, fut obligé de s'inspirer d'Homère pour retrouver, dans Andromaque, une image de bonne maternité.

Il faut arriver à notre XIXe siècle, qui a ravivé ces mots doux et profonds : *Écoles maternelles*, *Éducation maternelle*, des mots de Nazareth, pour voir reluire sur la scène un reflet de la divine maternité.

Le théâtre moderne est systématiquement insulté par les disciples puritains du libre penseur Rousseau, des Jansénistes Nicolle et Conti, et même, hélas ! par les Gallicanards qui se parent des plumes de l'aigle de Meaux, tous gens mal instruits sur la question de la Comédie, et qui devraient en étudier les principes dans le premier discours du P. Porée, traduit par le P. Brumoy, deux jésuites encore. Le théâtre moderne, pourtant, l'emporte en moralité sur toute l'ancienne comédie, à plusieurs égards. Ainsi, d'une part, Scribe donnant l'exemple, le ridicule, déversé jadis à pleins bords amers sur le mari trompé, a été retourné contre l'amant trompeur, et nos petits don Juans se voient assaillis désormais par la moquerie, plus effrayante pour eux que la Statue ; et, d'une autre part, presque tous nos auteurs, d'Ennery en tête, ont tiré un grand parti de l'intervention touchante de la mère et des enfants pour l'adoucissement des monstres.

Ce que les saints n'ont cessé d'enseigner, nos grands poëtes se sont remis à le chanter. La famille a repris son auréole de lumière et de pureté ; et nos cœurs, illuminés de délicieuse espérance, se redisent joyeusement : Non, il n'est aucun de nos frères prodigues dont on doive désespérer, s'ils ont sur eux penchée cette providence que, d'une même voix touchante et sublime, Victor Hugo et Lamartine ont glorifiée, la mère, cette ange obstinée à nous donner la vie en elle et en Dieu !

Le théâtre moderne a aussi, plus d'une fois, essayé du charme de l'enfance pour réconcilier les cœurs divisés et ramener au bien l'homme égaré. Nimbsch de Lenau a voulu illustrer son drame de *Don Juan* aux rayons de la famille. Il conduit au bord de l'abîme, où son héros va tomber, les enfants qu'il a semés au hasard et oubliés ; mais le poëte ne tire rien de cette apparition qu'une réparation de justice. Ennuyé de la haine et de la vengeance, incapable de revivre pour l'amour, don Juan, avant de se faire tuer, jette son testament, comme une proie, à ses fils encore abandonnés. Bon Dieu ! que ces bons Allemands sont impitoyables quand une idée les possède et les pousse !...

Quoi qu'il en soit, nous devons à l'Allemagne d'avoir entrevu au théâtre les fils de don Juan ; quant à sa mère, à l'heure qu'il est, elle n'a pas encore paru sur la scène. Mais, depuis longtemps déjà, de grands esprits, poëtes et critiques, l'ont rappelée à notre pensée, et recommandée à nos respects.

Georges Sand a répété, pour don Juan, la question que Schiller adressait au monde pour don Carlos : « Est-ce la faute de don Juan si les vents du monde ont dispersé les anges que la voix de sa mère faisait descendre et voltiger sur son berceau?... »

Mérimée, après avoir de sa main sèche et nerveuse analysé ce que Fourier appelle *le conflit en éducation :* la mère, élevant son fils vers le Dieu de la paix et de l'amour; le père, le rabaissant vers les dieux de la guerre et des amourettes,... Mérimée fait sauver don Juan par les prières des âmes du purgatoire pour lesquelles sa mère a prié.

Mallefille, attribuant à la mère de son héros, avec un cœur bon, une tête faible, sollicite les femmes à devenir parfaites et à modeler leur douce et forte maternité sur le type accompli de la Vierge-Mère, « cette reine du ciel qui se souvient de la terre, et dont le culte poétique et doux attendrit l'âme et triomphe de la raison même[1]. »

Georges Sand, Mérimée, Mallefille, en poétisant la mère sainte, nous ont donné à comprendre que, désormais, sur le berceau du fils, il faut laisser la parole au bon ange candide des puretés; et qu'au-dessus des mauvais sentiers où se traîne et s'emporte l'Enfant prodigue, encore faut-il appeler et laisser planer l'ange en pleurs de la maternité purificatrice.

1. Mallefille, *Mémoires de don Juan.*

L'amante n'intervenànt dans la vie qu'à l'âge où l'homme est déjà formé, l'on conçoit que si l'amante est seule sur la scène du monde, don Juan pourra toujours se perdre en ces égarements précoces qui font de nos lycéens mêmes les petits singes de leurs pères, sauf à être sauvé à l'âge d'homme par l'amour vrai, — s'il rencontre l'amour vrai...

D'ailleurs, pour refondre et redresser un don Juan perverti, ce n'est pas trop de plusieurs anges; et c'est pourquoi, à la sœur, à l'amie, à l'amante, qui assiégent et enserrent le cœur dissipé, il faut joindre la mère, qui embrasse plus largement, qui couve plus intimement, colombe céleste et réparatrice, planant sur le petit pigeon prodigue, réchauffé, remplumé, transfiguré!

La mère, qui, dans l'ordre divin, préside cordialement à la famille, dans l'ordre naturel, précède l'amante. L'âme à qui la mère aura fait défaut sera-t-elle sauvée par l'épouse? Chance incertaine et grave péril! car don Juan, mal éduqué, mal élevé, arrive d'en bas à l'amante, comme le Rampant s'approcha d'Ève...

Toute femme est féconde pour le bien : toutefois, dans le plan de la destinée, où l'épouse échoue, la mère réussit. A l'empire dont Ève, confuse et désolée, perd la possession, Marie succède glorieuse. La première perd tout avec son mari : la seconde sauve tout, à titre de mère, en son divin Fils.

La jeune femme n'est jamais si forte et si charmante que lorsqu'elle emprunte quelque chose de la mère et contraint en nous l'amour ardent à s'illuminer de candide respect. Aucun œil ne connaît bien l'amante, s'il n'a, sur son front souriant, contemplé l'auréole de la mère.

La mère va au-devant de Dieu, plus loin et plus haut que l'amante; au-devant de son fils, plus à fond : qui le connaît, dans ses profondeurs, comme elle?... Elle fait violence au ciel à force d'importunité : elle viendra à bout du cœur rebelle, à force d'y bien chercher, à l'heure opportune, le souffle étouffé de Dieu. O patience des mères!... O science de l'amour!

Fouillez le champ de l'histoire et de la poésie ; observez au couvent et au village, dans nos maisons et dans les palais mêmes où tant de préjugés empêchent les mères de mener et ramener les enfants au Dieu sauveur : nulle part vous ne verrez la mère faire la bévue qui compromet le suprême appel adressé à don Juan par son père; jamais d'orgueilleuse trompette pour l'avertissement, d'aigre publicité à la plainte [1]. Loin de là, notre mère : humble patiente, elle attend d'être seule avec son fils, et puis, d'une lèvre souriante encore, à l'oreille qu'elle baise et touche d'une larme brûlante, elle glisse son grief tout imprégné des suavités de son cœur.

Ah! comment résister à cette voix qui enveloppe le bon conseil de tant de mystère et de respect, comme le ministre de Dieu dans l'obscurité du confessionnal, comme Dieu même murmurant invisible dans la conscience ménagée! Science miraculeuse du cœur humain, que l'amour inspire et que l'amour pratique! Comme il arrive sûre-

1. *El Burlador*, 2e journée, sc. x. *Don Juan*, de Molière, IV, sc. VI.

ment, victorieusement à la raison attentive, ce souffle cordial, qui, ne cherchant ni bruit ni vain appui du dehors, rendant hommage à l'âme libre, ne demande qu'au libre arbitre la concession lentement raisonnée, ou à la volonté attendrie l'entraînement enthousiaste et joyeux!

Les Filles de la Charité ont, dans leur livre d'heures, ce mot de l'Esprit d'amour : « Cherchons les pécheurs pour les cacher à la justice. » Quelle parole! et il n'y a pas un cœur de mère où Dieu n'ait allumé ce flambeau de la miséricorde salutaire...

De là votre irrésistible puissance, mères, dans la famille, saintes femmes, dans le monde! De là vient qu'il y a, dans votre petit doigt, plus de puissance pour soulever l'humanité vers Dieu, que dans tous les leviers réunis de la grande politique, machines criardes, grinçantes et constrictives du sexe fort!

XIII.

LOVELACE.

DON JUAN ET LA SOCIÉTÉ.

Si mon don Juan n'a pas eu de mère, comment aurait-il été bien élevé? Si les poëtes de la légende et du drame n'ont fait planer aucun ange sur son berceau, ni sur son université, de Salamanque à Paris et d'Oxford à Tubingue, à Moscou, et s'ils n'ont fait marcher devant lui aucune nuée lumineuse, comment échapperait-il au souffle des esprits de ténèbres et à la main de la Statue? Et si la société n'a été pour lui qu'une marâtre, peut-elle espérer que don Juan lui fasse honneur et lui rende gloire?

— La société marâtre de don Juan? Hé! c'en est, par excellence, l'enfant gâté.

En effet. Il y a deux manières d'être une mauvaise mère, une fausse mère : caresses empoisonnées et rudesses empestées, deux sources de corruption où la Cité du Monde alimente l'enfance!

Durant bien des siècles la société a fait son compte à don Juan : puis l'heure est venue où l'Enfant prodigue, à son tour, s'est avisé de demander à l'État père de famille ses comptes de tutelle...

Dans la scène du Pauvre de Molière la question est implicitement posée, avec toute sa rigoureuse logique.

Voilà un pauvre homme, à qui Dieu donne et conserve l'amour désintéressé de la vertu avec la piété, biens du ciel : et le Monde ne sait le pourvoir ni d'habit ni de pain, biens de la terre.

Voici un grand seigneur d'ici-bas, couvert d'un manteau d'or et rassasié de pompes et de festins, auquel Dieu avait donné, auquel Dieu conserve des forces naturelles considérables : et le Monde, mettant en lambeaux cette nature divine, n'a su faire de tant de forces morales que des haillons !

— C'est donc le procès à la société que vous voulez faire à propos de don Juan?

— En vérité, en vérité, ce n'est pas moi qui vous le dis, c'est l'Homme-Dieu : « Malheur au Monde, à cause de ses scandales ! »

Il sera demandé compte à don Juan de ses torts envers Dieu et l'humanité; au Monde, de ses torts envers don Juan, image de Dieu pervertie sous une empreinte mauvaise.

C'est une grande question que celle de la responsabilité; et c'est une opération délicate que de faire, dans l'erreur et dans le mal, sa part à qui de droit, et à chacun son juste compte.

Le poëte d'*Œdipe-Roi* mettait tous les crimes avec tous les malheurs au compte de la divine Fatalité. Mais (de judicieux critiques l'ont fait observer) « la fatalité n'est pas toute l'âme de la tragédie avant Euripide. » En effet, le poëte de *Prométhée* s'en prenait de tous les désastres des mortels au gouvernement olympien, et il proclamait, en vers immortels, que l'insurrection est le plus saint des devoirs. Avec Aristophane et Euripide, la Critique grecque déplace la fatalité, commence à mettre en suspicion pêle-mêle le Destin avec les grands dieux, devenus machines à effet ; l'homme tend à prédominer, et conséquemment le poëte rend l'individu responsable de ses actes.

Toutefois, et en somme, c'est la Force avec ses attractions inexplicables et ses constrictions fatales, qui pèse sur le drame antique[1].

« Les personnages visibles dans le drame grec ne sont que les instruments ou les jouets du Destin ou des dieux... Ils s'embarrassent d'autant plus dans les réseaux inextricables de la nécessité, qu'ils font plus d'efforts pour en sortir ; de toute façon, leurs mouvements sont paralysés ; les élans de leur cœur, comprimés ; l'essor de leur génie, contenu. En un mot, l'action continuelle et irrésistible des êtres surnaturels laisse peu de place dans la tragédie antique au développement des caractères et au combat des passions, et lui permet, selon la remarque d'Aristote, de se passer de mœurs[2].

1. Pieron, Patin, Saint-Marc Girardin.
2. Roux, *du Merveilleux;* Aristote, *Poétique,* VI, 7.

« C'est tout le contraire, ajoute M. Roux, dans la tragédie moderne. Les passions en ont fait leur arène ; leurs combats ont pris la place des jeux de la fortune... Les personnages placés, comme Hercule, entre le vice et la vertu, sont les artisans de leur malheur ou de leur félicité. L'homme est libre. »

Dieu me garde d'invoquer Luther, Calvin et tous les prédestinatiens, qui nient la liberté de l'homme. Mais, sur les planches du théâtre où nous sommes, voyons-nous que nos héros se meuvent parfaitement libres, sans que rien les enserre, les paralyse et les comprime? Prenez les plus célèbres, les plus intéressants, Rodrigue et Chimène : ne sentez-vous pas, dès leurs premiers pas dans le drame, à tous leurs ferments, à toutes leurs exaspérations, à toutes leurs frénésies, que ces deux cœurs misérables sont esclaves du point d'honneur de la famille espagnole? Écoutez le jugement de Théophile Gautier, dont l'œil, parfois fermé à l'idéal évangélique, est si lucidement ouvert sur la réalité des choses humaines : « C'était pourtant une belle chose que ce *pundonor* si hautain, si implacable, si féroce,... qui faisait la lessive des taches dans le sang. Le point d'honneur plane sur le drame espagnol, comme la fatalité sur la tragédie grecque[1]. »

Si le point d'honneur plane, fatalité nouvelle, sur le théâtre comme sur la société de l'Espagne, comment le

1. Article sur les *Funérailles de l'honneur*, où le poëte Vacquerie s'est amusé à ensevelir avec les vers rongeurs du sépulcre espagnol son grand talent.

Cid et Chimène auraient-ils échappé à son influence féroce, irrésistible? Donc, ils ne sont pas libres : entre eux et Dieu il y a la société et son éducation hautaine et implacable.

C'est ainsi qu'entre don Juan et Dieu il y a l'éducation d'une société libertine, orgueilleuse et impie, qui modèle ses fils à son image.

C'est ce dont ne tiennent assez compte ni la légende ni le vieux drame de *Don Juan*.

Les poëtes du *Burlador,* du *Fils criminel*, du *Libertin détruit,* de l'*Athée foudroyé*, jettent tout, en paquet, sur le dos de don Juan, bouc émissaire, sans paraître soupçonner qu'il y ait à réserver, dans ses torts, une part à la société, et, dans ses énergies, une part au bon Dieu.

Au contraire, et par réaction, une École poétique moderne, faisant écart absolu de ce double égarement pour aller tomber dans une autre erreur, glorifie les forces naturelles et voue la société à l'exécration, pour amnistier l'individu, désintéressé de toute responsabilité et de toute pénitence. J'ai connu des jeunes gens, quand j'étais jeune, qui interprétaient dans ce sens titanesque l'*Antony* d'Alexandre Dumas, l'un de nos derniers don Juans, et qui, leur bonne lame de Tolède en poche, semblaient toujours prêts à marcher sur la femme et sur la société, avec cette moralité au bout des lèvres : Elles me résistaient, je les ai assassinées!...

A la lumière de l'Évangile, il nous est devenu facile, si nous nous servons de nos yeux pour voir, de discerner, dans les drames d'*Œdipe* et de *Prométhée,* du *Cid* et d'*Antony,* trois parts : celle du Créateur, celle du Monde et celle de l'Individu. Les dons de Dieu, les ressorts naturels sont toujours bons en eux-mêmes ; les essors de l'individu souvent vicieux, comme les impulsions du Monde mauvaises.

L'Évangile contient, avec toute vérité, la vraie théorie de l'emploi des passions dans le drame, selon la part qui revient à chacun.

« Voici l'homme ! » a dit Pilate de Jésus : « Plus grand qu'aucun des fils des hommes ! » ajoute Renan. Voici, disons-nous, le Fils de l'homme et l'Homme-Dieu, l'être humain intégral et parfait, en qui parle la Divinité même incarnée. Et voici comment sa parole embrasse et spécifie tous les éléments, tous les devoirs, toutes les responsabilités.

Je suis la Lumière, la lumière du monde. En venant dans l'homme, je viens chez moi, *in propria.* J'éclaire et réchauffe le Divin qui est au fond de chacun de vous. Je réveille et suscite le germe intérieur ; et, détournant vos sollicitudes des œuvres et des pompes de Satan qui vous enleva le Paradis et vous attira dans ses ténèbres, je vous rappelle à exploiter le trésor caché de la bonne nature, sous le souffle de l'Esprit d'amour, qui renouvellera pour vous la face de la terre avec la vision des cieux [1].

1. Saint Jean, I ; saint Luc, VI ; saint Matth., XIII ; Ps. CXIII ; saint Pierre, ep. 2e, III.

Ainsi l'Homme-Dieu reconnaît la persistance dans le fond humain de l'image divine originelle. Dieu parle à qui peut l'entendre.

Toutefois, le Christ, s'adressant à tous les hommes, constate la déchéance et l'altération du type originel, et il dit à chaque individu : « Fais pénitence ! » et il montre à chacun de nous et à don Juan, pour prix du libre retour de l'Enfant prodigue, la famille sociale pacifiée, et Dieu rouvrant ses bras paternels, et le ciel transporté de joie.

Mais aussi il y a un autre avertissement que la lèvre éternelle donne, et d'un accent plus sévère, à la société qui fait planer sur l'individu ses esprits de libertinage, d'orgueil féroce et d'impiété : Malheur au monde à cause de ses scandales ! Malheur aux faux dieux des nations : démons menteurs et homicides, ils ne sont bons qu'à corrompre l'esprit de la jeunesse, et ne se donnent science ni souci pour guérir le mal qu'ils ont laissé faire ou fait[1] !

A ce flambeau, don Juan nous apparaît entre Dieu et des enfants de Dieu qui l'appellent au bien, et une société des fils du diable qui le convie au mal.

« Le don Juan de Molière fait concevoir ce que c'est que le menteur, » dit M. Lafaye, dans son admirable analyse de notre langue[2] ; et il ajoute aussitôt, avec l'auteur d'*Émile ou l'Éducation* : « Il est impossible que l'en-

1. Saint Luc, XVII, 2 ; XXII, 25.
2. *Théorie des synonymes.*

fant soit devenu menteur, indocile, méchant, si l'on n'a pas semé dans son cœur les vices qui le rendent tel. »

Jean-Jacques Rousseau, ici, touche au vrai; mais, comme toujours, il l'outre, et passe au delà.

Le cœur de l'enfant a deux semences mauvaises : le germe lui-même porte le mal mêlé avec le bien, du fait de la chute originelle et d'une fécondation corruptrice; et la mauvaise culture s'ajoute et concourt à étouffer le bon grain sous l'ivraie.

L'enfance, « cet âge si méchant, » dit le bon La Fontaine, a, dans le cœur, ses méchancetés de naissance, comme elle a, dans le sang, ses corruptions héréditaires; mais il ne s'ensuit pas que l'enfant ait, en général, plus que l'homme fait, la fleur du mal épanouie à ses lèvres. Cette idée de M. Baudelaire est-elle, comme il croit, « l'idée catholique[1] ? » Distinguons.

Si l'homme, né avec des traces du péché originel, a été purifié par le baptême de l'eau et de l'Esprit au point de devenir un honnête homme et un saint, assurément Baudelaire a raison. Mais si le nouveau-né, malsain dès sa conception, n'a puisé une nouvelle renaissance qu'au sein d'une nourrice empoisonnée de virus honteux, et si, devenu adolescent, il a été mené par ses aînés paître et s'empester au lupanar immonde, assurément le sang de cet homme fait sera, bien plus que celui d'aucun enfant, maculé et déchu de la pureté originelle. Et à qui la faute?...

1. Étude très-belle du poëte des *Fleurs du mal* sur le plus grand de nos peintres, Eugène Delacroix.

C'est, au moral, le cas de don Juan.

Par-dessus ses concupiscences originelles, il lui est venu aux intestins, des mamelles débraillées de dame Renaissance, une légion de *vers rongeurs*. Ce n'est pas Mgr Gaume qui a le premier signalé le crime du corps social inoculant à ses fils le virus antique par la main même de ses mentors : Gabriel Tellez et Richardson l'avaient constaté, et lord Byron l'a confessé. L'abbé Gaume a seulement, de plus que ces génies, proposé l'antidote et le vermifuge...

Voulez-vous savoir à qui revient la corruption du don Juan espagnol? Demandez-le à M. Taine. Ce héraut du titre de la Renaissance nous montre Boccace, « à l'aube naissante, à l'heure matinale, » de la vie nouvelle, chantant sur les genoux de Jeanne la Dissolue son *Décaméron,* auquel fait écho la *Cour d'amour* de Chaucer, le disciple de Wiclef, « cette étoile matinale du protestantisme[1]. » Or, nous l'avons vu, c'est à Naples, à l'ombre de Jeanne la Dissolue, que Tellez fait débuter son don Juan, attaché d'ambassade : c'est donc à la Cour et à la musique du *Décaméron,* que le jeune lion andalous fait danser dona Elvire...

Voulez-vous vous assurer que ce bel enseignement ne descendait à don Juan que d'en haut, de la paternité sociale, de l'État païen renaissant? Écoutez encore M. Taine : « Dès lors, tandis que bourgeois et gens du peuple s'appesantissent encore tristement sur la Bible, c'est dans

1. *Les précurseurs de la Renaissance.*

Rome (la vieille) et dans la Grèce païenne que *la Cour, les hommes d'État et gentilshommes* vont chercher leurs précepteurs et leurs héros... L'homme moderne, faisant taire le moyen âge enfantin, nasillard et crasseux, ne daigne plus s'entretenir qu'avec la noble antiquité. Il accepte ses dieux; il les comprend du moins, et s'en entoure et leur rend la vie... Les splendides déesses reparaissent avec leur nudité primitive, sans songer qu'elles sont nues; on voit bien à la tranquillité de leur regard, à la simplicité de leur expression, qu'elles l'ont toujours été et *que la pudeur ne les a point encore atteintes*... Ce siècle de fortes actions, de libre sensualité, d'invention hardie n'a qu'à suivre sa pente pour reconnaître en eux (les dieux olympiens) ses maîtres et les éternels promoteurs de la liberté et de la beauté. »

Voilà pour l'enseignement social de la sensualité et pour l'éducation sur le nu... C'est le premier ver rongeur transmis par la société à don Juan et Compagnie.

Quelles sont d'ailleurs « les fortes actions et l'invention hardie » du siècle décrassé par la Renaissance?

Nous avons vu que le Pape, « cet Antechrist, » disait Wiclef, et son moyen âge nasillard, dit Taine, étaient démolis par les poëtes, parce que la pierre catholique répugnait à servir de piédestal aux vieilles déesses *in naturalibus* (c'est-à-dire à la décadence grecque et à la pourriture romaine [1]) : or, les philosophes, à leur tour,

1. « Toutes les statues de femmes nues appartiennent à la décadence de l'art. » (O. Müller.)

démonétisent le christianisme comme impuissant à enfanter de grandes actions, par ce motif qu'il n'enseigne pas aux individus et aux peuples « à venger leurs injures. »

La vengeance, fille de l'orgueil et de l'égoïsme brutal, voilà le second esprit vermineux qui passe aux entrailles de la jeunesse seigneuriale ; et l'essence en est absolument païenne. « Le pardon des injures et l'amour des ennemis, ces sentiments sublimes fondés sur la fraternité humaine et qu'a prêchés le christianisme, étaient complétement étrangers à l'antiquité hellénique. Une âme noble et forte ne devait pas, dans l'opinion des Grecs, laisser l'offense qu'elle avait reçue impunie; la supporter en silence, c'était agir comme un lâche ou comme un esclave[1]. »

D'où suit que, dès l'aube de la Renaissance, les sociétés européennes se préparaient à jeter dehors le vicaire de ce Jésus qui disait : « Mon père, pardonnez à mes ennemis, à mes bourreaux ; » et commençaient déjà à siffler tous les poëtes qui auraient eu l'idée de célébrer ce principe d'ignoble faiblesse, afin de pouvoir chanter à leur aise, et sur leurs ruines mutuelles, ce noble et généreux axiome :

Vindicta bonum vita jucundius ipsa!

Et ce bel esprit-là ne renaissait pas seulement parmi les libres penseurs sur les sables mouvants de l'hérésie.

1. Platon. *Ménon*, 6; *Critias*, 16; *Gorgias*, 85, 86; Maury, *Histoire des religions de la Grèce antique.*

Le plus grand génie poétique du moyen âge, qui se croyait et que plusieurs croient encore bien fondé sur la terre ferme de l'Église, avait soufflé sur ce feu diabolique. Tandis que l'École franciscaine, absolument dévouée au Pape, chantait le pardon des injures, la douceur, la miséricorde, le Dante, dévot à l'Empereur, remettait à la mode les mœurs rancunières des Germains idolâtres : *Suscipere tam inimicitias seu patris, seu propinqui, quam amicitias necesse est;* et le dur Gibelin trouvait vraiment pieuse l'indignation d'un parent qui reproche à sa famille de n'avoir point vengé sa mort :

Mi rese a se più pio [1].

Cette double renaissance de l'antique vermine colérique et luxurieuse, saupoudrée d'idolâtrie, a été résumée par Taine avec un bel accent de bien-être et d'enthousiasme.

« Dès Pétrarque, Rienzi et Boccace, les Italiens ont retrouvé l'antiquité perdue, et se sont faits Latins de cœur et d'esprit... Ce ne sont pas seulement les dehors de la vie antique qu'ils s'approprient, c'en est le fond, j'entends la préoccupation de la vie présente, l'oubli de la vie future, l'appel aux sens, le renoncement au christianisme... Il faut jouir ! faisait chanter leur premier poëte, Laurent de Médicis, dans ses *Pastorales* et dans ses *Triomphes*... Il faut se venger ! dira plus tard un penseur

1. Purgatorio...; Tacite, *de Mor. Germ.;* Ozanam, *la Poésie avant le Dante.*

plus sérieux, le grand patriote, le Thucydide du siècle, Machiavel, opposant le christianisme et le paganisme... Et déjà dans Pulci éclatent la gaieté sensuelle et hardie, l'incrédulité moqueuse, toute l'audace des libres penseurs qui repoussent du pied avec dégoût le froc usé du moyen âge[1]. »

Telle est l'atmosphère sociale dans laquelle a baigné l'âme du premier don Juan, entre le *Décaméron* italien et l'*Heptaméron* français, aux bras de sa nourrice, la *Célestine* espagnole.

L'air était-il meilleur en France? Les *Contes de la reine de Navarre* ne le font pas supposer. Si vous vous complaisez à imaginer avec M. Cousin (qui prend un vœu de Mlle de Scudéry pour la réalité), que « la pureté était la vertu dominante de toutes les dames au XVIIe siècle, » et pour peu qu'on vous ait élevés à croire que nos rois étaient de petits saints et leur Cour un Cénacle, alors notre don Juan français aurait seul la responsabilité de ses galantes équipées à franc étrier : mais l'histoire exacte n'a pas de ces illusions platoniques. Voici ce que dit l'auteur des *Nièces de Mazarin* du dernier des grands Montmorency, Henri II, le filleul de Henri IV.

« *L'époque avait un peu gâté ce beau naturel.* Henri de Montmorency était *né*, on peut dire, *dans les bras de*

1. Suivent les théories goguenardes de Pulci, « qu'adopte aujourd'hui le vulgaire, » disait M. Maury, dignes, en effet, de Sganarelle devenu esprit fort.

Henri IV, et *il avait joué sur les genoux de Gabrielle; il avait grandi au milieu de cette cour galante;* plus tard était venue *la corruption italienne des favoris de Marie de Médicis.* Le connétable, d'un autre côté, *ce vieux sultan du Languedoc, avait eu autant de maîtresses que son roi. Ainsi, ce jeune homme rencontrait partout les mêmes leçons,* et il ne lui fut que trop aisé de les mettre en pratique, lui qui était fait pour captiver les regards, *qui rappelait en tout les héros des romans de chevalerie.* Ce fut donc à qui ferait la conquête de son cœur. *Il s'abandonna à ce courant de galanterie sensuelle dont il ne sut jamais se guérir.* »

Ne dirait-on pas le tableau de l'éducation et de la vie de notre don Juan même! On sait que Montmorency, ce grand seigneur, doublement mauvais sujet, se révolta, tint tête à son roi, fut pris les armes à la main, et, bien que demandant avec supplication sa grâce, ne l'obtint pas de Louis dit le Juste, aussi ferme à venger ses injures que la Statue espagnole... C'était pourtant du propre père de Louis XIII, de Henri le Grand, que le don Juan de Montmorency avait appris comment on s'amuse des femmes et comment on se moque de l'autorité de son roi...

Certes, ce n'est pas à l'école du Pauvre de Molière que le don Juan français a vu gâter son beau naturel. Ces bonnes gens du peuple, « encore appesanties sur l'Évangile, » n'avaient pas eu la vision splendide des déesses dévêtues de tout voile et de toute pudeur; et Francisque, qui aime mieux mourir de faim que de commettre un péché, n'est professeur ni d'orgueilleuse insurrection, ni d'impiété. « Les pauvres ne sont pas les riches, » dit Sganarelle; les belles paroles se trouvent à la Cour : et c'est la Cour qui tresse pour le front de don Juan sa couronne d'hypocrisie.

Quant au don Juan anglais, il nage en pleine eau d'imposture; et l'homme n'apprend pas à nager tout seul! Mylord Robert Lovelace est de la haute école aristocratique anglo-normande. « On ne l'entend jamais badiner sur la religion, » dit la naïve Clarisse; je crois bien : c'est de l'Hermès *logios* et *bolios* que lui vient cette réserve savante. L'Olympe est son ciel empyrée. Aussi, dès le début, pour justifier son rapt, invoque-t-il l'autorité de Jupiter; et quand il darde son triomphant système de feux croisés sur sa colombe, il se rappelle Sémélé embrasée par les miroirs ardents du maître des dieux. Oh! Lovelace a profité des leçons de l'Université olympienne, dont il est « un élève laborieux et très-distingué, » toujours premier en version latine et en thème grec. « Ces diables de poëtes, dit-il, avec leur description céleste de beautés fort terrestres m'avaient échauffé l'imagination; ils m'inspirèrent l'envie de créer à mon tour des déesses. Me voilà donc à faire l'essai de mes jeunes ailes : je voulus, à l'exemple des poëtes les plus illustres, avoir une Iris, une Chloris, une Sylvia. Il me fallut donner à mon Cupidon des traits, des flammes incendiaires, des ailes surtout, enfin tout ce diable d'attirail poétique. »

Après le berceau et la balançoire, vient l'escarpolette de la *bonne société*. Dès son entrée dans le courant du *beau monde,* l'imberbe Lovelace tombe en plein nid de Sirènes, « Circés détestables, » dit Richardson, qui se disputent sa conquête ; monstres charmants : sur tête féminine, arrière-train d'animales ! qui confirment nos dons Juans dans le mépris des femmes, leur donnant à croire que toutes sont de la race d'Europe, Io, Léda, ou Danaé, et qu'il suffit d'attaquer une Clarisse, une dona Anna à ses heures, pour la voir réduite et pour l'asservir ; poulettes de basse-cour, cavales des écuries seigneuriales, ne concevant pas que d'autres, vraies femmes, du pur sang humain, puissent résister noblement aux coqs de paroisse et aux étalons de remonte, ou mourir de leur honneur saccagé !

Le petit Lovelace, lui aussi, a eu un oncle, « un second père, » qui l'a mené aux bons endroits ; lord M..., un vieux vice cuit et confit au bain-marie de l'impureté dans une enveloppe de Saintes Écritures ! Un type, qui, à l'heure des accès de goutte, se fait ouater de prières par son aumônier, et, dans les intervalles, se fait raconter par son coquin de neveu ses meilleurs tours pendables, et se fatigue tant les flancs par ses éclats de rire qu'il mourra d'une apoplexie séreuse d'érotisme...

Le jeune Lovelace, lui aussi, a des amis, fidèles Pylades, pieux Achates, qui le louent d'avoir emprunté à Ulysse son esprit de ruse pour perdre les Pénélopes... Au meilleur de tous, à Belfort, le don Juan anglais écrit : « Je trouve quelque satisfaction à penser que la réforme ne me serait pas impossible : mais avouez, cher ami, que, pour cela, il me faudrait avoir un peu meilleure compagnie ; car il est certain que nous ne faisons ensemble que nous endurcir dans le vice. »

L'érudit Lovelace a surtout pour guides et bons apôtres les grands hommes de l'antiquité ; il vit dans la communion des saints du paganisme, couronnés de roses par le sage de Téos, comme dit notre poëte national, chantre de Vénus, de Bacchus et de Napoléon. Or, Lovelace a remarqué que le grand César était un grand suborneur de femmes, à ce point que, dans une de ses entrées triomphantes à Rome, il reçut de ses soldats enthousiastes le surnom de « débaucheur à tête chauve. » *Veni, vidi, vici*, axiome césarien ! et c'est encore un mot de César qu'emprunte Lovelace sur le coup de l'enlèvement de Clarisse : « Nous avons passé le Rubicon ! » souvenir de la plus honteuse des belles actions du plus traître des voleurs généraux de l'humanité !... C'est aussi de Jules César que le don Juan anglais s'inspire pour apprendre à mépriser et répudier les femmes, et il ne manque pas de mettre saint Paul au service des pratiques césariennes : « La femme a été créée pour l'homme. » Combien d'éducateurs pharisiens, à l'heure même où nous sommes, enseignent imbécilement, sur ce texte, à la jeunesse l'orgueil de la barbe et le dédain de la femme !...

Lovelace a été si bien et tout entier trempé et transformé dans la Renaissance des eaux païennes, que son orgueil bondit, étonné, comme devant une nouveauté irritante, lorsque Clarisse lui parle du pardon des injures. Et, en effet, l'héroïne exceptée, tous les personnages du poëme de Richardson ne rêvent que réparations violentes et vengeances, et tous ont ce principe que, « pour mener à bien hommes et femmes, la crainte vaut mieux que l'amour. »

N'est-il pas tout naturel que, dans un pareil milieu, enveloppé de pareilles influences, éduqué par ce monde-là, Robert Lovelace soit devenu un libertin et un orgueilleux dominateur, et qu'au lieu d'invoquer saint Jean, l'humble, doux et pur disciple du Christ, il prenne pour modèle idéal l'un des fils de Jupiter, restaurateur de l'impudique et despotique Babylone? « Si j'avais été un prince? Oh! à coup sûr, j'aurais été un grand prince. Je vous aurais mené une danse militaire égale à celle du fameux conquérant de Macédoine; j'aurais entassé couronnes sur couronnes, et dépouillé tous mes voisins, pour mériter le nom de Robert le Grand! »

Tel est le don Juan de l'Angleterre. Y avait-il en lui quelque chose de ce beau naturel que la société française a gâté dans le cœur d'Henri de Montmorency? « Don Juan a tous les vices; Lovelace toutes les corruptions, » dit Louis Ulbach, et je n'ai aucune envie de contredire; mais, sous leurs corruptions et leurs vices, n'y a-t-il pas de bonnes énergies et des vertus persistantes? Richardson n'a pas été soupçonné, comme Molière, d'avoir un faible pour son effrayant héros : eh bien! voyez les traits de grandeur et de grâce originelles que le savant observateur démêle parmi tant de subversions et de ruines.

Lovelace est gai, plaisant railleur, et portant bien la

raillerie ; d'une imagination vive, allègre, enjouée, d'une intelligence forte, pénétrante, vaste ; ardent au travail, énergique, patient. Lovelace est plein de courage et de sang-froid ; il est sobre, rangé, bon administrateur de ses biens. Il est susceptible d'amitié, et son dernier mot prouve qu'il est susceptible d'amour et de pitié. Il est noble et généreux maître, et même affable avec ses serviteurs jusqu'à la familiarité. Enfin les puissances pour le bien surabondent dans ce monstre, Lovelace ; et il n'y a pas jusqu'aux traits de son enjouement pervers qui n'accusent des ressources miraculeuses. Regardez, écoutez le Titan. Enivré par son génie d'intrigue, à mesure qu'il voit s'enlacer dans ses filets Clarisse palpitante, il reconnaît en soi un fils d'Alexandre et de César ; plus que cela, il se sent pousser les ailes de Satan ; plus que cela ! et, une nuit, s'arrêtant court, dans un élan d'exaltation, il tire son chapeau, « craignant qu'il n'eût pris feu aux étoiles... »

Si vous ne sentez pas qu'un tel esprit peut prendre feu aux étoiles, malheur à vous ! c'est que vous avez perdu le sentiment de l'Évangile.

— Mais n'est-ce point là Satan en personne, avec ses altitudes subverties, *Altitudines Satanæ ?*

— La terre n'est point l'enfer. L'humanité peut être tentée, obsédée, possédée : elle n'est point de Satan, ni à lui. Qu'un poëte, l'œil troublé par l'idéal de la Renaissance et de la Réforme, voie dans Lovelace et don Juan le prédestiné du mal, un scélérat enfanté par le Destin pour être abîmé par la Statue, je le conçois ; mais, l'œil plein de son Évangile, le poëte chrétien sait que pour aucune âme humaine, même ici-bas, même en ce monde infernalisé, rien n'est absolument fatal, rien n'est désespéré, et qu'aucun de nous n'est proie forcée de l'immortel Satan et de l'éternelle damnation ; et il croit que, même en s'exaltant sur les ailes de Lucifer, don Juan, Lovelace lui-même peut tout à coup, par quelque Ange surpris, sentir son front superbe s'incendier au ciel.

Mais il y faut des astres!

Les astronomes voient et démontrent que, dans les cieux, l'équilibre de chaque globe résulte d'un concert d'attractions dont le soleil est le foyer et le pondérateur harmonieux.

Nous n'avons pas vu de soleil levé sur Lovelace, pas plus que sur le *Burlador* de Séville; et l'étoile où donc est-elle ?

Et ma Clarisse! s'écriera Jules Janin.

Clarisse, une étoile?... Lovelace l'appelle « une pêche sans duvet... »

Je vais faire de la peine au prince de la Critique ; mais nous avons pour roi la Vérité, *magis amica veritas.*

Clarisse est, j'en conviens, de ces femmes vertueuses qui aiment, dit Jouvin, « à ramasser les démons en disgrâce. » Mais quelle petite vertu, de foi modique et de courte espérance! Dès le début (lettre VIII), nous la voyons désespérer des gens qui ont mauvais cœur, et opiner à laisser à Dieu seul le soin de leur conversion. Aussi, la pauvrette, au lieu de songer à sauver Lovelace, n'ayant plus souci que de se sauver elle-même, et par ses petits moyens humains, ne peut pas manquer d'être perdue.

Je ne veux pas la confesser de ses mille faiblesses : elle en confesse quelques unes à l'oreille de miss Howe, et ce n'est pas, hélas! l'oreille maternelle de l'Église. Mais, quelle maladresse dans toute sa conduite! Clarisse n'est pas seulement un nouvel échantillon d'Elvire, parlant comme un livre, pédante, prêcheuse, morigéneuse, la fleur pâle et langoureuse de ces matrones aux bas bleus, dont lord Byron mordra avec dégoût le fruit maussade : Clarisse, cette énorme raisonneuse aheurtée au plus invinciblement subtil des raisonneurs, a de plus le malheur de perdre son temps à exercer vaniteusement contre Lovelace la faculté la plus propre à avancer sa ruine personnelle. Fière de sa prudence, se vantant d'une circonspection à toute épreuve, elle se gonfle de calculs, de finesses, de petites ruses, et s'enveloppe d'intrigues et de cachotteries. Quel jeu insensé contre un tel lutteur! et quelle folie de se faire couleuvre devant le serpent constrictor!

Il fallait pour tout sauver, deux actes d'une même amoureuse sagesse. Il fallait être, contre ce serpent, la colombe, humble et simple, roucoulant de loin le secret de son cœur et ne montrant jamais qu'un visage candide et gracieux. Il fallait être colombe encore pour emporter et ravir, d'une aile généreuse, l'esprit inquiet, intrigant et aventureux de Lovelace, et détourner sur un autre objet que lui-même, et rallier à un but plus noble cet incompressible esprit de lutte, de stratégie, de machination, de cabale, qui est la dominante dans la gamme des passions du don Juan normand.

Oui, la Colombe, comme l'Agneau, a son glaive, dont parlent les saints prophètes, instrument mélodieux de victoire et de salut[1].

Croyez-vous que Lovelace soit de force à résister au coup d'aile divin? C'est qu'alors, prompt à désespérer comme Clarisse, vous n'auriez pas cherché dans ce cœur détraqué la corde qui tient encore à Dieu, et que le Pauvre de Molière a su trouver aux profondeurs de don Juan.

« Toute résistance, toute opposition hautaine me provoque au mal, dit Lovelace. *Debellare superbos!* c'est ma devise ; et, comme le lion de Dryden, je fonds sur les chasseurs insolents et les déchire de ma griffe souveraine, me complaisant à passer magnanime auprès du faible qui s'écarte devant ma fureur. » Impitoyable aux superbes, Lovelace faiblit devant les humbles; il lui a toujours répugné de tendre un piége aux filles pauvres : il respecte *Bouton-de-Rose !...*

Si le poëte anglican, ne se contentant pas de punir, avait voulu sauver, voilà la fleur obscure dont il eût pu extraire et distiller les suavités salutaires. Qu'un poëte hardi, évangélique, penche sur Lovelace blessé à mort Bouton-de-Rose, soutenant la tête exsangue du misérable, et Morden, suçant la plaie faite par sa main de ses deux lèvres fraternelles, miséricordieuses; qu'il fasse de Morden, si bon lui semble, un noble protestant, mais de Bouton-de-Rose une sainte catholique : *Rosa mystica;* que Morden donne à

1. A facie gladii columbæ unusquisque ad populum suum convertetur. Jérémie, L; *Cantique*, II, 14.

Lovelace la diplomatie tortueuse du diable à jouer sous jambe pour Dieu, et que la rose mystique, exhalant son parfum du fond de son cœur, calice immaculé, fasse contempler au ressuscité l'aube des candeurs éternelles : et voilà l'exposition, le nœud et le dénouement d'un drame nouveau et consolateur : LOVELACE SAUVÉ !

En doutez-vous? Ah! si vous aviez de la foi gros comme un grain de sénevé, vous n'hésiteriez pas à croire que l'on peut, en élevant bien les bras, embraser au ciel clément le front de Lovelace. Belfort, l'*alter ego* du don Juan anglais, sent bien son cœur se fondre au spectacle admirable de la mort de Clarisse, au souffle cordial de Morden.

Chose étrange! que sur le théâtre chrétien, pour dénouer les péripéties de l'humaine faiblesse, on sache si bien et toujours ajuster le pistolet de Morden, et faire avancer la Statue du Commandeur, et jamais diriger le glaive de l'amour, introduire les messagers du ciel! Et ne voilà-t-il pas un beau finale moralisateur de cette société jusqu'au bout démoralisatrice : le duel!... Qui ne sent que tous les Lovelaces du public se disent, en levant les épaules : Put! je choisirais l'épée, et, me possédant comme je fais, je tuerais le Morden!...

Mais, fût-il frappé à mort, le don Juan anglais dira toujours à son adversaire brutalement vainqueur ce mot de ses méditations : « Tout esprit généreux hait la contrainte! » comme le don Juan espagnol dit à don Gonzalo : « Tu serais l'enfer même, je te donnerais la main pour te braver! » comme le don Juan français à la Statue : « Non, non, il ne sera pas dit, quoi qu'il arrive, que rien soit capable de m'imprimer de la terreur, et que la terreur soit capable de me faire repentir! » comme le don Juan allemand au Chevalier infernal : « J'aime mieux mon enfer attrayant et jovial que ton paradis terrifiant, répugnant! »

Tel est le dernier mot de nos don Juans à votre société marâtre, qui, après les avoir corrompus dans ses boudoirs de Vénus et dans ses champs de Mars, ne sait enfin, pour les mettre à la raison de sa Minerve aréopagite, que leur faire peur des chaudières bouillantes de Pluton sous les foudres de Jupiter!

Illogisme, impure complicité, brutalité, et finale impotence : voilà à quoi se monte toute la science sociale de la Renaissance réfléchie dans le drame et dans le roman. Et pour tout réparer, le monde n'a su rien donner à ses enfants gâtés, sur ses bancs secs, que les entretiens de Mentor et de Nicodème.

Mentor est assez connu : Nicodème demande à l'être.

Mentor, c'est l'administrateur de la maison d'Ulysse, que remplit la divine Raison d'État, et qui se propose de faire de Télémaque un homme. C'est la sagesse poliade, la maternité civique, qui, faute de hanches et de mamelles, de giron et de cœur, se fait maître d'école et grand maître d'Université. Mentor est l'incarnation de la chaste Minerve; mais cette vertu farouche est sœur d'un tas de dieux gangrenés, hélas! et Jupiter, en son Panthéon social, fait, au nom même de cette Raison d'État, avec elle cohabiter et concerter toutes les forces subversives qu'il a tirées de son cerveau, de son diaphragme et de sa cuisse majestueuse. Chacun sait qu'en ce monde la Vénus *Vulgivaga* est patentée, avec garantie du gouvernement.

Quant à Nicodème, docteur en Israël, voici, au témoignage des Pères de l'Église, ce qu'il est (avant sa conversion, bien entendu) :

« Nicodème, c'est l'homme captif encore de la faiblesse juive,... enveloppé des nuages de l'ignorance...; un dévot de nuit, qui donne sa foi, sans comprendre qu'il faut renaître de l'Esprit; un adepte du Christ, qui n'a pas encore une grande idée de son Maître..., qui en a une connaissance humaine et animale...; ne croit pas que le Sauveur se suffise à lui-même, et le voudrait appuyer d'un secours étranger...; qui ne peut pas concevoir que Jésus persécuté puisse se dispenser de haïr ses ennemis et de chercher quelque foudre pour en tirer vengeance...; un honnête prince et sénateur de juifs..., qui s'expose à rester indéfiniment hors du royaume de Dieu [1]. »

Notre XIXe siècle des lumières ne se doute pas que Nicodème est partout, même aux plus hautes cimes de sa libre pensée. On doit aux vivants des précautions oratoires : n'en disons mot; aux morts, la vérité. Balzac, notre grand Balzac a lui-même fait souvent le jeu de Nicodème. Relisez la sanglante satire qu'il a faite de

1. Saint Thomas, *Chaîne d'or;* saint Jean Chrysostome, saint Augustin, saint Théophile.

Sainte-Beuve : quel fanatisme butor et extravagant! Le poëte de la *Comédie humaine* enseigne ici que « le christianisme a besoin pour se soutenir de l'absolutisme, » et que « la Saint-Barthélemy et les Dragonnades sont actes de grande politique évangélique. »

Voilà bien l'esprit opaque de Nicodème, porté sur l'aile du plus original de nos modernes gallicanards, lequel posait en défenseur du trône et de l'autel... On conçoit que, souffleté par cette patte mozarabique, don Juan ait pris en grippe tous les champions de l'Église qui jouent ainsi du bâton devant l'Arche. Mais ce qu'on a peine à comprendre, c'est qu'échappé aux coups d'ongles de ce gallinacé pataugeant, Sainte-Beuve ait fini par chercher abri sous le duvet de l'oiseau de Minerve et demander asile à l'aigle de Jupiter.

« Évitez de vous laisser manger par l'aigle, par le vautour et autres oiseaux de proie, » dit la Parole éternelle aux Aristarques comme aux Prométhées modernes. Quant aux oiseaux de nuit, percheurs qui méditent sur les ténèbres, la Bible les déclare tous non purs, c'est-à-dire impropres à célébrer le réveil du jour éternel sur le front de don Juan ranimé. Et le prophète Jérémie, dans sa magnifique épître à nos chrétiens de Babylone, leur crie encore que jamais ils ne ramèneront leurs enfants prodigues au divin royaume de la lumière et de la paix, tant qu'ils prêteront l'oreille aux Scribes noctambules, chantres des faux dieux, inspirateurs de la luxure et de l'orgueil, et qui ne savent rien, pour réparer leur œuvre de corruption, qu'étaler à grand bruit leur funèbre attirail d'intimidation : *Ostentantes metum gentibus*[1] !

Retirez-vous de nous, idoles véreuses et cruelles! Vous aussi, blêmes magisters, car vous ne savez, sous votre paterne férule, qu'enfoncer par-dessus la sensualité, la superbe et l'incrédulité, dans la cervelle aplatie de nos fils, la peur du père fesseur ou du revenant ! Vous n'êtes pas de force contre don Juan.

Caractère énergique, esprit troublé, mais avide de clartés, don Juan s'est désormais affranchi de la crainte servile : et du diable si Mentor et même Nicodème parviendront à le renouer à leur lisière ! Il n'ouvre pas l'oreille à toute la Parole de Dieu; mais il est des mots divins qu'il a recueillis, et il n'en est pas qu'il retienne mieux que celui-ci : « *Ne metuatis!* Ne soyez pas comme les gens de Babylone qui ont peur des faux dieux[1] ! » Don Juan n'a pas encore redressé dans son cœur un autel au Dieu inconnu : mais il a parfaitement reconnu, et, mieux qu'Aristophane et Euripide, dévisagé les menteuses divinités.

Don Juan se traîne et rampe, blessé par le démon reptile qui lui ronge les ailes; mais aussi a-t-il son œil clair ouvert sur les choses d'en bas. Ce n'est pas de l'auteur apocalyptique du *Ver rongeur* qu'il se moque : l'objectif de ses traits moqueurs, impitoyables, c'est toi, vieux Monde à bout, à bout de tes empoisonnements, toi, qui passes ton temps à alimenter de fruits véreux tes fils et à les verminoculer, pour procurer aux Mentors de tes

1. Baruch, vi.

universités et aux Nicodèmes de tes synagogues l'heureux placement de leurs vermifuges!...

> Société, vieux et sombre édifice,
> Ta chute, hélas! menace nos abris.
> Tu vas crouler; point de flambeau qui puisse
> Guider la foule à travers tes débris!
> Où courons-nous? Quel sage, en proie au doute,
> N'a sur son front vingt fois passé la main?
> C'est aux soleils d'être sûrs de leur route.
> Dieu leur a dit : Voilà votre chemin.

Béranger le constate : l'édifice est vermoulu; comme Lazare, depuis quatre siècles (*quatuor dies*), le corps social de la chrétienté n'a pas cessé de fermenter sous son ver intérieur et de progresser indéfiniment vers sa décomposition : *Jam fœtet!*

Ce qui lui manque, c'est la présence de Dieu; c'est le soleil, sûr de sa route, candeur de la lumière éternelle.

Et ce n'est pas, comme dit le poëte national, l'astre de la France sur quoi Dieu compte.

Pour éveiller le monde à la lumière, chaque nation a cette orgueilleuse vanité de se croire « l'étoile du matin; » et toutes se rendent cet hommage d'une bouche édentée où habitent les vers...

L'étoile matinale, selon tous les poëtes plus forts que les Scribes d'État, parce qu'ils sont d'accord avec les Saints, l'aurore qui se lève avec le soleil, c'est la Vierge-Mère sans tache. Le soleil, c'est l'Homme-Dieu.

Gabriel Tellez, Richardson, Byron, Musset, Gœthe, tous les vivants génies, attribuent à l'oubli du Christ et au culte renaissant de Jupiter, Alexandre et César, le développement des démons impies d'impureté, de tyrannie et de cabale diabolique dont la jeunesse mondaine est possédée. Là est la source, l'essence de toute tragédie.

Voici la comédie.

Que la chaire chrétienne, pour chasser ces esprits de malice ou prévenir leur envahissement, nous offre et nous présente l'enfant Jésus souriant aux bras de sa mère immaculée, miséricordieuse, aimable : vous, hommes d'État, vous vous retournez vers la Minerve armée, vaillante tueuse des Géants; vous, raisonnables fils de Hégel, vous souriez à ces puérilités de la Sainte Famille; et vous, Gaulois et Francs, gallicanards de gauche et de droite, vous vous gaussez et tournez sur vos talons.

Mais que le théâtre fanatique de l'Espagne et le roman puritain de l'Angleterre vous proposent contre don Juan la Statue et contre Lovelace le duel, pour balayer, laver et nettoyer le bas-ventre de monsieur l'Enfant prodigue, pour évacuer et chasser dehors les mauvaises humeurs de dame société, sa marâtre : aussitôt, tous, vous vous épanouissez d'aise, comme Argan, devant ses bains internes! Et vous ne vous doutez pas, ô sages et prudents, que vous avez pour toute science sociale la philosophie de Purgon, Tomès, Desfonandrès et Diafoirus :

Clysterium donare,
Postea purgare,
Ensuita saignare!

Par Dieu! et au nom du Sauveur! un peu moins de

lavements, de purges et de saignées! et laissons nos enfants reprendre le lait de l'innocence aux douces mamelles de la Femme-Miséricorde, l'eau de la vie éternelle aux lèvres de l'Homme-Lumière! Laissons jusque sur nos prodigues, sur eux surtout, couler le sang du Crucifié, et n'appelons sur leur tête que le feu de l'Esprit-Saint pour y mettre en fusion l'or caché de la bonne nature!

Au diable les Renaissances qui ne font naître les gens que pour les mettre à mort! Place à la Renaissance chrétienne, qui est résurrection et vie!

L'Olympe et la Synagogue de Satan ont assez et trop longtemps gâté, corrompu, jugé, foudroyé, abîmé, damné don Juan : rendons la parole à l'Église du Christ, pour le convertir!

« Est-ce que la mort de l'impie est de ma volonté, dit le Seigneur Dieu; et qu'est-ce que je veux, sinon qu'il soit converti de ses vices, pour revenir vivre dans ma vertu?... Dites donc, maison d'Israël, est-ce que, par hasard, ma voie n'est pas conforme à la justice parfaite? et ne seraient-ce pas plutôt vos voies qui se sont dépravées?... Moi, la Vie, je ne veux pas la mort même du mourant[1].

« Je viens, dit l'abbé de Saint-Maurice à Manfred, je viens pour sauver et non pour perdre... L'Église vous réconciliera avec le ciel... Je n'ai point parlé de punition; j'ai parlé de pardon et de pénitence : nos dogmes ouvrent les sentiers de l'espérance et de la vertu... »

1. Ézéchiel, XVIII.

Le vieux abbé, assurément, dit son *chapelet* auprès du mécréant, et récite toutes ses *litanies*. Lisez, ne fût-ce que par curiosité, ces invocations au *saint nom* du Sauveur, aux *sacrés cœurs* de Jésus et Marie : vous verrez qu'en effet tout y parle d'espérance et de miséricorde, et qu'il n'y a point là l'ombre sinistre d'aucune statue.

Mais le saint abbé était venu bien tard : Manfred est mort, sans ouvrir l'œil de son esprit à la lumière secourable. Du moins le Prométhée byronien n'avait plus, sur sa lèvre expirante, le sarcasme du mauvais Larron. Il meurt en détournant doucement la tête, non plus irrité, mais reposé, à demi vaincu par la douceur.

« Assez de menaces! nous n'en avons que trop entendu! » s'écrie le maudit du poëte. Et le Caïn de nos jours, en expirant, a le vague sentiment de ce qu'il faudrait à son cœur pour revivre. « Le mélange des enfants d'Abel avec les nôtres, voilà ce qui aurait pu tempérer le sang farouche de mes veines. »

Oui, le sang des agneaux versé dans les veines des fils de la louve : c'est bien ce que l'Agneau de Dieu a fait, et ce qu'il nous enseigne à faire.

Mais le sang de l'Agneau est douceur, chasteté, sainteté : et le Monde, de quel lait, de quel sang a-t-il alimenté ses fils, avant de les maudire? L'enfant qui a été mis au pas et au festin des lions est devenu lui-même lion; et il a appris à fondre sur la proie et à dévorer les hommes, et la terre a frémi d'épouvante sous ses rugissements [1].

1. Ézéchiel, XIX.

« Ne savez-vous pas, dit saint Cyprien, à quel point l'exemple de vos vices assiége le jeune esprit, le pousse hors de lui, le change, le transforme? Vous prenez un petit enfant : vous ne le liez pas seulement à un mort, comme faisait ce tyran païen ; vous l'enveloppez tout entier, ce jeune vivant, de vos corps morts ; et puis, vous vous étonnez que la corruption gagne! Vous jetez la statue dans le cratère du volcan : ne sera-ce pas un miracle si, parmi tant d'incendies, elle ne perd pas sa forme et sa substance même consumée[1]? »

Le voilà, ce Monde qui se fait juge! « Il trahit par ses menaces ; il n'a jamais fait que des dupes, des victimes et des bourreaux, tous également malheureux... Le Monde, c'est un bazar d'esclaves tenu par le Diable... Le Monde jamais n'a sauvé une âme[2]. »

« Qu'aurais-je aimé dans ce monde où tout me paraissait vil? » dit la raison de don Juan dans un livre amer de Georges Sand. Et s'il n'y a rien, en effet, autour de don Juan, qui soit digne d'être aimé, où sera l'attraction divine et salutaire? Et s'il n'y a, s'épaississant sous ses pieds, qu'une boue vile et infecte, comment échapper à l'infection et à l'avilissement?

Retirez donc de vous-mêmes l'esprit du mal, gens du monde, pour n'en point voir la vase, fermentée au cœur de vos fils, mousser à leurs lèvres et vous éclabousser! « N'attendez pas, dit saint Éphrem, que de votre couvée de vipères éclose la colombe! »

1. *De Spectaculis.*
2. Cornelius a Lapide.

Et ne comptez pas sur vos justiciers mauvais pour vous débarrasser des monstres débordant de vos iniquités. Dieu lui-même n'a pas donné la consommation de son œuvre à sa justice : il l'a réservée à sa miséricorde. « Le déluge dévastateur, dit saint Jean Chrysostome, engloutit la race humaine, sans parvenir à balayer le mal : mais le sang de l'Agneau efface, extirpe du cœur le germe même du péché. »

Sur l'Agneau immolé plane la Colombe consolatrice. Saint Elzéar, un prince souverain du pays de Naples que la Papauté a canonisé, parce que, modèle d'humilité douce et de pacifique miséricorde, il refusa de récupérer ses États par la force homicide, saint Elzéar disait : « Je vois le lion vaincu : que voulez-vous qu'il fasse contre des colombes plaintives et tendrement roucoulantes[1] ? »

Don Juan, c'est le lion de Castille : à nous donc, pour le convertir, les agneaux en sang et les colombes amoureuses !

1. Saint Jérôme, *Épitres ;* Cornelius a Lapide, I, 661, 664.

XIV.

LAZARE ET LA CHARITÉ.

Lazarus mortuus est..... sed eamus ad eum..... Tollite lapidem.

« Don Juan converti? voilà ce que je n'ai jamais vu! » se récriait naguère un habile écrivain, né ultramontain, mais qui, de notre langue amoureux, plus encore que saint François, s'est merveilleusement gallicanisé. A Fiorentino, je réponds : Généreux douteur, vous n'avez donc pas vu, à l'invocation de Gœthe, Blaze, Dumas, Zorilla, le ciel s'ouvrir, et les bons anges du mauvais sujet monter, puiser en haut l'esprit qui sauve, et redescendre, convertisseurs et consolateurs, au nom de ce Jésus qui promet de recueillir dans son royaume, avant les faux prophètes de la synagogue chrétienne et les vieux mentors de l'Université, même les hommes d'affaires, même les prostituées [1] !

1. Saint Jean, I, 51; saint Matth., XXI, 31.

« Mais, morbleu ! s'exclame plus d'un Sganarelle de la libre pensée : il m'importe bien que don Juan soit damné ! » Au fait, reprennent les indifférents, la Statue nous a débarrassés du grand ancêtre de nos petits libertins. La vindicte publique aurait aisément raison de ses pareils et de leurs excès; et, comme dit Théophile Gautier : « Maintenant le moindre commissaire de police arrêterait un gaillard de cette nature dès le début de ses équipées. »

Assurément la belle Europe a moins à redouter du taureau violent et ravisseur : mais don Juan, comme Jupiter, a d'autres cordes à son arc, d'autres formes plus souples sous lesquelles il se glisse au même but diabolique. A l'heure qu'il est, je ne sache pas une vitrine où le mystique Galimard n'étale son harmonieuse Léda « d'après le tableau acheté par l'Empereur, » dit la légende. Ce chef-d'œuvre olympien se débite mieux que la *transfiguration* du divin Raphaël... Par ce temps prospère de financière féodalité, la noblesse ne se met plus en campagne, l'épée au poing ; mais elle s'insinue, fût-ce sous les traits de Sganarelle, tout doucement chez Danaé, les mains dégouttantes de pluie d'or ; et les Amphitryons, chacun sait ça, ne manquent point à la suite de nos grands dieux civilisés.

Donc, nous ne sommes pas débarrassés du don Juan libertin d'amour, et, quant à son libertinage religieux, voici ce que constate, avec une ironie plaisante, le plus pénétrant de nos critiques dramatiques, Jouvin : « Le sourire spirituel de don Juan, avec ses eh ! eh ! oui, oui ! ah ! ah ! pleins de réticence, mais à coup sûr pleins de convenance, c'est le scepticisme sage et modéré d'un rédacteur des *Débats*; et sa foi lumineuse à deux et deux font quatre, n'est-ce pas le Dieu unique des honnêtes gens qui payent vingt sous le droit de franchir le tourniquet de la Bourse? »

Mammon a son temple dans toute petite ville, et son esprit fermente jusqu'au hameau; et malheureusement nos don Juans provinciaux et ruraux, gens d'affaires et galantins, renards et coqs de village, n'ont pas pour redresser leur front dans la lumière diffuse l'éclectique candélabre du *Journal des Débats*, où, pour quelques becs éteints, tant d'autres reflètent brillamment tous les rayons du prisme.

Don Juan est encore partout, un peu dans tous, aussi bien que Faust. De là l'inépuisable fécondité littéraire de ces types, où nous nous retrouvons toujours, tous, plus ou moins, sous le souffle brûlant de Méphistophélès, imprégnés des virus mortels du sensualisme et de l'orgueil, dégradés par l'exaspération du sang, ou dilapidés par les exaltations vaniteuses de la raison, ne sentant plus qu'à peine battre notre cœur glacé par une indifférence infiniment trop prolongée en matière de religion.

Et c'est pourquoi le docteur Kahlert a écrit ce mot profond : « Chaque homme porte en soi-même Faust et don Juan [1]. »

1. La légende de Faust et sa comparaison avec celle de don Juan. Freihafen, 1841. 1er trimestre. *Étude resumée dans le Kloster de Scheible*, t. III.

Quelque peu de temps avant Khalert, deux docteurs nommés saint Augustin et saint Grégoire le Grand avaient dit : « Il n'est pas un seul crime du prochain que chacun de nous ne puisse commettre, si Dieu l'abandonne à lui-même... Lorsque nous rencontrons un coupable, nous devons pleurer nos fautes avant de déplorer les siennes, car nous sommes peut-être tombés dans les mêmes tentations, ou nous pouvons y succomber[1]. »

Telle est donc la conclusion du libre examen, d'accord avec la foi : nous avons tous le diable au corps; et, conséquemment, nous sommes tous exposés à chuter et rechuter les uns sur les autres jusqu'à l'abîme...

La possession et la damnation sont donc naturelles, vraies, possibles et vraisemblables, paraît-il, puisque le spectacle en est donné incessamment sur toutes les scènes du vieux et du nouveau monde, à la convenance et à l'applaudissement universels. Fort bien! — Mais l'amendement de Faust et de don Juan, voilà l'impossible!

Ainsi parlent les timides, que le Christ met à la porte de son royaume, avec les menteurs et les homicides[2]. *Foriscanes et timidi!* dehors ceux qui ne sont bons qu'à aboyer contre don Juan ou à désespérer de sa conversion !

« Impossible ! ce mot-là n'est pas français, » disait Napoléon Ier; et Scribe : « Si ce n'est qu'impossible, ça se peut. »

1. Cornelius a Lapide.
2. Apocalypse, XXII, 15.

Il n'a pas été possible à Scribe d'éviter quelques chutes, et à Napoléon d'échapper à la déroute finale de Waterloo, mais ce qui est impossible aux plus grands hommes du théâtre du monde, est possible à Dieu [1].

Cette toute-puissance de la miséricorde salutaire, chacun l'admettait volontiers au temps jadis, où Dieu existait encore; mais nous avons changé tout cela, dit Sganarelle médecin, et, dans nos derniers temps de lumières, le cœur n'étant plus à sa place, Dieu est devenu « un mot un peu vieux et lourd, » qu'il a fallu laisser tomber en désuétude.

Efforçons-nous de ne pas invoquer Dieu, pour complaire aux demi-dieux de la Renaissance naturaliste, et parlons raison.

Mais quoi ! parler raison et parler Évangile, c'est tout un, puisque Jésus-Christ c'est la raison même faite homme, la Lumière du monde incarnée ; et pour le moins pourrions-nous, autorisés par le plus bel esprit d'entre nos érudits, scindant l'Homme-Dieu et éliminant le Christ, invoquer ici Jésus tout court [2]...

Hélas! « Le Christ n'est pas connu, » a dit l'empereur Napoléon III, soupirant, comme nous, après l'idéal ; et je ne crois pas que l'empereur soit, avec nous, mieux édifié depuis que la Critique a parlé au Collége de France et publié la *Vie de Jésus*. Si notre Jésus n'est que le jeune

1. Saint Luc, XVII. XVIII.
2. Saint Jean, IV, 2, 3, prévoyait la *Vie de Jésus*.

et charmant démocrate que vous savez, autant vaut consulter votre jeune et charmant fils d'Ariston.

Platon faisait dire à Socrate :

« Affirmons, cher Adimante, que les âmes les plus heureusement douées deviennent les plus mauvaises de toutes par la mauvaise éducation. Crois-tu, en effet, que les grands crimes et la méchanceté consommée partent d'une âme vulgaire, et non d'une âme pleine de vigueur, dont l'éducation a dépravé les excellentes qualités? et penses-tu qu'une âme faible puisse jamais faire beaucoup de bien ou beaucoup de mal? — Non, je pense comme toi, Socrate[1]. »

La raison de l'Académie voit ainsi très-nettement que Faust et don Juan sont des âmes fortes, vigoureuses, susceptibles d'être excellemment employées au bien; et elle comprend, de plus, que ces forces ne se sont point perverties toutes seules : une mauvaise éducation les a dépravées.

Mais le mal étant fait et l'âme animalisée, la lanterne grecque cherche en vain l'homme; et Platon lui-même, désespérant de sa vaste raison, déclare attendre de l'avénement d'une Raison plus haute, et la lumière pour retrouver l'homme couché dans ses ténèbres, et l'amour pour rappeler les grandes âmes ensevelies à la résurrection et à la vie.

La sagesse païenne, quand elle a analysé le mal et aspiré au bien, est à bout : il faut, pour ne point déses-

1. Rép., l. VI.

pérer de Faust et de don Juan, une sagesse trempée au triple baptême de l'eau, du sang et de l'esprit[1].

Décidément Ernest Renan n'a pas tort, quand il dit : « Jésus reste pour l'humanité un principe inépuisable de renaissances morales. »

A l'heure où don Juan disparaissait, sur la scène française abîmé, regretté par le Pauvre auquel il avait fait l'aumône pour l'amour de l'humanité, pleuré par sa mère oubliée, déploré par ses amantes victimées, mais, pour le surplus, partout à la ronde maudit « par un chacun satisfait de sa mort, » et n'entendant, suprêmes adieux du monde, que ce cri de son mentor dévoué : « Mes gages ! » à cette heure du désespoir et de la haine, et de l'indifférence couronnant la damnation, Bossuet, le seul homme qui ait fait vibrer notre langue d'une lèvre plus éloquente que le poëte même de don Juan, Bossuet méditant avec les Pères de l'Église sur l'Évangile, écrivait : « Ne désespérons pas de qui semble tout refuser... Le désespoir peuple l'enfer ; l'espérance peuple le ciel. »

Oui : « Mis à côté d'une goutte du sang de Jésus-Christ, tous les crimes commis depuis le commencement du monde jusqu'à la fin des temps sont moins qu'une goutte d'eau comparée à l'Océan ; et un homme (don Juan) fût-il chargé seul de toutes les iniquités de tous les criminels ensemble, il ne faudrait point désespérer, parce que la miséricorde de Dieu est infinie[2]. »

1. I, Jean, v, 8.
2. Cornelius a Lapide.

Voilà ce que la raison humaine n'a point compris avant Jésus-Christ; voilà ce qu'elle ne comprend pas hors de Jésus-Christ, fût-ce au XIXe siècle des lumières, même sous le portique de l'Académie des sciences morales et politiques. Un éminent libre penseur, mon ami, me demande, avec une curiosité bienveillante : « Dites-moi : qu'est-ce que le rationalisme moderne peut recevoir de l'Évangile ? » Je dis, cher Socrate, que l'âme de don Juan, si heureusement douée par le Créateur pour faire beaucoup de bien, si malheureusement dégradée par le monde jusqu'à faire tant de mal, maltraitée par mozarabes et païens jusqu'à la damnation, et, qui pis est, jusqu'à l'apothéose, peut être encore purifiée, sauvée, transfigurée, et revivre, énergique et bienfaisante, pour l'éternité bienheureuse.

Telle est la Foi et telle est l'Espérance que le rationalisme moderne, renouvelé du grec ancien, peut recevoir de l'Évangile éternel.

Gœthe, s'il n'avait été qu'un grec, polithéiste et panthéiste, comme on a dit de lui et comme il s'est cru lui-même, Gœthe n'eût pas fini par remettre son Faust épuisé aux mains amoureuses et pénitentes de Marguerite, de la Madeleine et de la Samaritaine, pour le reposer sur le cœur de l'éternel Féminin, et le ranimer aux pieds du Christ sauveur.

Eh mais ! par quel bout le prendre, notre don Juan, ce terrible embourbé, pour l'arracher aux délices des lieux bas, et le ramener, dans la lumière, au goût des béatitudes de la bonne et divine nature ?...

L'âme de don Juan, lyre désaccordée, tant qu'elle rend un son, fût-il affreux et déchirant, a ses cordes sur son cœur ; et tout cœur a des cordes, avec le besoin d'être accordé, pour faire sa divine partie dans l'infini concert. Que si Méphistophélès, de ses griffes dilaniatrices, a démonté la lyre, faisons, autour d'elle et au-dessus d'elle, sur les rhythmes de l'Éternel, parmi les harmonies de la Science parfaite, chanter à l'esprit les mélodies de l'Amour harmonieux et tout-puissant : et la lyre humaine, libre instrument de Dieu, irrésistiblement attirée et suavement contrainte, s'accordera d'elle-même pour communier à l'être, au mouvement et à la vie en Dieu.

Mais il est nécessaire qu'aux oreilles de don Juan le chant des anges radieux domine la chanson des Sirènes humides. Les hommes forts doivent être saisis fortement.

Paul de Saint-Victor, « ce don Juan de la phrase, » comme l'a dénommé un malin confrère, a compris ce besoin qu'ont les caractères puissants de puissantes attractions. « Il ne suffit pas, dit-il, des cantiques d'une jeune fille pour ébranler ces incrédulités armées de toutes pièces : il y faut le triomphe du raisonnement, le travail de la logique, la lumière tombant sur l'esprit et frappant avec l'éclat de la foudre [1]. »

L'éminent critique de la *Presse* n'est pas de ceux qui

1. Sur le *don Juan* de Molière; *Presse,* 3 novembre 1862.

ont eu besoin d'être convertis, heureusement pour lui. Un Anglais, plus mal aventuré, après avoir couru de vaillantes bordées, vent contraire, aiguille affolée, sur l'arche superbe de l'Israël des nations : *Rule Britannia !* à bout de courses, ramené au port par l'Étoile des mers, a produit cet axiome d'une savante expérience : *Never a man has been reasoned out of his religion.* Jamais le coin entêté d'une fausse religion n'a été rejeté dehors par un raisonnement.

Jamais: c'est beaucoup dire; mais, en général, il est vrai que la discussion enfonce plus avant l'erreur dans la cervelle rétive. La lumière vient mal à travers l'échafaudage de la logique : elle tombe plus libre d'un regard de miséricorde ou d'une lèvre palpitante d'amour. Les cantiques d'une vierge ont triomphé de bien des cœurs, sous des cerveaux hermétiquement claquemurés pour les arguments de l'École; et Adolphe Nourrit, un soir, au cinquième acte de *Robert le Diable,* eut la gloire et la joie de ravir une raison rebelle et de l'emporter convertie à Dieu, tandis que, de sa voix vibrante et cordiale que nous avons tant aimée, il chantait la plus belle inspiration de Meyerbeer : *Si je pouvais prier !...*

Il faut s'entendre avec Paul de Saint-Victor sur les coups de foudre. Il y a ceux que la raisonneuse Minerve empenne des plumes superbes de l'aigle olympien; et il y a les ravissants coups d'aile de la Colombe et le coup d'œil invincible que, de ses profondeurs embrasées, l'Amour nous jette en passant, le céleste Amour que Gœthe inclina sur son Faust réconcilié.

Je trouve que le cœur est ce qu'il faut gagner,

dit Molière, en *l'École des Maris ;* et saint Paul, à la suite de saint Jean, enseigne depuis dix-huit siècles, à l'ombre de saint Pierre, que le Dieu charité et vraie lumière, pour pénétrer et réduire un don Juan, illumine d'abord en lui les yeux du cœur, *cordis oculos.*

Le point principal de l'âme est, selon Platon, dans le cerveau ; selon le Christ, dans le cœur [1].

Il est de tradition qu'un seul regard du cœur au cœur transfigura Marie-Madeleine. Le coup de foudre qui frappa Saul sur le chemin de Damas était un rayon d'amour tendre et plaintif ; et le prince des convertis, qui, mieux qu'aucun autre, doit savoir comment le Père céleste prend les plus forts Enfants Prodigues pour retourner leur face vers la sienne et consommer le baiser de l'éternelle réconciliation, saint Paul nous affirme que la science, l'orthodoxie théologique elle-même, ne peut qu'imparfaitement avoir prise sur Faust et sur don Juan, et qu'il y faut cette chose la plus excellente, la Charité [2].

« Il y a un cœur dans cette chair ! » dit le don Juan espagnol, frappant sa poitrine bronzée et velue. — Pour avoir entrée et prise sur ce cœur, en avant la charité !

Mais la charité, où la trouver vivante dans le Monde ? « Des chrétiens ! où y en a-t-il ? » criait devant moi, qui

1. Saint Jérôme, *Chaîne d'or* de saint Thomas, sur saint Matthieu, xv.

2. Cor., xii, xiii.

rougissais, un vrai Israélite converti. Aussi que de libres penseurs en sont, avec beaucoup de chrétiens, à croire que, faire la charité, c'est jeter ou placer un louis d'or ou un sou chez le Pauvre de la forêt sociale, où rôdent tant de gens de mauvaise mine... Ah ! si nous n'avons rien de mieux à offrir à don Juan que ce qu'il prodigue lui-même, nous ne le convertirons point. Il donne au nom de l'humanité : il faut lui donner au nom de Dieu. La charité, c'est le céleste don du cœur humain.

Saint Paul, que M. Renan, avec l'école de Tubingue, ménage, que les protestants vénèrent, que Rome a toujours inséparablement associé à saint Pierre, l'apôtre des Gentils et des gentilshommes, des Corinthiens et des Athéniens de l'Aréopage, des enfants prodigues et des esprits forts, qui va parlant à tous leur langue, depuis les Gaulois pélasgiens de la Galatie jusqu'aux Hébreux mozarabiques, saint Paul, paraphrasant le Verbe évangélique, nous a dit ce que doit être la charité opérant sur un don Juan.

Passez-nous, patient et bénin lecteur, ce petit couplet de théologie où vont défiler, dialoguant devant vous, les Paul, les Clément, les Cyprien, les Ambroise, les Augustin, les Jean Chrysostome, les Grégoire le Grand, les Vatable, les Cornélius à Lapide. En vérité, en vérité, ces Pères-là ne sont pas aussi ennuyeux que beaucoup de Pères conscrits dont vous avalez les discours venteux, sonores et vides de charité.

La charité est une médecine... Oh ! oh ! M. Weiss a dit

finement, au compte de Sganarelle : « Lorsque Molière veut condamner l'un de ses personnages, il le mêle à quelque médecine. » Patience! vous allez voir que la nôtre n'a aucun rapport avec les purgatifs anodins et carminatifs du valet sermonneur de *Don Juan*.

La charité est la médecine la plus efficace contre l'inflammation du sang et le relâchement des organes, maladie de la Renaissance hellénique; elle est beaucoup plus salutaire que tous les remèdes astringents et constringents de la Synagogue mozarabique.

On peut avoir dans la tête la foi à tous les dogmes, comme l'archevêque de la très-catholique Séville, sous Ferdinand d'Aragon, ou l'archevêque de Paris, la grand'-ville très-chrétienne sous Louis XIV, et l'on peut, sous les yeux de don Juan, étaler cette foi jusqu'à transporter les montagnes de l'orgueil, convertir les rois : et cependant n'être rien, bon à rien devant la cime superbe du libertin, faute, sur les lèvres, d'un courant de chaude charité.

Et quand Torquemada se déchirerait sous la discipline et le cilice, et se mettrait lui-même au bûcher, à bonne intention de convertir l'impie, cela ne l'avancerait à rien, s'il n'a pour don Juan l'amour qu'avait Jésus pour Lazare.

La charité est patiente et bénigne! Ah! que vos pensées sont loin de nos pensées, diraient les divins Cœurs aux âmes scandalisées ou déchirées par don Juan. Jésus n'est pas seulement tolérant envers les incrédules, il est longanimement tendre, caressant ou fortifiant; à leurs injures il oppose avec persévérance ses bienfaits, à leurs complots sa candeur. C'est saint Bernard qui parle ici, et il ajoute, à l'adresse de l'épouse trahie et découragée : Ta patience n'a pas été jusqu'à la magnanimité, ni ta bonté jusqu'au charme. Pauvre Elvire « toujours furieuse et toujours mystifiée,... plus humiliée qu'elle n'est amoureuse... Fâcheuse Elvire ! » disent ses justes juges, Georges Sand et J. Janin ; et c'est pourquoi elle se heurte en vain au cœur sec et dur de don Juan. Mais, assure saint Bernard, il n'est pierre sèche ni fer dur que ne traverse et fonde le feu d'amour.

La charité n'est pas jalouse, ni envieuse, ni en campagne pour son propre intérêt. Elle ne poursuit point contre don Juan, et d'une allure hautaine et insolente, le succès de sa haineuse rivalité ou la réparation de son honneur égoïste, comme La Mota, Alonze, Ottavio, Louiz, et tous les cavaliers lancés contre don Juan. La charité ne mêle point à ses plaintes légitimes les grognements de la basse envie contre la noblesse et la richesse, comme font, avec Patrizio, tous les villageois Pierrots de la légende, et, avec Sganarelle, tous les valets serviles, un seul excepté, celui que don Juan nomme « le bon Guzman. »

La charité ne fait pas de phrases, comme l'éloquence à arpéges et roulades d'Elvire, *nimium ornata, nimis compta,* dit Clément d'Alexandrie. La charité ne se farde point de la grotesque religiosité de Sganarelle, *non est fucata, stolida;* pas plus qu'elle ne se masque de la gorgone intimidatrice et vengeresse du Commandeur ; *ad ultionem se excitans.*

La charité ne mêle point à ses bons désirs la bouffissure du dédain, comme chez dona Elvire, ou l'enflure de l'orgueil, comme chez don Louis. Vous êtes assurément le type de la noble grandesse patriarcale, dirait saint Jean Chrysostome au père de don Juan ; mais n'avez-vous jamais, faute d'humble patience et de suave bénignité, fait sentir au fils coupable, ennemi de votre honneur, une domination fastueusement superbe et un joug acerbe ? ne l'avez-vous pas menacé du bras de chair, et n'avez-vous pas, au delà même du recours au Roi, poussé le fanatisme du devoir social jusqu'à bénir la Statue, le diable qui vous emportait votre enfant[1] ?

La charité en Jésus-Christ, ce représentant du Père céleste, ce Frère vraiment humain, n'oppose le dédain et le mépris ni aux prostituées qui l'empestent de leur impureté, ni aux blasphémateurs qui le salissent de leur crachat. Jésus n'invoque contre les hommes qui flagellent et crucifient en lui la divine humanité, ni le bras de chair, ni le feu d'enfer ; il n'appelle à son aide, au plus profond de sa Passion incomparable, ni César, ni Satan ! Aucune insulte, aucun propos ne peuvent aigrir Jésus, ni même le piquer.

Quel que soit sur ses épaules et sur son cœur le poids du mal, jamais ce mal, dont il est écrasé, ne ferait sortir de lui une pensée de mal contre don Juan. De son injure, il ne fait aucun cas, ni ne songe à l'en faire punir ; mais, au contraire, il la dissimule, en cherche l'excuse, en

1. Le père espagnol du *Burlador*, III.

trouve le pardon : *Injuriis lacessitus, dissimulat, excusat, ignoscit.*

La charité ne prend point son plaisir au spectacle des scandales de don Juan, pas plus qu'elle n'est consolée par sa damnation, comme tous les personnages de la comédie humaine, qui, même sur la harpe angélique de Mozart, *perditione adversantis exultantes*, chantent un vaudeville final au-dessus de l'abîme de don Juan :

Nous, de ce maudit délivrés,
Gens honnêtes et modérés,
Entonnons avec allégresse,
Le vieux refrain de la sagesse...

ce qui est, au témoignage des Pères de l'Église : « la joie même de Satan ! »

La charité ne se réjouit qu'au spectacle de la vérité suivie et du bonheur mérité ; l'âme charitable sent, avec la vertu et la joie d'autrui, s'accroître pour elle-même et la gloire et la béatitude.

La charité souffre tout de don Juan, pour mieux arriver à soulager et à ranimer divinement ce séducteur sacrilége, lui-même sacrilégement séduit et lui-même opprimé.

La charité croit tout, tout ce qui nous est révélé sur Dieu et sur l'homme : tout possible à Dieu, jusqu'à nous donner prise sur l'âme la plus éloignée de nous et la plus rebelle à Dieu.

La charité espère tout, encore et toujours, même des plus désespérants, même des plus désespérés ; elle attend tout pour don Juan et tout même de don Juan. La Charité que la Foi inspire, tient ferme à l'ancre de l'Espérance : et, dût toute l'humanité céder ou désespérer, la Charité, ne désespérant jamais, ne cédera jamais le champ du combat à Satan son contradicteur!

L'âme embrasée de la Charité est semblable au ciel. Comme le ciel enveloppe toute la terre, et, par l'ardeur de son foyer solaire et les fraîcheurs de ses rosées, la réchauffe et la féconde, même dans les déserts les plus secs et les plus glacés : ainsi le ciel des âmes aimantes embrasse dans l'infini de sa charité tous les hommes, même les barbares, même les ennemis, et les remplit de ses bienfaisances, et les réchauffe de ses cordialités, et les arrose de ses suavités, jusque dans les profondeurs étouffées par les esprits de haine et de perversité, *per horrentia spinis odii et vitiorum.*

Telle doit être la charité à l'égard de don Juan. Parler cette langue, c'est parler la langue de Dieu, la meilleure manière d'être entendu de Dieu et des enfants de Dieu. C'est ainsi que l'on fait violence au ciel.

« Que feriez-vous, demandait-on à une sainte, si Dieu voulait damner votre frère? — J'embrasserais Dieu de mes deux bras, c'est-à-dire avec l'humilité et la douceur; je le tiendrais si fortement, que je le forcerais à descendre avec nous dans l'enfer, et alors l'enfer serait pour nous le paradis, Dieu étant avec nous. »

Avec Dieu on remonte toujours. « Dieu, dit un saint, produit le pardon comme l'abeille son miel, et il n'y d'aiguillon que pour ceux qui le contrarient dans son œuvre de miséricorde délicieuse. »

Dieu blesse et il guérit; Dieu fait mourir et il rend la vie : aucune puissance ne peut arracher et perdre l'âme que cette main toute-puissante couvre et veut sauver.

« O miracle! Voyez cet homme : hier un cloaque d'impureté, et aujourd'hui un vase transparent et plein de parfums; hier, un cri de blasphème, et aujourd'hui une voix de religieuse louange; hier, dédaigneux, insulteur, malfaisant à l'égard des pauvres, et aujourd'hui leur ami respectueux et bénissant, leur serviteur sacrifié. Voilà d'étranges miracles! Qui les produit? Dieu[1]. »

Don Juan, c'est Lazare.

« Lazare, dit saint Grégoire, est la figure du pécheur en qui le mal est devenu coutume invétérée, infecte. C'est l'âme accablée du poids de ses crimes, ensevelie dans la mort au fond du puits de l'abîme. »

« Lazare ressuscitant, dit saint Augustin, signifie l'âme sortant du sépulcre où les vers du vice rongeaient sa chair. »

Lazare est du sang de la plus belle des filles d'Ève, de la plus grande des pécheresses et de la plus sublime des pénitentes. Don Juan, au moyen âge noble seigneur et chevalier très-chrétien, était l'ami et le soutien du Christ; mais la Renaissance d'Éros et Vénus, d'Hercule, Mars,

1. Cant. de Moïse. Ps. LXXXVIII. Saint Augustin.

Jupiter, et de Phébus, l'a fort endommagé, hélas! et, mort de maladie, il est retourné à la terre; et l'amante de l'Homme-Dieu pleure sur l'ami éteint, décomposé. D'où viendra la restauration de l'âme déchue?

Écoutez parler le représentant du Père céleste :

« Lazare n'a plus la charité, mais Lazare est accessible à la charité. »

Parvenir à toucher don Juan, restaurer l'âme dans ce corps que déjà les vers rongeurs ont empesté, c'est un ouvrage bien difficile, dit le plus grand des esprits forts égarés, qu'une mère, de ses bras humbles et doux, a ramené sur le cœur du Christ. Il y faut, ajoute ce savant docteur, trois choses : d'abord, que le Sauveur aime d'une tendresse particulière le mort, et que, pour lui, il prie et pleure[1]; en second lieu, que le Sauveur crie d'une voix bien forte, car il s'agit d'être entendu de si loin et de si bas! enfin, que la pierre du tombeau ait été préalablement tirée.

La pierre mortuaire scellée sur les âmes éteintes, c'est le symbole de la loi étouffante des judaïques rigueurs. Le Verbe ressuscitant aurait sans doute puissance de traverser la pierre; mais l'Homme-Dieu, voulant apparemment être aidé dans ses œuvres de miséricorde par les hommes et par la nature entière, ne parle pas, que l'obstacle naturel n'ait été ôté. L'homme ne saurait ressusciter, si ses proches n'ont retiré de dessus lui la masse

1. Les pleurs de Jésus *choquent* Ernest Renan. Voilà de quoi surprendre la raison. Quoi de plus naturel que de pleurer devant la tombe d'un ancien ami, fût-ce don Juan!

opaque et lourde du vieux régime où menaces et châtiments dominent; et il ne peut marcher dans la vie lumineuse tant que ses mains et ses pieds ne sont pas dégagés des langes et des bandelettes de la contrainte, et sa face du suaire dans lequel on l'avait emmaillottée et ensevelie. « Otez la pierre! » c'est comme si Dieu disait : « Déchargez l'homme; n'ajoutez pas au poids de ses fautes le poids du sacrifice; et faites, vers son oreille, place libre à la voix de la miséricorde. »

C'est toujours l'évêque d'Hippone qui parle, le plus grand des convertis après la Madeleine et Paul, Augustin, qui savait comment Dieu s'y prend pour ressusciter les morts spirituels [1].

Pourquoi les saints parlent-ils ce mélodieux langage de l'amour et de l'espérance? Parce qu'ils ont une double foi :

Ils croient d'abord en Dieu, charité et toute-puissance;

Ils croient ensuite dans l'homme, image de Dieu, dont les éléments persistent, où la divine ressemblance a disparu, mais peut encore renaître.

L'esprit divin est quelque part caché dans le fond de don Juan : si nous savons frapper à la porte de ce cœur, et si nous prenons, pour l'appeler, l'accent de la voix divine, le flambeau éteint à notre lumière se rallumera; don Juan viendra dehors et reverra la clarté du jour éternel!

1. Traité quarante-neuvième sur saint Jean.

XV.

DON JUAN TOMBÉ EN PUTRÉFACTION.

— Domine, jam fœtet!
— Nonne dixi tibi quoniam, si credideris, videbis gloriam Dei?

Avant de nous demander, sur la tombe de notre Lazare, ce qu'était son âme vivante, avant d'implorer de Dieu pour lui la résurrection et la vie, constatons bien sa mort, et voyons jusqu'à quel point de décomposition et de puanteur don Juan est parvenu, dans le suaire de cette société moderne qui s'intitule *Renaissance* et *Vie nouvelle.*

Nous l'avons indiqué déjà, l'école poétique, dont le moine Tellèz est le prince virtuose, et le philosophe Goldoni le dernier chantre nazillard, n'a jamais considéré les énergies de don Juan qu'au sinistre éclat de leurs éruptions; et, ne le croyant capable que de mal, elle a mis son plaisir à surfaire ses iniquités : *cogitans malum, super iniquitate gaudens.*

De ce point de vue, en France, en Angleterre, en Allemagne, les poëtes ont donné aux méfaits de l'Enfant prodigue un relief de basse monstruosité. Ce que se permettent les don Juan de Paris, Londres, Strasbourg, Ulm, dépasse toutes bornes; ce que se permet contre eux la société outre-passe toute mesure.

Voici, d'abord, le héros de nos gallicans :

Laisse-moi suivre en tout cette ardeur qui m'anime.
J'obéis à mes sens, il est vrai : mais quel crime?
La Nature m'en fait une nécessité,...
Et je ne prends de lois que de ma passion.
Il n'est rien qu'un grand cœur ne se doive permettre,
Et le crime est vertu pour qui l'ose commettre [1].

Rosimont prête à son héros cette idée diabolique de ne point reconnaître la jeune mariée qu'il a séduite, à peine une heure après leur criminelle conversation.

Que veut-elle de moi?... Que me veux-tu, bergère?
Quelle es-tu? d'où viens-tu? Qui te met tout en pleurs?...
T'a-t-on fait quelque mal? ne me le cèle pas.

Voilà une atroce fantaisie d'hypocrisie galante, à quoi n'ont songé ni Tellèz ni Molière, ni même Dorimon. Le héros de ces vrais poëtes ne fait l'hypocrite que pour ménager ses victimes; et, s'il découvre ses batteries cruelles, c'est aux yeux de son valet : au contraire, le don Juan de Rosimont, tout à l'heure fourbe pour mieux blesser ses victimes, redevient franc pour les insulter et leur lâche en plein cœur cette bordée impitoyable :

1. *L'Athée foudroyé*. 1670.

Mon Dieu! n'en parlons pas, madame, davantage :
Le bien dont on jouit ne cause plus d'ardeur.

C'est là le compte de la grande dame Léonor. Thomasse et Paquette viennent-elles pleurer à ses côtés leur pauvre fleur effeuillée, le bandit leur jette de l'argent, et quel argent ? des billets faux!...

Le voilà faussaire. Après cela, c'est peccadille que d'être incendiaire :

Le feu, vite, au couvent où Dorinde s'abrite!

Enfin après avoir reçu, en vrai pourceau d'Épicure, la première visite de la Statue, le don Juan du dévot Rosimont tombe, à ses derniers moments, dans une frénésie bestiale moins affreuse encore que dégoûtante :

J'ai pris de grands desseins : je veux voler...
Oui, dès demain, je veux voler pour mon plaisir.
Je m'en fais dans mon âme un charme incomparable;
Et, dans la vie, il faut être de tout capable...
Et je veux, dès demain, entasser morts sur morts!

O lecteur parisien, flâneur, qui t'en vas, le jour du Seigneur, pour te distraire de ton Enfer, humer béatement la poudre que te jette aux yeux le limon de nos Champs-Élysées, fais-toi petit enfant comme Charles Nodier et Théophile Gautier, et médites, un instant, devant les marionnettes de Guignol, hélas! moins poétiques et moins propres que la *Comédie humaine* de Hamon. Là, fait des siennes, à l'applaudissement de nos petits garçons français, le coq gaulois, le libertin en miniature. Polichinelle, « ce don Juan populacier, » berne, conspue et rosse la famille, la société et la loi. Et les enfants de rire.

— Ah! ah! disent aux marmots bonnes et bonnins, Minerves normandes et Mentors gascons qui se sentent charge d'âmes, avez-vous vû comme le Diable, à la fin, a emporté Polichinelle? Hein!

— Le Diable? répond un baby; ah ouich! il est en carton[1] !

Toute la philosophie de l'histoire de France est là, dans ces marionnettes incongrues, qui s'entre-battent, sous la juridiction d'un beau diable de papier maché...

Passons au don Juan abîmé par l'anglican Shadwell[2].

Pour bien comprendre le don Juan de lord Byron, qui débute par un sanglant coup de fouet à la face du poëte-lauréat Southey, il faut le comparer au don Juan du poëte-lauréat Shadwell; il faut voir par quelle bondissante réaction le fils de Voltaire et de Rousseau proteste contre la société protestante à laquelle le fils de Luther et de Henri VIII immolait le Titan ravalé.

Shadwell, deux ans après le poétique sacrifice de son *Libertin*, fut nommé poëte-lauréat et historiographe de

1. *Figaro*, du 15 mars 1864, où M. F. Magnard appelle sur Polichinelle les foudres de la censure.

2. *The Libertine destroyed*. Je viens de le découvrir enfin, grâce à l'obligeance du savant directeur de la *Revue britannique*, M. Amédée Pichot. Les *Dramatic Works*, de Thomas Shadwell, sont à la Bibliothèque impériale.

Guillaume d'Orange, en remplacement de Dryden, disgrâcié pour être revenu à la communion catholique. Aucun poëte n'a dépensé plus d'imagination pour dégrader don Juan jusqu'à la crapule, afin de se donner le plaisir final de le mieux griffer et damner. Shadwell s'en flatte dans sa préface.

Sur l'affiche même, en tête de la liste des personnages, nous lisons que don Juan est « capable de tous les vices ; » et rien n'indique, durant l'action, que le poëte ait conçu la possibilité d'aucun retournement de son sujet vers aucune vertu. Le dogme de la prédestination diabolique plane sur le drame.

Et le don Juan de Shadwell n'est pas le *Rolla* de notre décadence, pâle voyageur, regardant indolemment aller ses passions à leur cours : c'est le taureau de la Renaissance, dans toute sa frénétique poussée !

« Au diable, le spleen !... Aux imbéciles, le repentir ! Aux couards, la conscience, cette chose fantastique !... Aux idiots, la foi au surnaturel ! Rien n'arrive que par des causes naturelles. Les niais appellent miracle ce qu'ils ne comprennent pas... A nous, le penchant de la Nature, notre mère et maîtresse, infaillible en ses appétits !... La sensation, voilà le guide de la raison. *If we be bad, it is nature's fault that made us so*. Quand on est bravement doué comme don Juan, on consacre sa vie au rapt, au vol et à l'assassinat : *Ravish, robb and murder*. »

Telle est la théorie du *Libertin* d'outre-Manche ; et voici sa pratique dans le drame.

Au lever du rideau, il a déjà envoyé son père « se

reposer dans le ciel où tant aspirait le bonhomme; » il a tué, dans une église, son beau-frère, le Commandeur, qui lui disputait sa sœur. Il a de plus, aux environs de sa conscience, trente autres meurtres, des rapts innombrables, et six femmes légitimes. Dès le premier acte, il enlève une jeune fille sur le tombeau de son père, il attrape Maria avec Flora, bâtonne leurs valets, tue leur frère et leur amant, et il s'en va disant par-dessus : « La brave aventure ! »

Au deuxième acte, il échappe à Léonora, la plaintive Elvire de Shadwell, en lui disant tout franc : « Eh bien! quoi? je vous ai aimée tant qu'il plut à mon sang. Que diable voulez-vous de plus? Avez-vous jamais vu homme satisfait rester amoureux? Il faut vraiment, chère, que vous ayez le diable au corps ! »

Surviennent les six légitimes, en chœur : « Ah! pardon, mesdames. Un homme n'est qu'un homme, et je n'ai qu'un corps. Le Diable n'y suffirait pas... Tenez, voilà mes amis. Chers, je vous présente et vous offre mes veuves. »

L'une de ces infortunées, menacée de viol, se tue. « Décidément, me voilà veuf!... Hé là! Jacomo, chien! ramasse ce corps, et quand tu l'auras jeté par là, empoigne-moi la première femme que tu trouveras dans la rue ; sinon, je te coupe le cou. » Son valet revient, traînant vers lui une pauvre vieille qui pousse des cris de surprise et d'horreur. « Pouah! l'ignoble choix!... Eh bien! tant pis! Vieille, je te veux prouver que don Juan est un homme... » Dérangé dans cette sacrilége aventure par Maria et Flora, qui ont pris la culotte et l'épée pour se venger, il tue l'une, et désarme l'autre.

Le don Juan de Shadwell a son naufrage aussi, et sort du bain plus sale et plus impur encore. Recueilli sur la plage par un ermite, qui le ranime avec un cordial : « Merci, dit-il; il est fort bon, ton vin; mais, vieil hypocrite, tu vas nous aller chercher un autre cordial,... une joyeuse coquine. — O monstre d'impiété! — Hé! n'est-ce pas un besoin de la nature? Adieu, vieux fou! »

Après quoi, pour remercier de son hospitalité don Francesco, un père brutal qui marie ses filles contre leur gré, don Juan les lui débauche toutes les deux, Flavia après Clara; et puis, il tue le père, blesse les deux futurs, enlève des bergères et met à mort leurs bergers. Et toujours, sur ses exploits, son refrain : « L'admirable aventure! »

Mais ce n'est rien : restent deux de ses victimes qui le gênent tout particulièrement, Maria « que la vengeance pousse, » et Léonora « que l'amour conduit. » De la première, il se débarrasse par un coup d'épée; avec l'autre, comment en finir? « Pauvre folle! j'ai pitié d'elle. » Léonora, avec son jet continue de larmes, épuisée de sanglots, tombe pâmée entre les bras de don Juan. « Tenez, lui dit-il, buvez cet excellent cordial. » Elle boit; c'est du poison : elle meurt. « Pourquoi m'avoir ennuyé de ton amour! »

Ici, les puissances surnaturelles apparaissent menaçantes à don Juan : il se moque de l'ombre de son père, et quant à « monsieur la Statue, » il lui offre de lui faire servir à souper une femme!...

La voie du sacrilége est ouverte, don Juan s'y précipite. Il se rappelle qu'un certain brave compagnon incendia le temple d'Éphèse : il court mettre le feu au couvent, enlève les nonnes, les jette aux bras de ses dignes amis, Lopèz et Antonio; et, finalement, s'attaque à l'autorité du roi, en tuant la garde.

La mesure païenne est comble des impiétés, des forfaits, des horreurs. Voici maintenant le compte de la justice anglicane :

La statue du Commandeur. Ici debout, j'attends du ciel la vengeance.

Le père de don Juan, revenant de l'autre monde. Mon sang crie vengeance au ciel.

Les six femmes légitimes. Monstre! nous serons vengées... *Heaven wish punish! Revenge!*

Clara et Flavia. Scélérat! nous aurons ta vie. *Revenge!*

Flora. Je le tuerai! A moi, mon frère! *I'll be revenged!*

Maria. O désespoir!

La servante. Les larmes n'essuient pas le sang.

Maria. Tu as raison. Je serai vengée : c'est un devoir. Le plus vil ruffian, en tuant cet homme, se changerait en saint... Oh! le chien! Vengeance! Je me veux plonger les mains au sang de ton cœur. *Oh! dog! Revenge! I will dipt my hands in thy heart's blood!*

Finalement, au rendez-vous donné par le Commandeur, don Juan trouve la Statue entourée des ombres de toutes ses victimes qui l'enveloppent, torche en main, en hurlant : *Revenge!*

Don Juan. Oh! qu'ai-je entendu? la voix de mon vieux bonhomme de père... A boire!

Deux fantômes lui versent à boire.

— Oh! oh! voilà le plus rouge bord que j'aie jamais sablé... Ah! puh! c'est du sang!

— La liqueur dont tu fus toujours altéré!... Repens-toi!

— Non! ni les prodiges, ni les éléments, ni les hommes, ni les diables ne m'inspireront peur, ni remords. Et je mourrai debout, le front dressé contre tous et le mépris aux lèvres.

— Ainsi périssent tous les ennemis de Dieu!

Voilà bien Lazare dans toute sa décomposition et dans toute sa puanteur; et voilà, par-dessus cet affreux mort, de tout son poids rabattue, la pierre du judaïsme anglican!

Ah! que l'on conçoit bien l'excessive réaction de lord Byron, au nom de son Titan à ce point avili, contre cette société plus vile encore et qui se donne des airs de juste juge, sous l'invocation de Henri VIII!

Que les chroniqueurs royaux, faussaires ou dupes, aient félicité le fondateur de la grande boutique anglicane d'avoir, supprimant les abbayes, accaparé les domaines de l'Église, de peur

> Que tout ce bien ne tombe en de méchantes mains,...
> Qui ne s'en servent pas, comme un roi fait dessein,
> Pour la gloire de Dieu et le bien du prochain;

Qu'ils aient, canonisant l'homme en qui le peuple nommait le diable : *old Harry*, appelé Henri VIII « l'Étoile du Nord, le vrai David, la nature divine, » et fait de ses maîtresses « des Esthers, reines selon le cœur de Dieu; » que lord Herbert de Cherbury ait imaginé de découvrir « dans les actions irrégulières de ce grand roi et dans leur excentricité même une participation à l'infini; » que Gray, chantre tranquille des cimetières, ait célébré dans cet horrible règne « le nouvel âge d'or » : tout cela s'explique par la vénalité des historiographes, par le fanatisme des docteurs et par la patrioterie des poëtes petits!... Mais Shakespeare, comme Mozart, embrassant la cause des victimes, plaidant devant l'humanité pour la pieuse et infortunée reine Catherine, Shakespeare est là debout, flambeau de plus en plus agité et rayonnant, pour nous enseigner, mieux que Byron même, qu'aucun don Juan ne saurait être justement lapidé par cette synagogue qui reconnaît pour chef suprême le plus énorme des libertins impies et hypocrites couronnés, Henri VIII, concubinaire, adultère, répudiateur de toutes ses épouses, froid meurtrier de plusieurs, assassin juridique du noble penseur Thomas More [1].

Seigneur, venez et voyez! Devant ce monument national grandiose, où, sous la pierre scellée, parmi les vers rongeurs de l'égoïste orgueil et du sensualisme goulu, une si noble race, autrefois votre amie, dort du sommeil de la mort, côte à côte avec nous, vaniteux égoïstes, de nos communs miasmes infectant la famille humaine :

1. Voir la savante étude de M. Rio sur le *Henri VIII*, le *All is true* de Shakespeare.

arrêtez-vous, Sauveur! pleurez; et de votre grande voix criez à la Grande-Bretagne et Ce : *Lazare, veni foras!*

Le don Juan allemand n'est peut-être pas plus déchu, putréfié et empestant que l'anglais; mais la synagogue de Luther l'écrase sous la pierre d'un sacrifice plus judaïque encore, s'il est possible.

Le don Juan marionnette de Strasbourg se compare lui-même à un taureau, à un coq de très-basse cour et à un renard. Il passe son temps à soutirer des écus à son père à bout de sacrifices et de patience : « Je n'ai plus à te donner que deux sous, pour avoir deux cordes et t'aller pendre avec ton valet filou. » Sur quoi don Juan soufflète son père : « De l'argent, ou sinon!... Pour leur arracher leur argent, il faut dauber sur les vieux. Enlevée, la caisse! »

Le don Juan de Strasbourg n'assassine pas seulement et en traître ses rivaux, il se débarrasse des plaintes de ses amantes en les tuant. « Elle m'ennuie, avec ses cris... Tiens : voilà pour garder l'éternel silence. »

Le don Juan espagnol, tournant le dos à son père gémissant aussi, avait dit : « Les larmes, c'est un tic des vieillards. »

Dorimon avait fait, sur son fils criminel, cette réflexion :

« Que ne ferait-il pas s'il a battu son père!... »

Molière lui avait fait murmurer entre ses dents :

« Hé! mourez le plus tôt que vous pourrez, c'est le mieux que vous puissiez faire. Il faut que chacun ait son tour, et j'enrage de voir des pères qui vivent autant que leurs fils. »

Le don Juan d'Ulm débute par tuer son père, puis sa sœur qui se plaint du parricide, puis l'ermite de la forêt pour avoir son habit. Ainsi déguisé, à l'affût, il exerce tranquillement le métier d'assassin et de voleur sur les grands chemins, au bord desquels son valet remplit l'office de fossoyeur. Enfin, don Juan, non par accident et par exception, mais par calcul et mesure générale de sacrilége, invite à souper toutes les âmes qu'il a dépouillées de leurs corps : « Fantômes, holà! légions de mes morts, apparaissez! » La salle de spectacle se remplit de spectres ; et qui est à leur tête? le père de don Juan! et c'est lui qui prend son fils par la main pour l'enfouir aux enfers!

Le père de famille mozarabique avait demandé à Dieu et au roi la mort de son fils : « Que Dieu t'envoie le châtiment!... Sire, qu'il paie ses crimes[1]! » — le père de famille luthérien exécute la sentence de sa propre main!...

Sur la rive gauche du Rhin, c'est le valet qui encourage le père de l'Enfant prodigue aux rigueurs salutaires :

Il faut présentement me le déshériter;
Et, s'il ne devient point par là plus raisonnable,
Il faudra le maudire et l'envoyer au diable[2]!

Sur la rive droite, la puissance paternelle a pour bras

1. *El Burlador*, II, 10; III, 19.
2. *Le Fils criminel*, de Villiers.

droit la sœur de don Juan, une bonne Antigone allemande, qui court de son pied léger, d'Ulm à Paris, solliciter pour son frère la prison et le gibet...

Nous sommes au bout du rouleau, et tout au contre-pied de la charité.

D'une part, voici toute la famille intime (la mère étant annulée, abolie), la famille qui devrait couvrir don Juan, « le cacher à la divine justice, » la voici ameutée contre lui : le serviteur est agent provocateur et juge; la sœur est gendarme ; le père, bourreau infernal ! De l'autre part, la Muse dramatique, digne fille d'Apollon, a épuisé ses traits sur don Juan : parricide, fratricide, meurtrier de ses amantes, assassin des religieux, massacreur et détrousseur des passants, convaincu de faux, d'incendie, d'escroquerie, de brigandage, fanfaron de tous ses vices, louangeur de tous ses crimes, et transsudant par tous ses pores le sacrilége !

Et croyez-vous que les siècles passés des deux Renaissances ténébreuses aient seuls accompli sur don Juan ce double grand œuvre d'affreuse putréfaction du cœur individuel et d'horrible pétrification du cœur social? Vraiment non : regardez bien, et sur le théâtre de notre siècle des lumières, vous allez voir, dans le sépulcre blanchi de nos cordialités, don Juan de plus en plus livré au ver rongeur qui le décompose, sous le souffle de nos poitrines sèches, vides de l'esprit de paix et toutes remplies d'amertume, de malédiction, de sang, d'écrasement et de désespoir[1] !

Si, au témoignage de Jules Janin, « Célimène est devenue madame d'Ange, » une fille de marbre que le seul bruit des écus tire de sa torpeur, comment aura tourné notre don Juan !

Le libertin d'amour, personnel et brutal, c'était *Antony* hier, et il ne paraît pas qu'il ait été purgé de ses fauves énergies, car voici comme le traite aujourd'hui Nestor Roqueplan : « L'amoureux, cette peste sociale, ce tigre toujours mal apprivoisé, n'est qu'un égoïste ; et selon que la bile, le sang ou la lymphe domine dans son organisation, il commet des rapts, des adultères ou des viols [2]. »

Voulez-vous voir, quand jeunesse s'est passée, ce que deviennent sur leur retour nos don Juans, regardez défiler, après les *Lorettes vieillies*, les *Invalides du sentiment*, œuvre de Gavarni, coups railleurs de ce crayon hardi et pensif, aussi navrant que le ferme trait de plume d'Henry Monnier est désolant !...

Don Juan, en 1836, sous les traits du d'Albert de Théophile Gautier, « n'aimait plus que les armes, les chevaux, les femmes, l'or, le marbre et la pourpre. » Alexandre Dumas ajoute : le pouvoir ; et, dans son *Angèle*, le catalogue libertin de la comédie italienne se transformant en « échelle des femmes, » les amantes se succèdent écra-

1. Rom. III. Judæi et Græci omnes sub peccato..... Sepulcrum patens est guttur eorum, os maledictione et amaritudine plenum, veloces pedes ad effundendum sanguinem, etc...

2. *Constitutionnel*, 25 octobre 1863.

sées sous la roue de la Fortune. L'idéal, c'est l'ambition.

Après d'Alvimar, que Jouvin a nommé « le don Juan homme d'affaires, » nous avons vu cette génération lentement dégradée se résoudre en Montjoye, que M. Ed. Fournier nomme « le don Juan coulissier. »

Enfin voici le don Juan de Victorien Sardou, Gaston de Champlieu. Un homme de goût, dégoûté, a écrit que celui-ci surgissait de l'égout parisien d'où Jean Valjean tire Marius, et que son poëte avait pris plaisir à l'y replonger englouti... Où sommes-nous? crie un autre; pouah! cela fait lever le cœur!

Sardou a intitulé son héros :

« L'homme aux diables noirs. »

Nos meilleurs critiques l'ont qualifié comme suit :

« Bâtard du bâtard d'Antony! »

« Don Juan épileptique! »

« Un type monstrueux! »

« Un crapuleux gredin! »

« Un vaurien effréné, affreux escroc! »

« Le don Juan gascon! »

« Cinique vantard! »

« Le beau ténébreux du vice! »

« Un don Juan gangrené! »

« Un Lovelace de tripots! »

« Un don Juan de tabagie! »

« Le don Juan du tapis franc! »

« Voilà, je vous l'avoue, un abominable homme[1]! »

1. Frédéric Béchard, Tiengou, Louis Ulbach, Sarcey de Suttières,

Et nous voilà, nous, bon public, sur le dernier échelon du puits de l'abîme, au-dessus de l'égoût de la Grand' Ville, capitale du monde moderne, et il ne reste plus à la Muse qu'à nous pousser tous, d'un coup de fouet, avec son héros, dans le cloaque de son éternité stercoraire !...

Tel nous apparaît, en nos derniers temps, don Juan, non-seulement revêtu de tous les vices, mais absolument vide de toute vertu naturelle.

Ce drame-là serait-il « le monde écrit ?... »

Et si un pareil monstre existe, assez visible, assez étalé, pour que le théâtre et le monde éprouvent le besoin de le traîner à grand bruit sur les planches et d'en faire un objet d'art, la société et la littérature ne sont-elles pas, pour leur part, responsables de cette subversion profonde de l'image de Dieu ?

Saint Paul, qui comprend si bien comment Jésus vient à Lazare, est là, sous nos yeux à tous, livre de Dieu grand ouvert, pour nous dire : Hommes du monde et poëtes, formez donc un groupe de chrétiens, bien confirmés dans l'Esprit d'amour, et l'approchez de don Juan, fût-il mort, pour ressusciter son âme. Ne fussiez-vous que deux ou trois rassemblés autour de ce mort au nom du Christ, vous lui feriez sentir la présence réelle du Rédempteur, pour peu que de vos lèvres concertées descendissent sur le cœur gangrené quelques soupirs de cette lyre aux neuf

Édouard Fournier, de Pontmartin, Roqueplan, Jouvin, Jules Janin, Saint-Victor, Gustave Bertrand.

cordes angéliques où vibre l'esprit même de l'éternelle consolation !

Depuis dix-huit siècles, cet Esprit se manifeste amoureusement par l'organe des Saints : le monde et le théâtre préfèrent à leur suave haleine l'odeur de soufre de la Statue de Tellèz et les senteurs de tabac du gendarme de Goldoni...

Avons-nous peur de la parole des saints catholiques? prêtons l'oreille au bon Samaritain.

Channing, l'unitairien d'Amérique, que propage avec amour un vrai libéral, M. Laboulaye, Channing dit de l'un de ses amis, de ses héros, le bon Tuckermann : « En tout homme il cherchait quelque chose à aimer. Il s'emparaît, dans une âme déchue, de tout ce qui avait pu échapper au naufrage. Comme le bon médecin, penché sur un noyé, prend courage au plus léger mouvement du pouls. Son espérance s'exaltait au moindre signe de vie, et ses paroles exaltaient l'homme déchu lui-même. Il ne foulait pas aux pieds le roseau brisé... »

Le roseau, dit saint Bonaventure, c'est le symbole de l'impie.

L'impie don Juan serait donc autrement et plus humainement traité, et le Monde ne se bornerait pas à le tenir sous les pieds de Satan sur la montagne de la Tentation, et la poésie saurait conduire au Thabor pacifiant ce grandiose possédé, pour peu que le Monde et la poésie eussent seulement dans les yeux du cœur l'idéal unitairien.

Le Pauvre de Molière, ne fût-il qu'un Samaritain, comme plusieurs le supposent, à tort[1], l'humble Francisque est le premier qui se soit arrêté auprès de notre grand blessé, et qui ait, au fond de sa plaie lavée, versé l'huile de la charité et le vin de la grâce sur quelque organe vital ravivé; et, pour ma part, j'ai cru entendre que ce grand homme de bien si simple nous disait : *Curam illius habete*, ayez soin de ce don Juan; complétez sur lui mon traitement divin, cherchez à découvrir en lui l'esprit de vie; et ce que vous aurez fait pour le sauver, vous sera rendu à vous-mêmes par le Sauveur[2].

Cherchons donc, poursuivons : il me semble que c'est une manière d'honorer celui qui nous a donné, après Dieu, l'impulsion et montré le chemin.

Nous n'avons pas assez le bon esprit d'observer les grands génies, phares de l'humanité, par la face de leurs clartés. Quel de nos humains soleils est sans tache? Colomb eut ses jours d'occlusion, où, par ses rudesses, il faisait, lui, le porte-Christ, sur les sauvages l'obscurité. Faut-il, parce que Shakespeare, homme de son temps, a négligé d'illustrer la légende et la communion des saints, faut-il se refuser à voir que nul n'a aussi fortement que lui stigmatisé les horribles chroniques de la synagogue de Satan? Pour nous avoir si bien appris à mépriser et haïr l'enfer social, ne dût-il pas avoir au fond

1. « Molière avait l'habitude des pratiques religieuses. » Taschereau, notes du livre IV.

2. Saint Luc, x.

de son cœur le ciel caché[1]? Ainsi, sur les lèvres de Molière, où le nom du Christ ne retentit pas, monte souvent du cœur et reluit, parmi les éclats de rire, l'esprit du Dieu vivant.

S'il s'établissait un théâtre dévoué à Dieu, et si nous avions la liberté, la vraie, je dirais : Voulez-vous faire fortune en faisant du bien? consacrez le dimanche à la représentation d'un vieux *Mystère;* offrez trois jours de la semaine aux poëtes pour l'apologie des fils de Dieu et la fustigation des fils du diable; et, pour compléter l'éducation chrétienne de l'humanité, réservez trois soirées aux lamentations de Shakespeare accompagnées de quelque sifflet choisi de Molière...

A Molière, l'honneur d'avoir le premier transporté don Juan sur les hauteurs du Thabor, d'avoir fait dominer ses ténèbres par une lumière céleste, d'avoir déroulé devant ses yeux doucement surpris une de ces âmes droites et saintes qui sont, dit Origène, « les vêtements radieux dont le Christ, en sa Transfiguration, apparaît orné, et aux plis desquels son amour abrite et emporte les pécheurs dans sa gloire transformés [1]. »

O génération sans foi, pervertie! crie l'Évangile aux poëtes de la Renaissance. Pourquoi donc l'Emmanuel est-il venu dans notre humanité, si vous ne pouvez guérir don Juan?

1. « Shakespeare, le poëte qui a professé plus qu'aucun autre peut-être le culte du malheur et de la vérité. » Rio.

2. *Tract.*, III. In Matth., XVII.

Don Juan, comme le lunatique du Thabor, passe incessamment du feu brûlant au froid : il offre donc plus de prise que les tièdes. « Je crains moins Proudhon que les indifférents, » disait Pie IX, parlant à un vénérable curé des montagnes du Dauphiné qui avait quelque peur du chaud et froid.

Omnis malus vivit ut corrigatur, s'était dit saint Augustin : c'est surtout don Juan qui n'existe de la permission de Dieu que pour être converti par les bons, car combien la vie est intense en lui ! Mais il y faut des mains bonnes, capables de le presser sur d'ardentes poitrines.

Un catholique italien, que je m'étonne de rencontrer sur le chemin descendant de Jérusalem, écrit ce mot du désespoir : « Fussions-nous le sel de la terre, que pourrions-nous saler dans de pareils impies ? Il faut une matière capable de recevoir le sel ; on peut opérer sur des chairs qui sont encore fraîches, non sur celles qui sont devenues fétides. »

J'ai peine à comprendre un pareil langage sur une lèvre palpitante de foi, d'espérance et de charité ; et je croyais que M. Renan seul était de force à dire de Lazare : *le carni eran fresche*... Bossuet traduit fermement : « pourri et puant... » La lumière touche cette pourriture, l'amour pénètre cette puanteur : et voici l'homme plein

1. Per salare con frutto convien che si trovi una materia capace, altrimenti si ci perde la spesa e la fatica. L'opera puo imprendersi finche le carni son fresche. Ma se sieno gia fetide e imputride, che volete piu salare ? Non altro partito vi resta che gettarle in una cloaca.

de vie en mouvement! « Otez la pierre! ôtez la pierre! »

Dieu, pour rendre la vie et le mouvement, écarte l'obstacle : Dieu, pour rétablir l'équilibre, va droit à l'Ennemi et à lui seul.

Observons bien, toujours la scène de la Transfiguration, non plus dans Raphaël, mais dans saint Luc.

Lorsque Jésus va au jeune frénétique, il est écrit qu'il menace, qu'il gourmande fortement : qui donc? « non pas celui qui souffrait, mais le démon, » dit saint Jean Chrysostôme; et saint Remi ajoute : « En cela Jésus nous laisse l'exemple, afin que nous chassions le vice en ménageant, en relevant l'homme. » Et saint Jérôme ajoute : « Le Christ s'irrite contre le mal, non contre la nature humaine[1]. »

En vérité, en vérité, poëtes, ne sentez-vous pas là le principe de moyens d'action plus puissants que vos ficelles dramatiques, plus efficaces que nos cordages politiques, plus dignes de succès que les impitoyables tortis dont le Monde, sur tous ses théâtres, serre ou menace le cou de nos héros de sac et de corde?

Mais, objecte l'un des juges de la Synagogue, « le don Juan de Molière s'est si bien avancé dans le vice par une progression géométrique, chaque scène l'a rendu si odieux, qu'il tombe au moment où le spectateur désire que la Providence en purge la terre. Nul frein ne pourra retenir une âme si profondément corrompue. »

Le frein!... Savez-vous aucun frein qui empêche un

1. *Chaîne d'or.*

cheval indompté de prendre le mors aux dents? Et s'il en est, croyez-vous que ce qui convient à l'animal convienne à l'homme! Interrogez saint Augustin : « Pour dompter le cheval, il faut l'homme ; pour dompter l'homme, il faut Dieu. » Or, voyons-nous que le Dieu sauveur ait dit : « Je réfrénerai l'impie? » Sennachérib, il est vrai, se vit mettre un mors dans la bouche ; mais Sennachérib n'était qu'une brute, et c'est de l'histoire ancienne... Et même, sous cet ancien régime, le Roi-Prophète nous avertit que le mors convient aux chevaux et aux mulets, aux gens qui n'ont pas d'intelligence, *quibus non est intellectus:* est-ce le cas de don Juan?... Et le prophète Isaïe nous révèle qu'au lieu de casser les dents aux infidèles, c'est le fein même de l'erreur (*frenum erroris*) que Dieu viendra briser à leurs lèvres affranchies. Aussi, sous le régime naissant de la miséricorde, Jésus ne parle-t-il point de *frein;* il parle *d'attraction:* « J'attirerai tout à moi [1]. »

Voilà tout un esprit nouveau pour un régime nouveau.

L'homme, avons-nous dit, est une force vive entre deux attractions. Si nous ne savons peindre dans don Juan que l'attraction d'en bas victorieuse, si nous ne savons faire luire et vibrer aucune attraction d'en haut sur le troupeau de nos personnages animalisés, aurons-nous fait de l'art idéal?

« Dans chaque homme, dit M. de Belloy, à côté de la

1. Saint Augustin, *serm.* IV *de Verb. Dom.* In Matth. Ps. XXXII. Isaïe, XXX. Saint Jean, XII.

bête, il y a un bon génie, qui la combat, et à telle enseigne qu'elle est vaincue la plupart du temps. Regnard n'a su peindre que la bête humaine; mais Molière a connu et la bête et l'ange... L'amertume dans le sourire rend l'athéisme de don Juan proche voisin des vertueuses colères d'Alceste[1]. »

Et déjà George Sand avait considéré, dans le don Juan de Molière, les grandes proportions de l'ange déchu, et pleuré sur ce puissant cœur éteint, et regretté de voir cette belle flamme mourir en essayant, en vain, par moments, de jeter une lueur dernière[2].

La flamme fût-elle éteinte, le foyer n'est pas mort.

Et le feu lui-même fût-il étouffé, qu'importe! Je crois en Dieu, Père tout-puissant, créateur du ciel et de la terre, et en son Fils, né de la Vierge-Mère, pour être la résurrection de l'humanité, pour rendre la vie à don Juan, et à bien d'autres, que le Christ n'a pas lieu d'aimer autant même que ce grand prostitué.

Et je ne crois pas simplement, comme Marthe, l'honnête sœur de foi modique et d'intelligence courte, que le mort ressuscitera au dernier jour : je crois, avec Marie, la sœur contemplatrice et de foi profonde, naguère pécheresse et qui sait de quels abîmes l'âme remonte à l'appel de Dieu, je crois que notre Lazare, depuis que Gœthe, Blaze et Zorilla ont, en lui, sur le grain caché de la foi, dardé le rayon de leurs lèvres, peut, dès le temps

1. *Nord,* 19 janvier 1863.
2. Le *Château des Désertes.*

présent, *et modo,* être guéri de son mal putride, renouveler ses énergies, renaître en ses forces vives, selon l'éternel désir de notre Ami Jésus, qui est la résurrection, parce qu'il est la vie [1].

1. Alcuin; saint Jean Chrysostôme; saint Augustin, *Chaîne d'or.*

FIN DU TOME PREMIER.

TABLE

DU TOME PREMIER.

---

nouée. Restauration du théâtre en Jésus-Christ. Le Féminin éternel. Le féminin antique. Rendez à César ce qui est de César. Profonde satire de bas-empires modernes par Gœthe.

Blanchet, Ristelhuber, Hamilton, Michelet, Renan, Charles Fourier.

Le souper chez le Commandeur. L'homme de marbre s'humanise, et don Juan, converti, passe au rôle de rédempteur.

Le *Don Juan de Marana*. L'impie entre le bon et le mauvais ange : Chute du bon ange. Vengeance, justice, miséricorde. Don Juan damné par ce diable d'Harel. Une lettre d'Alexandre Dumas.

Le *Don Juan de Tenorio* de Zorilla. Puissance de l'amour et miséricorde de Dieu. Les trois Renaissances personnifiées : *mènis*, *pundonor*, *charitas*. Nouvel auto-da-fé de l'Espagne : la Statue de l'amour victorieuse de la Statue du talion. La femme progressivement libératrice : légendes de *Virgile, Cyprien*, *Théophile*.

Défauts de l'œuvre de Zorilla. La pénitence à l'article de la mort. Le purgatoire. Jean Valjean et l'enfer social.

La famille de don Juan. Son père, son oncle. Don Juan n'a pas de mère. Éducation. Mères adoptives de don Juan : Minerve, Junon, Vénus. « Il faut bien que jeunesse se passe! » Le code de la chevalerie. Les classiques *ad usum Delphini*. Don Carlos à l'ombre de Philippe II.

Molière, George Sand, Mérimée, Mallefille donnent une mère à l'Enfant prodigue; Limbsch de Lenan lui donné des enfants. Le théâtre moderne s'ouvre à la maternité chrétienne. La science de l'amour.

La société marâtre : *Væ mundo a scandalis!* De la responsabilité individuelle et sociale. Le Destin, la Providence, le libre arbitre. Œdipe et Chimène.

La Renaissance *vulgivaga*. Don Juan, élevé à la cour de Jeanne-

dional abîmé par le poëte lauréat du Nord réformé. Henry VIII juge de don Juan. La synagogue de Satan jugée par Shakspeare et Byron.

Suaire luthérien. Le don Juan marionnette en pourriture; sa sœur gendarme, et son père bourreau. Tout le corps social pétrifié écrase don Juan putréfié.

Le suaire de la libre pensée française. *Antony, d'Alvimar, les Invalides du sentiment, d'Albert, le Don Juan coulissier, les Diables Noirs;* le don Juan stercoraire.

D'où vient le mal? Frein, ou bride lâchée. Pour dompter l'homme, il faut Dieu, la divine attraction.

Rio, George Sand, de Belloy et tous les feuilletons.

FIN DE LA TABLE DU TOME PREMIER.

PARIS. — J. CLAYE, IMPRIMEUR, 7 RUE SAINT-BENOIT.

COLLECTION HETZEL

18, RUE JACOB.

Beaux volumes in-18 à 3 francs

JEAN MACÉ. — HISTOIRE D'UNE BOUCHÉE DE PAIN. 1 vol. — L'ARITHMÉTIQUE DU GRAND-PAPA, *histoire de deux petits Marchands de pommes.* 1 vol. — CONTES DU PETIT-CHATEAU. 1 vol.
JULES VERNE. — CINQ SEMAINES EN BALLON. 1 vol.
Mme MARIE PAPE-CARPANTIER. — LE SECRET DES GRAINS DE SABLE, *Géométrie de la nature.* 1 vol.
ESQUIROS. — L'ANGLETERRE ET LA VIE ANGLAISE. 4 séries. — LA VIE DES ANIMAUX. 6 vol.
L. BERTRAND. — LES RÉVOLUTIONS DU GLOBE. 7e édit. 1 vol. 3 fr. 50.
PAULIN PARIS. — GARIN LE LOHERAIN. 1 vol.
ROZAN. — PETITES IGNORANCES DE LA CONVERSATION, 4me édition. 1 vol.
DE BRÉHAT. — AVENTURES D'UN PETIT PARISIEN. 1 vol.
L. RATISBONNE. — LA COMÉDIE ENFANTINE. Les deux séries en 1 vol.
EMILIE CARLEN. — UN BRILLANT MARIAGE. 1 vol.
ERCKMANN-CHATRIAN. — LE FOU YÉGOF. 1 vol.
LE BARON DE WOGAN. — VOYAGES ET AVENTURES. 1 vol.
E. MARGOLLÉ ET F. ZURCHER. — LES TEMPÊTES. 1 vol.
EUGÈNE MULLER ET P.-J. STAHL. — LE ROBINSON SUISSE, entièrement revu. 1 vol.
SAYOUS. — CONSEILS A UNE MÈRE SUR L'ÉDUCATION LITTÉRAIRE DE SES ENFANTS. 1 vol.

OUVRAGES ILLUSTRÉS

LES ENFANTS (LE LIVRE DES MÈRES), par VICTOR HUGO. 1 volume in-8° . . . . 15 fr.
RÉCITS ENFANTINS, par EUGÈNE MULLER. 1 vol. . . . . . . 10 fr.
LA VIE DES FLEURS, par EUGÈNE NOEL. 1 vol. . . . . 8 fr.
LE PETIT MONDE, par CHARLES MARELLE. 1 vol. . . . . . . 6 fr.
LE THÉATRE DU PETIT-CHATEAU, par JEAN MACÉ. 1 vol. 10 fr.
LES FÉES DE LA FAMILLE, par Mme S. LOCKROY. 1 vol. in-8°. 10 fr.
PICCIOLA, par SAINTINE. 1 vol. in-8°. . . . . 10 fr.
LE VICAIRE DE WACKEFIELD, trad. par CH. NODIER. 1 vol. 10 fr.
LES BÉBÉS, par le Comte DE GRAMMONT. 1 vol. in-8°. . . . 10 fr.
LES BONS PETITS ENFANTS, par *le Même*. 1 vol. in-8°. . . 6 fr.
LA JOURNÉE DE MADEMOISELLE LILI. Vignettes de Frölich. 3 fr.
LE GRAND ROI COCOMBRINOS, par MICK NOEL. . . . . . . 3 fr.
LE PETIT PAUL, par *le Même* . . . . 2 fr.

MAGASIN D'ÉDUCATION ET DE RÉCRÉATION, publié sous la direction de J. MACÉ et P.-J. STAHL, paraissant tous les quinze jours par livraisons de 32 pages, illustrées par nos meilleurs artistes. — Prix de l'abonnement par an : 12 francs; par la poste : 14 francs. — Prix de la livraison : 50 centimes, et 60 centimes par la poste.

PARIS. — IMPRIMERIE DE J. CLAYE, RUE SAINT-BENOÎT, 7.